L'ENCYCLOPÉDIE DU
MAILLOT JAUNE

TEXTES ET STATISTIQUES
PHILIPPE BOUVET ET FRÉDÉRIQUE GALAMETZ
ILLUSTRATIONS
GREG

SOMMAIRE

L'ENCYCLOPÉDIE DU MAILLOT JAUNE

Fausto Coppi,
1952 Parc des Princes.

JE ME SOUVIENS...

PAR EDDY MERCKX

Je me souviens de Charly Gaul, en jaune, en 1958.

Je me souviens qu'en 1969 les manches du maillot étaient frappées des initiales H.D.

Je me souviens qu'en 1969 Rudi Altig m'avait battu dans le prologue à Roubaix parce que je n'avais plus couru depuis mon exclusion du Giro.

Je me souviens de la publicité Virlux, le premier vrai sponsor du Maillot Jaune.

Je me souviens avoir endossé mon premier Maillot Jaune en Belgique, grâce aux bonifications, après le contre-la-montre par équipes de Woluwe-Saint-Pierre, mais c'est au ballon d'Alsace que j'ai pensé qu'il était vraiment à moi.

Je me souviens de Joaquim Galera dans le ballon d'Alsace et de Joaquim Agostinho dans le Ventoux.

Je me souviens d'être passé en jaune, à Tervuren, où j'habitais et qu'il y avait un monde fou.

Je me souviens de Guillaume Driessens, me recommandant la prudence sur la route de Mourenx.

Je me souviens de la chaleur des Pyrénées, ce jour-là.

Je me souviens que le Maillot était en laine.

Je me souviens de Julien Stevens et d'Italo Zilioli, deux équipiers, en jaune.

Je me souviens qu'au mont Ventoux je portais un crêpe noir en mémoire de Vincenzo Giacotto, le manager de la Faema, décédé pendant le Tour.

Je me souviens avoir simulé, exagéré un malaise en haut du Ventoux, pour redescendre plus vite dans la vallée… en ambulance.

Je me souviens que le jaune m'allait très bien au teint, mieux que le rose du Giro.

Je me souviens de mes détracteurs répétant partout que je ne gagnerais jamais le Tour parce que je ne passerais pas la chaleur.

Je me souviens avoir gagné en 1969, trente ans après Sylvère Maes.

Je me souviens que, pour les journalistes, je perdais chaque fois que je ne gagnais pas.

Je me souviens d'Antoine Blondin me comparant au roi des Huns.

Je me souviens de mes frissons en entrant dans la Cipale en 1969, devant plus de 25 000 personnes.

Je me souviens que c'est Christian Raymond, de l'équipe Peugeot, qui m'a surnommé le Cannibale.

Je me souviens de l'orage dans le col de Mente, en 1971, d'un torrent de boue noire et de ma propre chute dans un virage mais pas de celle de Luis Ocaña.

Je me souviens que certains journalistes ont écrit d'Ocaña qu'il aurait pu repartir.

Je me souviens des crachats que j'ai reçus dans le Portillon après la chute d'Ocaña.

Je me souviens que, le lendemain de l'étape de Mente, j'étais si courbaturé que j'étais allé monter Peyresourde pour m'échauffer.

Je me souviens que j'étais allé demander à Lucien Van Impe d'y aller mollo.

Je me souviens des tenues coloniales de Jacques Goddet.

Je me souviens qu'en 1971, dans les Alpes, Félix Levitan avait fait repêcher les Kas et leur leader José Manuel Fuente, lequel avait ensuite gagné pas moins de deux étapes.

Je me souviens que tout était bon pour que Merckx ne gagne pas.

Je me souviens que je portais une montre Rodania.

Je me souviens qu'on dormait parfois dans des gymnases.

Je me souviens de Giorgio Albani, mon directeur sportif.

Je me souviens que, dans le Tour, je recevais des lettres d'insultes et de menaces de spectateurs français qui ne voulaient pas que j'égale le record de Jacques Anquetil.

Je me souviens avoir chuté derrière derny, avec le Maillot Jaune, en septembre 1969, dans le critérium de Blois et de ne plus jamais avoir été le même par la suite.

Je me souviens de mon aisance et de ma facilité en 1975, dans la descente du col d'Allos.

Je me souviens… de rien dans la montée de Pra-Loup.

Je me souviens qu'en 1975 tout le peloton s'était ligué contre moi.

Je me souviens de Francesco Moser ramenant Bernard Thévenet dans la descente du col de la Madeleine et que, sans son intervention, j'aurais sans doute repris le Maillot Jaune.

Je me souviens de l'avoir porté 97 jours et de n'en avoir plus qu'un ou deux à la maison.

UN RÊVE ÉCLAIRÉ

PAR PHILIPPE BRUNEL

Depuis maintenant cent ans, le Maillot Jaune tisse dans ses mailles le récit légendaire, éclairé du Tour de France, cent ans qu'il en dresse le constat à l'aune des enjeux qui se trament chaque année dans les Alpes, les Pyrénées, sous le ciel embrasé de juillet. Car le Tour, c'est tout autre chose qu'une simple course cycliste. C'est une fable à la morale ambiguë, une fresque humaine sans pareil, une « comédie classique » au sens prométhéen du terme où selon Roland Barthes, le spectacle naît d'un étonnement des rapports humains. Eclaboussé par des affaires ces vingt dernières années, ses détracteurs l'ont parfois perçu comme le théâtre d'un idéal évanoui et le Maillot Jaune, son emblème, comme un bout d'étoffe déprécié, sans éclat, franchisé par l'argent souverain. Mais le Tour, par nature, n'a jamais prétendu à la sainteté, bien au contraire. Chaque été, il scénarise, arbitre nos duperies, nos attachements ; le divin y côtoie le démoniaque parce qu'il faut des trahisons, des coups fourrés, des repentances, un peu de vice pour qu'on parle de vertu.

Dès 1924, les frères Pélissier nous avaient avertis : « Vous n'avez pas idée de ce qu'est le Tour, un vrai calvaire, s'étaient-ils écriés après leur abandon en gare de Coutances. Le célèbre reporter Albert Londres était sur place. De retour de Cayenne, il recueille leur rancœur à l'endroit d'Henri Desgrange, le créateur de l'épreuve (dont les initiales étaient cousues sur le maillot) qui les maintenait en esclavage. Preuve en était, ces saloperies qu'ils extirpaient de leur sac (« Tenez, regardez, de la cocaïne pour les yeux, du chloroforme pour les gencives ! »), des stimulants dont ils se gavaient au quotidien dans le seul but de rallier Paris ! Tout était clairement posé, déjà acté par cette révolte corporatiste des Pélissier qui se voulaient libres, émancipés.

On ne l'ignore plus. Le Tour est une violence, le creuset d'un monde lyrique et lumineux, frustre et cruel où les dopés se mêlent aux dupés dans une promiscuité douteuse, où le Maillot Jaune, dans sa force symbolique, offre à ceux qui le portent une occasion rare, inestimable de s'incarner dans quelque chose d'unique qui les dépasse et les sublime à la fois. Certains ont pleuré en son nom.

Je me souviens des récits d'autrefois d'André Leducq, accablé par une chute dans le Télégraphe en 1930 et qui attend (dans une attitude de prostration qui inspirera le sculpteur Arno Breker), visage enfoui dans les mains, dos voûté sur un talus avec la désagréable sensation, dira-t-il, de n'avoir plus un Maillot Jaune sur le dos mais un haillon.

Je pense au sacrifice délibéré de René Vietto qui, en 1934, remonte à contre-sens le Puymorens, à revers de ses aspirations, pour aller donner sa roue au Maillot Jaune Antonin Magne.

Je pense à ce mot d'auteur, comme puisé d'un répertoire classique d'un Raphaël Géminiani cyranesque et roi de l'invective qui traite de « judas » Gilbert Bauvin et Louison Bobet, coupables d'avoir trahi son amitié en 1958, sous le déluge de la Chartreuse, face aux assauts de Charly Gaul.

Je pense à Laurent Fignon, K.-O. pour le compte sur le pavé élyséen, en 1989, après son échec pour huit secondes dans le chrono, face à Greg LeMond, dans un ultime décompte à la Hitchcock. ∎∎∎

Eugène Christophe restera à jamais le premier porteur du Maillot Jaune en 1919.
Il le conservera trois jours cette année-là. Sans imaginer le poids qu'allait prendre cette précieuse tunique.

8

■■■

Le Maillot Jaune était ce Graal pour lequel Wim Van Est s'était abîmé en 1951 dans un ravin de l'Aubisque d'où on l'avait ressuscité, miraculé, à l'aide de boyaux encordés les uns aux autres. Des Maillots jaunes, il y en eût de toutes sortes, de tous acabits, certains éblouissants tel Hugo Koblet en 1951 porté par la grâce sur la route d'Albi, d'autres comme Roger Walkowiak en 1956 injustement réprouvé ou bien encore décrié pour leur esprit comptable, ainsi Jacques Anquetil, Maître Jacques, traité de Nain Jaune en 1961 par Jacques Goddet, le patron du Tour de France, qui n'avait guère apprécié de voir le Normand cadenasser sa course du premier au dernier jour.

Des équipiers, des sans-grades connurent le rare bonheur de l'endosser par procuration, ainsi le modeste gregario de la Bianchi, Andrea Carrea, tremblant de savoir comment Fausto Coppi accueillerait son intérim en lèse-majesté. D'autres se forgèrent avec lui une immense popularité : de mémoire, Jean Robic, Jacques Marinelli, Georges Groussard, Felice Gimondi, Raymond Delisle, Richard Virenque, Thomas Voeckler, d'autres encore…

Et tous vécurent cette aventure, ce don du ciel, comme un saint sacrement, comme un jugement premier. Tous essayèrent d'en être digne, puisant dans leur geste un surcroît de noblesse, à l'image de Louison Bobet, le champion classieux de la relance, incarnation d'un gaullisme conquérant.

Et puis il y eut Eddy Merckx, l'icône des premières retransmissions télévisées. Merckx qui se lance seul, en 1969 vers Mourenx, dans un raid élégiaque, solitaire de cent quarante kilomètres sur les pentes en surchauffe du Tourmalet. Un acte de bravoure, librement consenti dans la pleine acceptation du rêve d'Henri Desgrange qui avait inventé, créé le Maillot Jaune en 1919. Un maillot que Merckx refusera de porter à

Luchon en 1971, par respect pour Luis Ocaña, terrassé par l'orage dans la descente du col de Mente et par l'œil du taureau mythologique aux cornes de mort que le Castillan ne cessait de défier. Merckx, chevaleresque, ne voulait pas de cet emblème dévalué par une lutte avortée et de fait, il y aura toujours, dans le Tour, deux sortes de héros : ceux qui conquièrent le Maillot Jaune au terme d'un combat loyal, acharné et les autres, plus nombreux, qui le récupèrent au gré des circonstances. Quatre ans plus tard, Merckx est en jaune, encore et toujours, quand un spectateur exalté, une sorte de Dupont-la-joie à fines moustaches, s'extirpe de la foule dans la montée du puy de Dôme et lui assène un coup de poing au foie. Le poing de la haine ! La marque de l'anti-merckxisme virulent qui sévissait en France. Jamais un Maillot Jaune n'avait été agressé de la sorte. Le Cannibale ne s'en relèvera pas. Amoindri par les anti douleurs, il s'effondre corps et âme dans la montée de Pra-Loup où Bernard Thévenet s'empare de la fameuse tunique. « On était tous tellement habitués à subir sa domination que j'ai eu du mal à réaliser que je l'avais bel et bien battu, racontera le Bourguignon, bien des années après. D'ailleurs quand, au milieu de la nuit, j'ai vu le Maillot Jaune au pied de mon lit, sur le dossier d'une chaise, je me suis dit : tiens, bizarre, qu'est-ce que tu fous dans la chambre d'Eddy ? » Le maillot de Thévenet, c'était celui de Merckx, celui que Fiorenzo Magni avait emporté dans sa valise des cadetti, en 1950, fuyant le Tour au pied des Pyrénées sous l'injonction de Gino Bartali, celui que Roger Pingeon avait ravi à l'espérance d'un Raymond Poulidor éberlué sur la route de Jambes en 1967, celui que Michel Pollentier portait à l'Alpe d'Huez en 1978 avant d'être surpris dans la caravane pipi, en flagrant délit de tricherie. C'est encore celui que Bjarne Riis, tombeur de Miguel Indurain en 1996, a rangé dans une boîte en carton au fond de son garage, après ses aveux de dopage. Ce maillot sept fois dupliqué qui orne les appartements privés de Lance Armstrong, quelque part au Texas et que les Anglo-Saxons de la Sky se repassent aujourd'hui, de Bradley Wiggins à Geraint Thomas, sous l'égide impavide de Chris Froome, le Kényan blanc de la Sky. Un grimpeur efflanqué, sans affect et controversé, parce qu'on devine le management derrière le champion, au point d'en conclure qu'il n'existerait pas sans ça. Froome apparaît comme le produit d'une technologie, d'un cyclisme programmé où les victoires semblent découler d'un acte contractuel, en rupture culturelle avec l'histoire du Tour et son martyrologe. En 2013, il avait déréalisé les effets de la pesanteur dans l'ascension du Ventoux, là où Tom Simpson est mort en 1967, où Merckx, au bord du malaise, semblait s'arracher à la pente en 1970. Froome, lui, pédalait sans souffrance comme en play-back, aux marges de l'anorexie.

L'image est restée. Nul ne sait quel type de nostalgie, il inspirera plus tard quand tout sera fini, quand sous l'effet d'un inéluctable déclin, il devra passer le relais et renoncer pour toujours au Maillot Jaune qui, sur le fond, raconte une seule et même histoire. Car il n'y a « qu'une seule et même destinée pour tous, pour le juste comme pour le méchant, pour l'homme vertueux comme pour l'impie, pour celui qui est pur comme pour celui qui est souillé ». C'est écrit dans l'Ecclésiaste. Et c'est la loi du Tour. ■

"

Lorsque je me suis réveillé cette nuit-là et que j'ai vu le Maillot Jaune au pied de mon lit sur le dossier d'une chaise, je me suis dit : "Tiens, bizarre, qu'est-ce que tu fous dans la chambre d'Eddy ?"

"

Bernard Thévenet après la 15e étape, Nice - Pra-Loup du Tour 1975.

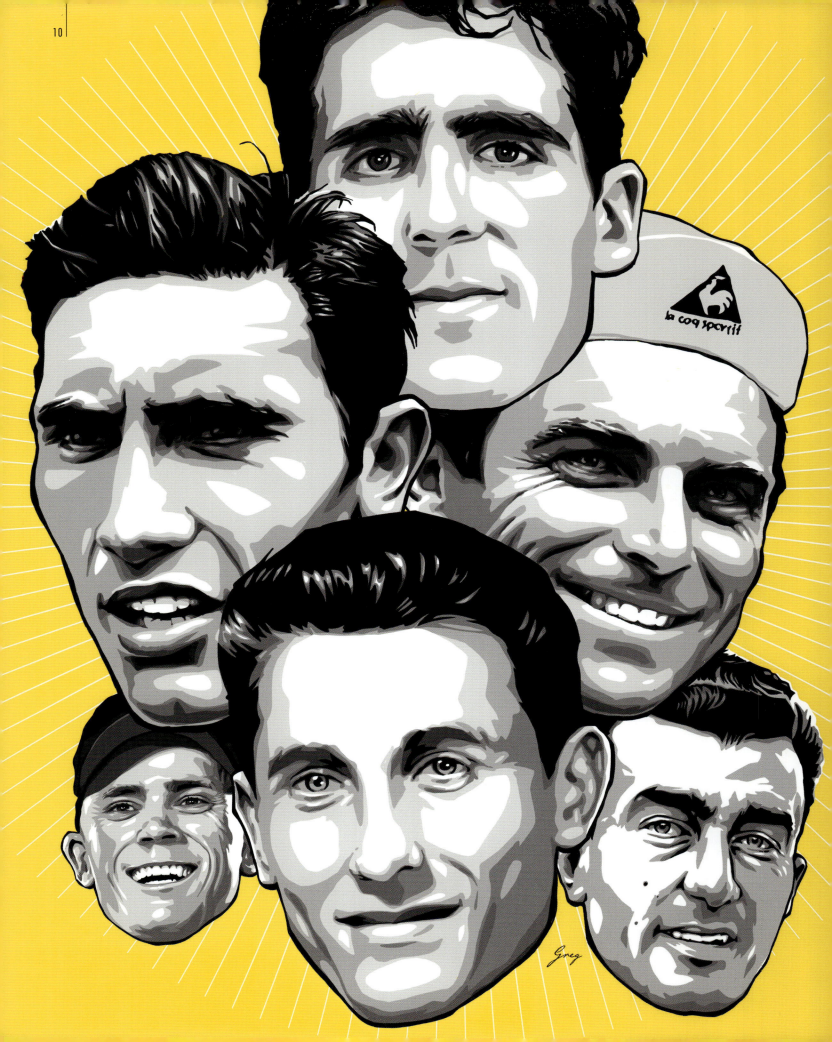

LES ROIS DES ROIS

Ils ont marqué à jamais l'histoire du Tour de France en le remportant à trois, quatre ou cinq reprises.

Jacques Anquetil peut porter son Maillot Jaune avec autorité. Toujours à l'heure au rendez-vous du Tour, il a su faire sienne la précieuse tunique.

ANQUETIL
LE MAILLOT JAUNE DANS LA PEAU

Le Normand, premier quintuple vainqueur du Tour entre 1957 et 1964, cultivait la perfection du style et une sorte de pragmatisme.

Même en Belgique, le Maillot Jaune en impose.

1961

Jacques Anquetil, un rouleur qui s'applique en montagne.

Il faut avoir vu "ça" au moins une fois dans sa vie pour comprendre ce qu'est la perfection en matière de cyclisme.

Pierre Chany dans *L'Équipe*.

Son nom reste à jamais synonyme du Tour de France. Et s'il ne fut pas forcément le plus flamboyant de tous les Maillots Jaunes, Jacques Anquetil fut pourtant un vainqueur très brillant. On lui reprocha en effet d'être trop gestionnaire de sa course, mais il savait se surpasser lorsque les circonstances l'exigeaient. Il ne pratiquait pas le panache gratuitement mais commettait toujours le strict nécessaire.

Jacques Anquetil œuvrait entre esthétisme et réalisme, et lorsqu'il débute dans le Tour en 1957, à 23 ans, le coup d'essai est un coup de maître. C'est probablement au détour d'une simple phrase, prononcée par Louison Bobet chahuté sur le Tour d'Italie cette année-là, que l'on avait changé d'époque. « Je ne suis pas prêt à participer au Tour de France… » Le champion breton, triple vainqueur du Tour de 1953 à 1955, avait-il senti le vent tourner ? « J'ai 32 ans, place aux jeunes. Qu'ils prennent leurs responsabilités », lance-t-il alors depuis le Giro. Jacques Anquetil n'en demandait pas davantage.

Il n'est déjà plus l'adolescent frêle qui remportait, quatre ans plus tôt, son premier Grand Prix des Nations, à 19 ans. D'ailleurs, le destin adresse un clin d'œil au grand espoir normand. La troisième étape de son premier Tour de France s'achève à Rouen. Ponctuel au rendez-vous, il gagne, mais c'est à Charleroi, quarante-huit heures plus tard, qu'il fait connaissance avec le Maillot Jaune. Celui-là, Anquetil le calculateur va le chercher. Il est échappé 20 kilomètres après le départ de Roubaix. Le Tricolore Gilbert Bauvin, vainqueur de cette étape belge, témoigne de ce premier exploit sur la route du Tour : « Jacques s'est mis à rouler et a lâché tout le monde au train. » La montagne est encore pour lui une terre inconnue, et il y aura bien cette alerte sur l'Aubisque. « J'ai dû lutter comme jamais cela ne m'était encore arrivé, dira-t-il à Pau, où le Belge Marcel Janssens, deuxième, lui a repris 2'38". J'avais la fringale. Je suis encore très inexpérimenté. Ensuite, je me suis repris. J'apprends à mes dépens comment se court un Tour. » Ce sera avec un pragmatisme à toute épreuve.

Il faudra juste un peu de temps pour que le Normand installe son plein pouvoir. Il y aura ce point de congestion au sortir de la Chartreuse (1958), la rivalité fatale avec Roger Rivière en équipe de France (1959), l'impasse pour gagner son premier Giro (1960), mais dans la première moitié des années soixante, le Tour ■ ■ ■

1963

L'année où Jacques Anquetil veut aussi briller en montagne.

Étape contre la montre Bourgoin-Lyon. Jacques Anquetil rejoint Raymond Poulidor parti avant lui. Le Limousin ne peut pas lutter.

Tour de France 1957, la prise
de pouvoir du jeune Anquetil.

Au puy de Dôme, avec Poulidor,
le plus célèbre coude-à-coude
que le cyclisme ait connu.

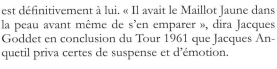

est définitivement à lui. « Il avait le Maillot Jaune dans la peau avant même de s'en emparer », dira Jacques Goddet en conclusion du Tour 1961 que Jacques Anquetil priva certes de suspense et d'émotion.

EN 1961 (PRESQUE) DE BOUT EN BOUT

Lorsqu'il annonce la couleur dès le départ de ce Tour 1961, cela passe pour de la prétention. Pourtant, comment aurait-il pu faire autrement que de remarquer ce contre-la-montre autour de Versailles qui lui est offert dès le premier jour ? Il gagne, évidemment. « Ce parcours en vallée de Chevreuse, il m'appartient un peu », estime le spécialiste du Grand Prix des Nations, la grande classique du contre-la-montre. Certes, il n'aura pas tout à fait le Maillot Jaune de bout en bout, mais à une nuance près il le portera du premier soir au dernier jour. C'est que la demi-étape matinale, Rouen-Versailles, est revenue comme d'habitude à André Darrigade, mais elle a permis à Anquetil de reléguer d'entrée quelques-uns de ses rivaux, dont Charly Gaul, à cinq minutes. « J'ai le Maillot Jaune dès le premier soir, c'est un cadeau qui ne se refuse pas. J'entends bien le défendre », dira-t-il. Un certain malentendu s'installe alors entre le champion et l'opinion publique. On le trouve maintenant présomptueux.

Jacques Anquetil n'est pas le plus aimé des champions. Il lui suffit d'être vainqueur. L'année suivante, il se trouve mieux qu'un challenger, et sa légende sera désormais liée à celle du plus valeureux de ses faire-valoir : Raymond Poulidor. Mais comme un signe prémonitoire, le Limousin découvre le Tour, en 1962, avec un poignet dans le plâtre. La malchance colle à Poulidor, la réussite semble toujours du côté d'Anquetil. C'est un vendredi 13, à deux jours de l'arrivée au Parc des Princes, que le Normand trouve du panache. À sa manière. Le contre-la-montre Bourgoin-Lyon tourne

à la démonstration. « Il faut avoir vu "ça" au moins une fois dans sa vie pour comprendre ce qu'est la perfection en matière de cyclisme », écrira ce jour-là Pierre Chany dans *L'Équipe*. Et l'on prête cette phrase magnifique à Antonin Magne, l'ancien vainqueur devenu directeur sportif de Mercier lorsque Anquetil fond sur Poulidor, parti trois minutes avant lui, après 39 kilomètres sur les 68 à parcourir. « Garez-vous, Raymond, la caravelle arrive… »

Rejoint au palmarès, Louison Bobet lui adresse ses félicitations sur la pelouse du Parc. Qui sait pourtant si Jacques Anquetil ne nourrit pas une légère frustration. Les organisateurs aussi. Ils rabotent la part du contre-la-montre pour l'édition 1963. Alors, c'est dans la montagne que Jacques Anquetil veut enfin marquer le coup pour sa quatrième victoire. À cet égard, la 17ᵉ étape Val d'Isère-Chamonix est un symbole. Lui, le rouleur, s'impose chez les grimpeurs. « J'aurais été tellement déçu si j'avais dû attendre le contre-la-montre pour prendre le Maillot Jaune », avoue-t-il après avoir battu Federico Bahamontes dans un dernier tête-à-tête à Chamonix.

Le Tour 1963 est donc un sommet. Mais le plus beau des Maillots Jaunes est encore à venir, car celui de 1964 fut sans doute le plus chèrement acquis. Pour cela, il a surmonté la fatigue du Giro, conjuré le sort que lui avait jeté le mage Belline prédisant son malheur, surmonté sa défaillance dans la montée d'Envalira et chassé sa peur dans la descente. Il avait surtout bluffé Poulidor au puy de Dôme et parachevé son œuvre dans le dernier contre-la-montre, Versailles-Paris. « J'ai dû me surpasser pour battre un très grand champion, Poulidor », avouera-t-il sportivement au Parc des Princes, où il reçoit le 51ᵉ Maillot Jaune de sa carrière. Le dernier, et peut-être finalement le plus éclatant. ∎

1964

Au Parc des Princes, la bise de Poulidor à son vainqueur.
Même au plus fort de la rivalité, l'admiration est sincère et le respect mutuel.

Eddy Merckx et le Maillot Jaune
c'est une belle histoire d'amour. Que personne
n'a oubliée et surtout pas la star du cyclisme.
Eddy Merckx et le Tour ne font qu'un.

MERCKX

DANS SA TENUE D'ÉTÉ

Le champion belge, cinq fois vainqueur du Tour, aura passé plus de trois mois de sa vie avec le Maillot Jaune sur le dos !

1969

Eddy Merckx vers Mourenx.
Une envolée définitive.

ddy Merckx se souvient avec émotion de son âge tendre, lorsqu'il arpentait son quartier de la banlieue bruxelloise sur un petit vélo à pneus ballons. « Les gens m'appelaient Tour de France… », se souvient-il à propos de cette prémonition des habitants de Woluwe-Saint-Pierre. L'œuvre de sa vie dépasse largement le Tour de France, comme en atteste l'immense étendue de son palmarès. Mais c'est là, dans la plus grande course du monde remportée cinq fois de 1969 à 1974, qu'il a vécu le meilleur de sa carrière.

Le Maillot Jaune, Eddy Merckx l'avait vu pour la première fois à l'âge de 13 ans, le jour de l'arrivée du Tour 1958 gagné par Charly Gaul, lors d'un corso fleuri organisé près de Bruxelles. « Un gamin était habillé avec un Maillot Jaune et je l'enviais. » Devenu grand, il fut exaucé au-delà de toute espérance. Il aura passé quatre-vingt-dix-sept jours en jaune. Soit plus de trois mois de son existence. Le Maillot Jaune était son habit d'été. Il en a reçu plus que n'importe qui au monde, 111 au total si on comptabilise les innombrables demi-étapes (voire les tiers d'étape) qui découpaient alors la carte du Tour. « Combien il m'en reste, Claudine ? », demande-t-il à son épouse dans la spacieuse villa de Meise, en périphérie résidentielle bruxelloise. « Peut-être un ou deux… J'en ai offert aux œuvres de bienfaisance, aux sponsors, aux enfants. Et puis à la fin du Tour, c'est normal d'en distribuer aux équipiers et au personnel. Alors je n'en ai presque plus. »

Parmi les rares reliques soigneusement emballées au premier étage des appartements du Cannibale, une est particulièrement chère à son cœur. « Le maillot de 1969, le Virlux (une marque de beurre, premier sponsor à apparaître sur le Maillot Jaune), je l'ai celui-là. ça reste le plus beau moment de ma carrière. Un rêve d'enfant qui se réalisait… » Le destin ayant bien fait les choses, Eddy Merckx avait commencé par… perdre le prologue du Tour 1969 à Roubaix. ■ ■ ■

Il fait connaissance avec le Maillot Jaune, chez lui à Woluwe-Saint-Pierre, au côté de son directeur sportif, Guillaume Driessens (premier plan, à dr.).

Au mont Ventoux,
le Cannibale domine les autres
et se surpasse lui-même.

1970

C'est l'envolée superbe du Tourmalet, cent quarante kilomètres d'échappée solitaire. Pourtant, le Tour était déjà gagné. Le geste gratuit par excellence. L'exploit fondateur.

■■■

Battu de sept secondes par Rudi Altig, la déception est passagère. Le premier de ses 111 Maillots Jaunes l'attend dès le lendemain, à l'issue du contre-la-montre par équipes gagné par la Faema dans les rues de… Woluwe où il a grandi. « C'est inoubliable. Le lendemain, je suis passé en tête du peloton et en jaune à Tervuren où j'habitais à l'époque. Le maillot, je l'ai refilé le jour même à un équipier (Julien Stevens) car ce sont les circonstances de course et je ne pouvais pas courir après tout le monde. Et puis, le Maillot Jaune le plus important, c'est celui de Paris… » Il le retrouvera pourtant quatre jours plus tard, dans la sixième étape, Mulhouse-Belfort par le ballon d'Alsace. « Là, j'étais allé le chercher. Il était vraiment à moi. Il était plus important celui-là, c'est mon premier "vrai" Maillot Jaune. »

Le maillot, en principe, ça se défend. Merckx attaque. C'est l'envolée superbe du Tourmalet, dans cette mémorable dix-septième étape, Luchon-Mourenx, cent quarante kilomètres d'échappée solitaire. Pourtant, le Tour était déjà gagné, mais il ajoute huit minutes sur le groupe Pingeon-Poulidor. Le geste gratuit par

excellence. L'exploit fondateur. Peut-être le « must », même si avec lui le singulier n'est pas de mise. « J'ai encore gagné quatre Tours par la suite, mais après ma chute de Blois (lors d'un critérium sur piste d'après Tour en 1969), je n'ai plus jamais eu la même facilité en montagne. À 24 ans, normalement, on n'est pas au sommet de sa force mais regardez, les années suivantes, j'ai chaque fois gagné avec un peu moins d'avance*. »

Au diable l'avarice. Des offensives en jaune, il y en aura d'autres : au Ventoux en 1970 ; dans le final de l'avant-dernière étape, Vouvray-Orléans en 1974, à l'occasion d'une demi-étape matinale sans intérêt stratégique avant le dernier chrono. « Là aussi, j'ai fait un truc, admet-il. Ça attaquait de tous les côtés et, pour nettoyer la situation, je suis parti. Ils ont roulé à soixante à l'heure derrière moi et j'ai pris une minute (1'25" en réalité). Ça m'a juste coûté le contre-la-montre de l'après-midi (il s'inclinera face à Michel Pollentier). »

Le Maillot Jaune était son ordinaire. « Le soir, je mettais le dossard dessus, le 51 (le numéro qui lui fut attribué en 1969 avant que le dossard 1 ne devienne une habitude). Je préparais toujours mes affaires la veille. Je mettais le maillot, la culotte, les gants et les socquettes sur la chaise… » En 1970, il aurait pu avoir la vanité de le porter de bout en bout, mais il le céda de bonne grâce pour quatre jours à son partenaire de Faemino, Italo Zilioli. « J'étais content pour lui. Moi, ce que je voulais, c'est le maillot à Paris. On peut l'avoir et ne pas gagner le Tour… Et alors, on a bonne mine… »

« Je me trouvais très beau avec le Maillot »

Les Maillots Jaunes se suivent mais ne se ressemblent pas tous. Il trouve à celui de 1971 moins d'éclat, parce que Luis Ocaña n'est plus là. D'ailleurs, il le refuse poliment sur le podium de Luchon, au soir de la sinistre étape du col de Mente où Luis Ocaña est rattrapé par son destin tragique. « Non, il ne m'appartient pas, s'excusera-t-il. Je veux voir messieurs Goddet et Lévitan pour qu'il me soit accordé comme ■■■

1971

Visite à Luis Ocaña qui a dû quitter le Tour. Eddy Merckx aurait préféré conquérir le Maillot Jaune dans d'autres circonstances.

**Cyrille Guimard,
maillot vert,**
provoque le duel.
Mais le combat
est inégal.

■ ■ ■

une faveur qu'il n'y ait pas de Maillot Jaune pour cette étape de Superbagnères (la dix-neuvième, disputée le lendemain) », explique-t-il aux organisateurs qui accèdent à sa requête. À sa manière, il rend hommage à son adversaire, mais plus encore, ce n'est pas l'idée qu'il se fait de la conquête du Maillot Jaune. « J'aurais préféré terminer deuxième après avoir livré bataille », jure-t-il, et on peut le croire sur parole. Merckx n'avait donc pas dit son dernier mot, il le soutient encore presque cinquante ans après. « Ocaña était supérieur, mais le Tour n'était pas fini. Vous pouvez me croire, il aurait eu du souci (en dépit d'une avance supérieure à sept minutes avant la chute rédhibitoire de l'Espagnol) à se faire. J'avais pris une claque dans la figure à Orcières (lors de la onzième étape, Grenoble - Orcières-Merlette, où Ocaña le relègue à 8'42"), j'étais au bord du K.-O. mais un boxeur, il se relève. Je me serais battu jusqu'au dernier jour… »

Néanmoins, Merckx gagne cette année-là son troisième Tour. « C'est évident que sur le chemin du retour vers Paris, cela me paraissait plus terne. Il reste un doute, même si Ocaña n'était pas le seul adversaire et qu'il y avait aussi Zoetemelk et Van Impe. Sincèrement, je pense que Luis aurait pu continuer. Le lendemain, il était sur pied. Il a pris peur. S'il était tellement sûr de gagner, pourquoi aller prendre le risque de me suivre ? Moi aussi, je me suis fait mal en tombant au col de Mente. J'avais pris le guidon dans l'aine et je ne savais pas si j'allais pouvoir repartir. Le lendemain matin, j'ai dû monter la moitié de Peyresourde pour m'échauffer et voir si ça pouvait aller. Et j'ai même

dû demander à Van Impe de ne pas faire l'imbécile au départ… »

Le règne d'Eddy Merckx suit son cours. Il prendra fin en 1975, alors que le Maillot Jaune est encore et toujours sur ses épaules et que le Belge est une nouvelle fois à l'attaque dans cette fameuse quinzième étape, Nice - Pra-Loup, qui marque un tournant. « J'avais fait une descente impressionnante du col d'Allos. Pra-Loup, pourtant, ce n'est pas dur, dur… Mais j'ai senti que la force s'en allait, que je ne pouvais plus mettre du braquet », se souvient-il à propos de cet épisode où Bernard Thévenet renverse la situation. « Gimondi est d'abord revenu sur moi. Ça m'a surpris mais je sentais que j'étais dans la difficulté. Gimondi m'a lâché, Thévenet m'a passé à son tour, mais je ne revois pas spécialement la scène. J'étais tellement à bloc. J'avais reçu ce coup de poing (d'un spectateur) au puy de Dôme et je pense que c'est la connerie du docteur qui m'a donné des médicaments pour fluidifier le sang qui m'a joué ce tour-là. »

Une page est tournée. Le crépuscule est proche. Il n'y aura plus de Maillot Jaune, sauf sur les photos de ce passé glorieux. « Oui, je me trouvais très beau avec le maillot, consent-il à dire avec une petite coquetterie. J'avais les cheveux noirs, ça m'allait très bien. J'avais le type pour porter le Maillot Jaune. » C'est le moins que l'on puisse dire. ■

(*) 1969 : 17'54" sur Pingeon ; 1970 : 12'41" sur Zoetemelk ; 1971 : 9'51" sur Zoetemelk ;
1972 : 10'41" sur Gimondi ; 1974 : 8'04" sur Poulidor.

Bernard Thévenet
restera à jamais le «tombeur»
d'Eddy Merckx.

19
75

Le Roi Eddy.
La classe à l'état pur.

Bernard Hinault n'a jamais couru
après les palmarès, mais à l'instinct.
Et prenait un malin plaisir
à jouer avec ses adversaires.

HINAULT

S'EST BIEN AMUSÉ

Personne, pas même Merckx, n'a porté le Maillot Jaune sur huit Tours différents. Le Breton en a gagné cinq, abandonné un, et peut-être trouvé le plus de panache dans les deux qu'il a perdus.

Il l'a tant aimé, il a raison.
Ce maillot lui va si bien.

19
79

L'émoi de son premier rendez-vous avec le Maillot Jaune ne le submerge pas vraiment à 72 heures de sa première arrivée sur les Champs-Élysées. Il dort.

« Je n'ai pas peur de dire que j'étais venu pour gagner. » Bernard Hinault est arrivé sur le Tour en 1978 avec ses convictions, sans précipitation. Il compte déjà plus de trois années de professionnalisme, il est sûr de lui et de sa force. Il a 23 ans mais l'émoi de son premier rendez-vous avec le Maillot Jaune ne le submerge pas vraiment au départ de l'étape contre la montre Metz-Nancy, à soixante-douze heures de sa première arrivée sur les Champs-Élysées. Il dort. Le soigneur de l'équipe Renault se souvient de cette capacité épatante à faire le vide. « Il était assis à l'arrière de la voiture. Il s'est enfoncé un peu sur le siège, a allongé ses jambes sur le dossier avant, puis il a abaissé sa casquette sur les yeux… » Cyrille Guimard doit le secouer, quatre minutes tout au plus avant l'heure prévue pour son départ, juste au moment où Joop Zoetemelk, Maillot Jaune depuis l'Alpe-d'Huez, quatre jours plus tôt, revient de son échauffement. « Regarde, il est vert ! », fait alors observer Bernard Hinault, légèrement arrogant, pétri de certitudes. « Je me souviens bien des quatorze secondes que j'avais à reprendre. J'étais parfaitement détendu. Je savais que j'allais prendre le maillot », confiera-t-il ensuite.

Comme Jacques Anquetil, comme Eddy Merckx avant lui, le coup d'essai est un coup de maître. Les années Hinault n'en sont qu'à leur commencement. Sa suprématie atteint une sorte d'apogée en 1979, lorsqu'on prête au Breton – à tort ou à raison – l'intention de porter le maillot de bout en bout, sous prétexte que le dessin du Tour est assez original pour commencer par les Pyrénées. Mais Gerrie Knetemann, le rouleur néerlandais, lui coupe l'herbe sous le pied dans le prologue de Fleurance. Qu'importe. Ce n'est que partie remise, sans trop tarder. La seule anicroche survient, lors de la neuvième étape (Amiens-Roubaix) sur ces pavés qu'il détestait. Une crevaison à l'entrée de l'Enfer du Nord, une poursuite effrénée engagée avec un tas d'adversaires passifs dans son dos, une seconde crevaison à dix kilomètres de Roubaix, il n'en faut pas davantage pour perdre le maillot, et rendre surtout 3'24" à Zoetemelk. « Il aurait pu perdre le Tour mais c'est ce jour-là qu'il l'a gagné », fera remarquer Jacques Anquetil, un avis d'orfèvre, à propos de cette défense acharnée.

Dès lors, Hinault saute sur le moindre sprint de bonification pour livrer une guérilla permanente. Jusqu'au contre-la-montre d'Avoriaz (15ᵉ étape) où il écrase la concurrence, dans l'un de ses exploits majeurs sur le Tour. ■■■

1980

Le Maillot Jaune n'efface pas la douleur. Son genou ne pourra pas l'emmener très loin.

Avec Joop Zoetemelk, son dauphin, sur les Champs-Élysées. Une apothéose à sa façon.

1981

Une concurrence atomisée.
Le Blaireau assomme le Tour.
19 jours en jaune sur 25,
et Lucien Van Impe (deuxième)
relégué à 14'34" à Paris.

Avec Martine son épouse,
et la ministre Edwige Avice
sur le podium final. L'opposition
(de g. à dr. Johan Van der Velde 3e,
Joop Zoetemelk 2e, Phil Anderson
meilleur jeune, Sean Kelly maillot vert
et Bernard Vallet meilleur grimpeur)
prend ce qui reste.

Gueule cassée à Saint-Étienne.
Mais le Blaireau va tenir le choc.

Dans une forte symbolique, cette seconde victoire s'achève par un tête-à-tête insolite, sur les Champs-Élysées, entre le Maillot Jaune et Zoetemelk, son seul challenger valable, qui a attaqué dans une côte de la vallée de Chevreuse. « J'imaginais que plusieurs coureurs viendraient avec moi, avouera le Néerlandais, mais jamais je n'aurais pensé me retrouver seul avec Hinault. » Un instant, il espère que le Français va lui laisser une victoire de prestige mais Hinault ne fait pas cadeau de son septième succès d'étape sur ce Tour archi dominé. « Beaucoup de gens ont cru à un coup monté, mais rien n'était prémédité et on a tout fait à la régulière », précisera le Breton des années plus tard.

Son règne est interrompu par un mal de genou, en 1980. Il quitte un Tour qui lui semblait promis d'avance avec le Maillot Jaune sur le dos. Puis c'est l'exercice total du pouvoir, en 1981 et 1982, face à une opposition assez résignée, il est vrai.

Le dernier mot, puis le péché d'orgueil

Son impasse sur le Tour 1983, en raison d'une opération au genou, favorise probablement l'émergence de Laurent Fignon. Le choc des générations tourne en faveur de la jeunesse triomphante, en 1984, lorsque le jaune n'est qu'illusion pour Hinault dans le prologue d'un Tour où il sera copieusement dominé par son jeune adversaire. Mais Hinault aura le dernier mot, finalement, car en 1985, c'est Fignon qui passe sur la table d'opération. Le Breton renoue alors avec le succès et gagne son cinquième Tour en dépit d'une chute sur le cours Fauriel, à Saint-Étienne. À cause d'elle, il passera un sale quart d'heure dans les Pyrénées. Surtout, il s'encombre d'une promesse vis-à-vis de Greg

LeMond, son coéquipier, dont il a fallu réfréner les ardeurs : « L'an prochain, le Tour sera pour toi. Je serai là, mais pour t'aider. »

En somme, il a la coquetterie de choisir son successeur. Oui, mais le Tour 1986, son dernier, est un feu d'artifice. Il accomplit l'un de ses coups fumants à Pau, où son attaque dans les petits cols basques lui rapporte près de cinq minutes d'avance ! Le Tour est quasiment plié. Mais quelle mouche a donc piqué le Blaireau pour qu'il remette ça de plus belle, le lendemain, dans la descente du Tourmalet ? Le Maillot Jaune passe à l'attaque, dans un contre-pied dont il a le secret. Sur les pentes du col d'Aspin, Hinault se laisse emporter par cette griserie qui fut ce jour-là sa faiblesse, mais il reçoit un sacré retour de bâton dans Superbagnères, où il dilapide presque toute la fortune amassée la veille. Il a commis le péché d'orgueil.

Ce Tour, Greg LeMond va donc le gagner. Et Hinault n'aura plus qu'à donner le change en conduisant la marche dans l'ascension de l'alpe d'Huez, où tous deux finiront dans un mano a mano resté fameux, sous l'œil ravi de Bernard Tapie. Dans l'opinion publique, Bernard Hinault sera finalement sorti vainqueur de sa défaite. Mais la question est restée en suspens : pouvait-il gagner ce sixième Tour ? « Moi, avec cinq minutes d'avance, j'aurais bloqué la course, analysa Jacques Anquetil. Si j'avais été à la place de Bernard à Pau, je crois que j'aurais eu mon sixième Tour… » « Je n'ai aucun regret. J'ai fait ce que j'avais à faire, c'est tout, estimera Hinault en regardant l'ensemble de sa carrière dans le rétroviseur. Je me suis bien amusé. » ∎

À l'Alpe-d'Huez, au terme d'un mano a mano mythique avec Greg LeMond, il sort par la grande porte.

19 86

Le péché d'orgueil dans les Pyrénées. Hinault aurait pu défendre le Maillot Jaune. Il attaque...

Miguel Indurain
n'avait qu'un surnom.
On l'appelait « le Grand ».

INDURAIN
UN CONQUÉRANT DE L'UTILE

L'Espagnol fut l'un des plus grands rouleurs de tous les temps. Et le premier à aligner cinq succès consécutifs.

Avec Claudio Chiappucci (à dr.) en direction de Val Louron. On entre dans les années Indurain.

Il a grandi patiemment auprès de Pedro Delgado (à dr.)
Cette fois, son tour est venu.

À son rythme, il en impose à ses adversaires (dans son sillage Tony Rominger, Alvaro Mejia, Andy Hampsten),
même dans les grandes ascensions alpestres. Indurain est au sommet.

De ses origines paysannes et de sa passion pour la terre, il avait acquis une force paisible et appris la patience. À l'inverse de Jacques Anquetil, Eddy Merckx ou Bernard Hinault, qu'il a fini par rejoindre dans le cercle des quintuples vainqueurs, Miguel Indurain fut loin de réussir au premier essai. Au contraire. De tous les multiples vainqueurs, c'est lui qui a emprunté le plus long chemin vers la victoire. Il avait pourtant débuté dans le Tour à 21 ans, en 1985, mais son abandon fut programmé avant la montagne lors de ses deux premières participations. « Miguel est un diamant qu'il faut prendre le temps de ciseler », justifiait José Miguel Echavarri, son mentor au sein de l'équipe Reynolds puis Banesto où Indurain a grandi, si l'on ose dire, dans l'ombre de Pedro Delgado.

Il fête ses 27 ans durant le Tour 1991, et il en est déjà à sa septième participation lorsqu'il prend le pouvoir. L'épisode se situe dans le dernier kilomètre de l'ascension du Tourmalet où Greg LeMond coince subitement. Sur l'autre versant, Indurain reçoit le concours déchaîné de Claudio Chiappucci et tous deux ouvrent de concert une nouvelle époque. L'Italien gagne l'étape au Val-Louron et l'Espagnol reçoit, ce 19 juillet, le premier de ses soixante Maillots Jaunes !

Les années Indurain commencent. C'est donc dans la montagne que ce grand d'Espagne qui en impose par sa morphologie (1,88 m ; 80 kg) prend son envol définitif. C'est aussi dans ses chères Pyrénées – à Cauterets en 1989 et Luz-Ardiden en 1990 – que le Navarrais signera ses deux seuls succès sur le Tour dans des étapes en ligne. On lui reprocha son manque de panache mais le sien se mesurait au chronomètre puisque durant son règne uniforme, il gagnait seulement les jours de contre-la-montre. Sans doute fut-il l'un des deux ou trois plus grands rouleurs de tous les temps, au même titre qu'Anquetil ou Hinault. Cinq fois sur cinq, il s'imposa en effet dans le premier « grand » chrono du Tour : Alençon (1991) ; Luxembourg (1992) ; Madine (1993) ; Bergerac (1994) ; Seraing (1995) jalonnent ainsi ses années de succès. Le plus souvent (sauf en 1993 et 1994), il remettait le couvert lors du dernier. ■■■

19 94

Richard Virenque (à g.) et Luc Leblanc posent des banderilles. Mais le Maillot Jaune impose sa force tranquille.

19 93

" Miguel est un diamant qu'il faut prendre le temps de ciseler. "

José Miguel Echavarri.
Son mentor au sein de l'équipe Reynolds.

1995

C'est en Belgique, sur un final digne de Liège-Bastogne-Liège, que Miguel Indurain
pose les bases de son cinquième succès.

L'attaque, un luxe un peu superflu

Son summum fut probablement atteint durant le Tour « européen », parti quasiment de chez lui, à Saint-Sébastien, au Pays basque espagnol où il avait déjà annoncé la couleur. Lors de ce Tour 1992, il signera le « must » de sa carrière dans le fameux contre-la-montre de Luxembourg. Son équipier Armand De Las Cuevas termine deuxième, à trois minutes. Soit le plus grand écart jamais enregistré sur le deuxième, dans un chrono du Tour ! Greg LeMond, cinquième, est lui relégué à plus de quatre minutes !

Miguel Indurain, servi par la part importante réservée aux chronos au début de ces années quatre-vingt-dix, était un tueur de suspense. Il s'appuyait sur son point fort et n'eut jamais besoin de passer à l'attaque, un luxe pour lui un peu superflu. Il ne lui restait qu'à contrôler ses adversaires en montagne, où, en dépit de son gabarit impressionnant, il devint ainsi le maître des cols. Mais à l'instar d'Anquetil, il était un conquérant de l'utile. Il prenait soin de ne fâcher personne. En 1993, alors qu'il aurait pu s'attribuer les deux étapes majeures dans les Alpes, il offrit les victoires d'étape à Tony Rominger, son challenger. Et lorsqu'il passa à l'offensive dans les Ardennes en 1995, il ne put s'empêcher de laisser la victoire à Johan Bruyneel à Liège, mais il est vrai que le lendemain était jour de « chrono »…

Miguel Indurain aura aussi usé, tour à tour, cinq dauphins différents : Gianni Bugno d'abord, Claudio Chiappucci ensuite, puis Tony Rominger, Piotr Ugrumov et Alex Zülle sans que l'un d'entre eux ne parvienne vraiment à le faire vaciller de son piédestal. Il était imprenable en défense.

« Je me sentais encore la force de remporter un sixième Tour de France », déclara-t-il lorsqu'il se retira, fin 1996, alors qu'il valait beaucoup mieux, c'est sûr, que sa digne onzième place à Paris. Il avait perdu ce Tour qui passait pourtant devant la ferme familiale de Villava, à deux kilomètres de Pampelune. Il y était arrivé dans le troisième peloton, très attardé, mais n'en reçut pas moins un vibrant hommage d'un peuple qui ne l'aimait pas seulement parce qu'il gagnait, mais pour ce qu'il était. S'il avait dû être le premier à remporter six Maillots Jaunes, n'aurait-il pas dû plutôt chercher le Tour manquant au commencement de son règne ? José Miguel Echavarri s'était probablement trompé de leader en 1990, mais l'Espagne était alors en plein « delgadisme ».

Lors de son accession au pouvoir, en 1991, l'affaire « PDM », et cette étrange épidémie qui décima l'équipe néerlandaise, suggérait déjà que le cyclisme entrait dans une bien mauvaise passe sous l'influence de médecins véreux et avides. Cinq ans plus tard, les choses avaient empiré, et Bjarne Riis n'eut qu'à se lever de la selle pour larguer Miguel Indurain comme un malpropre. Les temps avaient changé. Alors, Miguel choisit entre l'espoir de gagner un sixième Tour et le risque avéré de faire l'année de trop. Dans sa grande sagesse, il préféra donc en rester là. ■

En souffrance dans la montée vers Hautacam, Indurain vit le crépuscule de sa carrière.

1996

ET LES BRIT'S ONT DÉBARQUÉ...

Il aura fallu attendre... 99 Tours de France pour qu'un Anglais le gagne enfin ! Mais depuis Bradley Wiggins en 2012 jusqu'au Gallois Geraint Thomas en 2018, en passant par Christopher Froome, les Britanniques accumulent les succès...

S'ils ont dû attendre aussi longtemps pour parvenir jusqu'à la victoire dans le Tour, c'est peut-être que les coureurs britanniques viennent de bien plus loin qu'on pourrait le croire. La Manche n'était peut-être pas la plus difficile à traverser, mais les obstacles de la singularité du cyclisme insulaire se sont dressés sur leur route. Comme cette charrette mise en travers de la chaussée par une femme prise de panique face à un groupe de coureurs déjà bien mal vus de la police. L'incident remonte au 21 juin ... 1894, jour funeste pour le cyclisme britannique. Un décret signe la fin des courses disputées en peloton. Dès lors, le cyclisme sur route se résume pour ainsi dire à des épreuves contre la montre, une situation qui perdure jusqu'à la Seconde Guerre Mondiale.

Ce petit rappel historique n'est sans doute pas inutile au moment d'expliquer pourquoi 99 Tours de France se sont déroulés avant qu'un Anglais le gagne enfin ! Un Américain (Greg LeMond en 1986) y était déjà parvenu depuis un quart de siècle, le voisin irlandais Stephen Roche aussi (1987), et les coureurs du Royaume-Uni s'étaient même fait prendre de vitesse par leurs lointains cousins australiens (Cadel Evans en 2011) !

Six Tours sur sept

« Notre but est de conduire un Anglais à la victoire dans le Tour de France dans les cinq ans », avait annoncé Dave Brailsford, manager du nouveau Team Sky créé en 2010, un Gallois fort d'une réussite ex-ceptionnelle à la tête du programme olympique, sur piste. Sa nouvelle structure met les grands moyens. Deux ans suffiront seulement pour exaucer son voeu. Et c'est justement un pur produit de la piste, Bradley Wiggins, qui restera à jamais le premier. Pourtant, il ne semblait guère avoir le profil. Un grand poursuiteur, oui, un très bon spécialiste du chrono aussi, et un style irréprochable, d'accord. Mais de là à gagner le Tour ! Cela paraissait aussi improbable que pour un certain Lance Armstrong à la fin des années quatre-vingt-dix... Et voilà que Wiggins ramène non seulement le Maillot Jaune en 2012, mais qui plus est devant un compatriote ! Son propre équipier, Christopher Froome, qui suggère qu'il était peut-être déjà plus fort que son leader cette année-là.

De toute façon, Wiggins n'est pas destiné à régner. Il a trente-deux ans déjà, et surtout, se sent incapable de souscrire de nouveau aux sacrifices – notamment sur le plan pondéral – auxquels il a dû se soumettre pour effectuer sa mutation d'athlète. Plus encore, il n'a pas tellement aimé la gloire et les sollicitations de toutes sortes, emmerdements compris, qui vont avec son succès. Pour lui, c'est donc un *one shot*. Malgré tout, l'équipe Sky, à elle seule, écrira tout un chapitre de l'histoire du Tour puisque depuis 2012, elle a remporté six Tours sur sept !

Il est vrai que Christopher Froome a bien davantage le profil de l'emploi. Même si son style est beaucoup moins académique que celui de Wiggins, et son parcours personnel franchement atypique (né à Nairobi de parents britanniques et surnommé le ■■■

Bradley Wiggins (au second plan), est emmené sur un fauteuil vers la victoire finale dans le Tour 2012 par un jeune prodige dénommé Christopher Froome.

C'est sur les pentes du mont Ventoux, le 14 juillet 2013, que Christopher Froome assoit sa domination sur le Tour.

■■■

"Kényan blanc", il se forme au cyclisme en Afrique du Sud), il est quasiment aussi bon rouleur que grimpeur. À moins que ce soit l'inverse. La domination dont il témoigne, au Mont Ventoux notamment, dans le Tour 2013, fait naître une certaine hostilité à son égard. On se met à parler des gains marginaux que le Team Sky procure à ses coureurs dans tous les domaines – préparation, matériel, équipement, diététique – mais il est assez naturel, vu les ravages causés par l'imposture Armstrong, que le Maillot Jaune soit systématiquement suspecté. D'autant que l'équipe Sky aime à s'entourer d'un certain mystère.

Toujours est-il qu'entre 2012 et 2018, les Sky, où chaque équipier semble aussi fort qu'un leader adverse, cadenassent le Tour et n'en perdent qu'un seul. Celui où Christopher Froome abandonne sur chute, en 2014, un interstice mis à profit par Vincenzo Nibali pour devenir le premier Italien vainqueur depuis Marco Pantani en 1998. Avant que Chris Froome ne reprenne de plus belle le cours de ses succès qu'il aligne sans faute en 2015 (confirmant la thèse de l'accident pour l'année précédente), en 2016 où il se retrouve au Ventoux dans la peau d'un coureur à pied, et en 2017 où sa marge semble se réduire mais où le chrono continue de faire la différence.

Des éclaboussures

De son côté, Bradley Wiggins n'est plus jamais réapparu sur le Tour après son succès, mais lorsqu'il met un terme à sa carrière fin 2016, il passe de justesse entre les gouttes. Un groupe de « hackers » russes, dénommé « Fancy Bear », révèle qu'il a bénéficié d'au-

torisations à usage thérapeutique pour prendre des corticoïdes entre 2011 et 2013. Et Dave Brailsford est aussi sommé de s'expliquer devant le Parlement britannique sur l'affaire jamais élucidée dite du « Jiffy Bag », un colis suspect que Wiggins aurait reçu sur le Dauphiné juste avant de triompher … dans le Tour. Rien n'est vraiment répréhensible, mais rien n'est transparent.

Pour sa part, Chris Froome est sérieusement égratigné lui aussi. Il subit un contrôle anormal au salbutamol sur la Vuelta 2017 (la concentration retrouvée dans ses urines avait été mesurée au double de la limite autorisée pour soigner son asthme). Une affaire réglée entre experts et avocats qui mettra jusqu'au dernier moment en doute sa participation au Tour 2018. Il s'y alignera en fin de compte mais subira les sifflets du public et sans doute le contre-coup des mois précédents. Il le terminera à la troisième place.

Mais l'équipe Sky est une hydre, qui sort une troisième tête, avec le Gallois Geraint Thomas, un leader de rechange qui s'avère sans discussion le meilleur, au moins pour cette fois-là. Ainsi, les Britanniques remportent les trois grands Tours la même année en 2018. Froome a en effet pris ses précautions sur le Giro, et Simon Yates, leur compatriote d'une équipe australienne, a gagné le Tour d'Espagne. Mais alors que Froome reste en lice pour rejoindre le cercle des quintuples vainqueurs du Tour, le groupe audiovisuel britannique Sky a annoncé – assez logiquement après neuf ans de présence – la fin de son partenariat à l'issue de la saison 2019. La fin de l'emprise britannique ? ■

Geraint Thomas, vainqueur du contre-
la-montre Saint-Pée-sur-Nivelle - Espelette
en 2018, sait qu'il a course gagnée.
Ce Tour sera le sien.

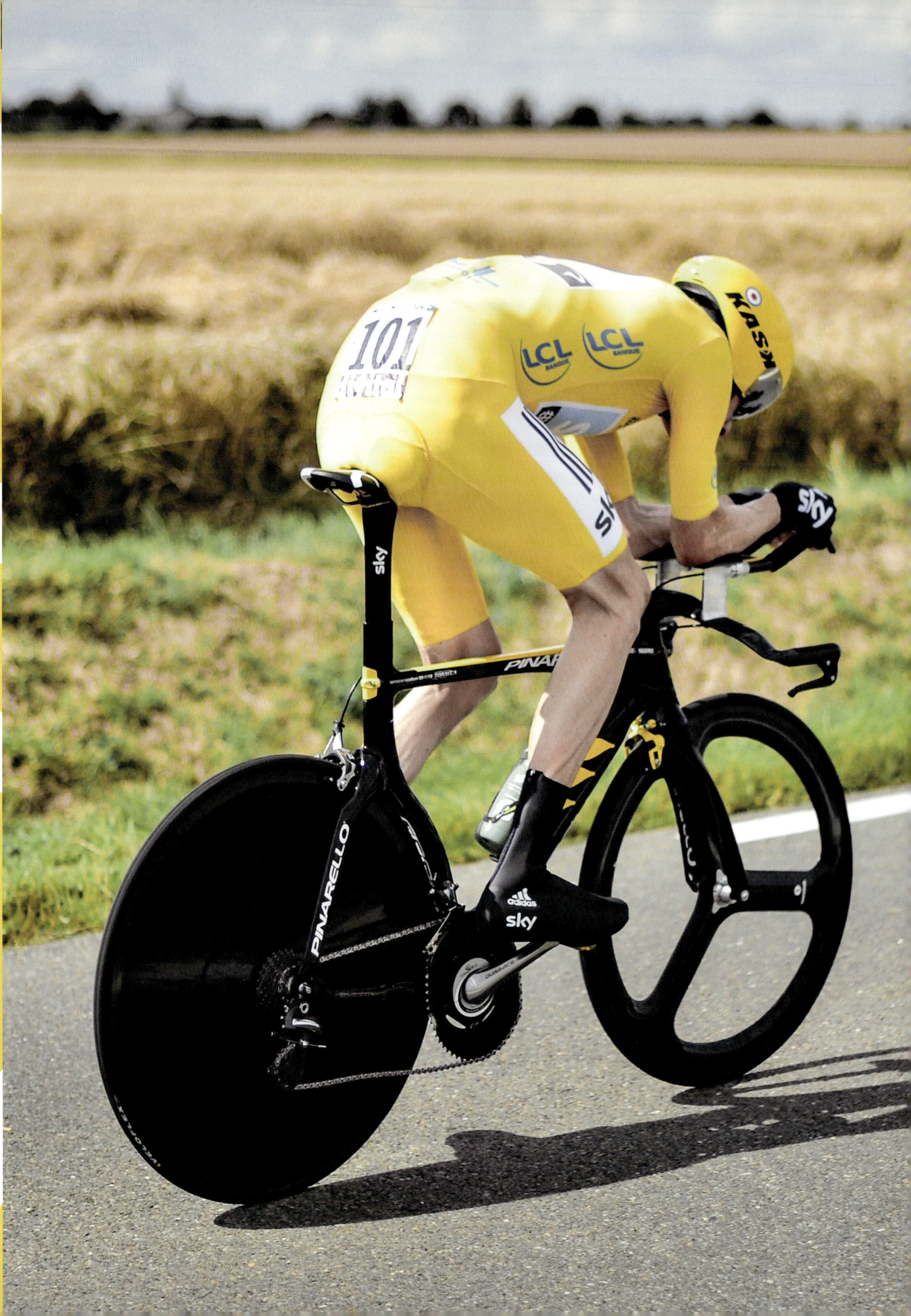
101
LCL
LCL
KASK
sky
sky
PINARELLO
adidas
sky

2012. Bradley Wiggins. en plein effort
entre Bonneval et Chartres. Il sera
le premier Britanique à gagner le Tour.

Yvette Horner, fidèle de la caravane du Tour de France, a plusieurs fois fêté Louison Bobet. Toute une époque...

LOUISON
ET LA TOISON D'OR

Bobet fut le premier à remporter trois Tours d'affilée. Le Breton mettait le courage à la hauteur de son ambition.

Juste avant guerre, le breton Jean Fontenay devient leader du Tour. C'est le premier Maillot Jaune que Louison Bobet, adolescent, verra passer. Ce souvenir ne fera que conforter sa vocation.

1939

C omme tous les mois de juillet à Saint-Méen-le-Grand, les habitants du bourg ont accouru en fin d'après-midi devant la boulangerie. Et chacun tend l'oreille vers le poste radio de la maison Bobet. Ce 3 juillet 1939, l'événement est retentissant. Le Breton Jean Fontenay, de Saint-Servan, vient de prendre le Maillot Jaune à Rennes ! Le lendemain, le Tour passe à dix kilomètres de Saint-Méen-le-Grand. Le père Bobet embarque toute la famille dans l'auto, sauf Louison, 14 ans, qui se rend sur la route du Tour par ses propres moyens, c'est-à-dire sur le beau vélo Stella qu'il a reçu pour le certificat d'études. Tout le monde se poste dans la côte de Saint-Jouan-de-l'Isle et c'est là que Louison Bobet voit pour la première fois le Maillot Jaune. Dans ses yeux d'adolescent, c'est un éblouissement…

L'histoire est belle mais légèrement contrariée. Louison Bobet a vu Jean Fontenay mais pas René Vietto, son idole, qui va justement prendre le maillot, vingt-quatre heures plus tard, à Lorient. Ce même Vietto qui l'accueillera dans l'équipe de France à ses débuts dans le Tour en 1947. Avec l'accent azuréen et ces mots peu amènes : « Qu'est-ce que c'est que ces coureurs qui sont en équipe de France et qui ne se rasent pas les jambes ! » Louison se le tiendra pour dit. ■■■

1948

À Nantes, Guy Lapébie (à g.) a reçu le bouquet du vainqueur et Bobet s'apprête à endosser son tout premier Maillot Jaune. Le Bordelais est une figure populaire de l'après-guerre. Le Breton ne va plus tarder à devenir une icône.

À 23 ans, Louison va devoir apprendre la patience. Le Maillot, il ne le retrouve en effet que cinq ans plus tard, dans le Tour 1953. Mais cette fois, il ne le lâchera pas.

■■■

Cette fois, avant d'abandonner dans les Alpes, il aura le temps de voir Vietto en jaune dans ce Tour de l'après-guerre que Jean Robic va finalement s'approprier. Et cette toison d'or, Louison s'en couvrira lui-même dès l'année suivante.

Dans le Tour 1948, il s'en empare à Nantes (3e étape, Dinard-Nantes), le fief des cycles Stella qui sont de la même couleur ! Il le perd aussitôt au profit de son équipier belge Roger Lambrecht mais le retrouve à Biarritz (6e étape, Bordeaux-Biarritz), sans se douter qu'il réussira dans cette même ville, bien plus tard, dans un tout autre domaine, celui de la thalassothérapie. À l'issue de ce Tour qui marque le second triomphe de Gino Bartali, le directeur technique italien Alfredo Binda aurait affirmé : « Si j'avais dirigé Bobet, il aurait gagné. » Rien n'est moins sûr. À 23 ans, Louison n'est pas mûr. D'ailleurs, il va devoir apprendre la patience. Le maillot, il ne le retrouve en effet que cinq ans plus tard, dans le Tour 1953. Mais cette fois, il ne le lâchera pas. L'attaque a été préméditée pour la dix-huitième étape (Gap-Briançon), dans la vallée du Guil où Adolphe Deledda se « dépouillera » pour creuser l'écart à sa demande. « Encore trois kilomètres à fond jusqu'à ce que tu t'arrêtes dans le fossé... » Par-delà l'Izoard, Bobet gagne à Briançon. L'étape et le Tour. Son premier...

À 28 ans, Louison connaît enfin la gloire, mais pas tout à fait encore la popularité escomptée en Bretagne. Jean Malléjac, de l'équipe de l'Ouest, a porté le maillot cinq jours durant et c'est lui qui reçoit ■■■

19 53

Louison Bobet, contre la montre
entre Lyon et Saint-Étienne,
file enfin vers la consécration.

19 53

Premier tour d'honneur
au Parc pour le cinquantenaire du Tour.
Il y en aura d'autres.

■■■

le plus d'encouragements au Critérium de Châteaulin. Cette contrariété perdure jusqu'en 1954. Bobet traverse la Bretagne en jaune, c'est un temps fort de sa carrière. Mais la presse régionale et le public breton se reconnaissent toujours en Malléjac qui porte le maillot blanc de l'équipe de l'Ouest. Pourtant, cette année 1954 restera la plus grande année de Bobet. « L'année où il a été le plus heureux sur un vélo », estime son frère Jean, qui a participé à toute l'aventure. L'année du titre de champion du monde à Solingen (en Allemagne) aussi…

Le Breton est au zénith du cyclisme mondial. La concurrence sur le Tour reste pourtant redoutable. Dans la sixième étape, Saint-Brieuc - Brest, les deux « K » du cyclisme suisse – Ferdi Kubler et Hugo Koblet – attaquent au ravitaillement de Morlaix. Bobet recolle sur la route de Saint-Thégonnec et il dira plus tard qu'il a lu, alors, la résignation dans le regard de Koblet… Le Maillot Jaune avait pourtant bien failli lui échapper de curieuse manière. Sa sœur, Madeleine, lui a rendu visite la veille, à Saint-Brieuc. Louison lui a offert un Maillot Jaune, sans songer que l'organisation, à cette époque, n'en met un neuf à disposition du leader qu'un jour sur deux ! Par bonheur, un homme a toujours veillé sur sa carrière : le soigneur Raymond Le Bert, originaire justement de Saint-Brieuc. Il file chez lui chercher un maillot que Bobet lui avait offert l'année précédente. Comme la laine a rétréci, il demande au boxeur poids lourds Roger Francis Coeuret de l'enfiler pour étirer les coutures. Et voilà Louison Bobet revêtu comme il se doit !

« En 1955, Pau-Paris en danseuse »

1954, c'est aussi l'année de son grand festival dans l'Izoard (il l'emportera à Briançon avec près de deux minutes d'avance sur Ferdi Kubler), décidément son

col de prédilection. « Je crois que Louison avait besoin d'un décor, d'une mise en scène », estime encore Jean à propos de cette inspiration pour ce haut lieu alpestre. À ce sujet, il livre une anecdote toute personnelle, bien postérieure à leur carrière cycliste commune. « En 1973, nous avions pas mal roulé pendant l'hiver et Louison a eu l'idée de refaire l'étape Gap-Briançon. Dans Vars, je me suis offert un privilège que peu de champions se sont payé. Louison était agonisant dans ma roue. On a remonté la vallée du Guil, et dans l'Izoard, à partir de Brunissard, il m'a largué ! »

Partout, Bobet est devenu un ambassadeur du cyclisme français. Mais son nouveau succès dans le Tour, en 1955, sera douloureux. « En 1955, je l'ai arraché plus que je l'ai gagné », rapportera-t-il à propos de son troisième succès consécutif. Une fois encore, il souffre d'une de ces blessures à la selle qui ont contrarié sa carrière. « On peut dire qu'il a fait Pau-Paris en danseuse », raconte Jean Bobet, qui emploie cette formule pour qualifier les qualités mentales peut-être supérieures au talent du champion, et il ajoute : « Il avait le courage de son ambition. »

Dans tous les domaines de sa vie, Louison Bobet cultivait le sens de l'élévation, et pas seulement parce qu'il pilotait lui-même son avion privé. En son temps, il répondait à la définition de la star. Où qu'il aille, il captait la lumière. Universitaire, son frère Jean, qui œuvra des années à ses côtés comme directeur général de son centre de thalassothérapie, peut en témoigner encore : « Je faisais tourner la boutique. Louison n'avait pas la culture générale nécessaire, il n'était pas armé pour la thalassothérapie mais lorsqu'il arrivait pour des réunions importantes, c'est lui qui attirait toute l'attention. » Sa popularité avait été immense et son rayonnement considérable. ■

1954

Bobet à la Casse déserte.
L'Izoard était son royaume.

Le **numéro 1** des années cinquante
cultive et goûte son immense popularité.

1955

II

TOUTES LES HISTOIRES INCROYABLES

Depuis sa naissance en 1919, le Maillot Jaune a été porté dans des circonstances extraordinaires qui ont contribué à façonner sa légende.

1919, NAISSANCE DU MAILLOT JAUNE

Le Tour de France vit déjà sa treizième édition lorsque jaillit l'idée du Maillot Jaune. Il est attribué pour la première fois à Grenoble, en cours d'épreuve. Le 19 juillet 1919, le Français Eugène Christophe en est le tout premier porteur.

L'HABIT DE LUMIÈRE

L'idée est lumineuse. Elle apparaît au détour d'un simple entrefilet, dans les colonnes de *L'Auto*, journal organisateur, au matin du 10 juillet 1919, alors que la course, partie de Paris à la fin juin, se trouve déjà dans les Pyrénées. Le titre de ce très bref article qui occupe onze lignes du journal dit tout de la vocation de cette innovation, alors que le Tour de France vit déjà sa treizième édition : « Pour reconnaître le leader ». Et le texte est simple : « Une heureuse idée de notre rédacteur en chef ! Afin de permettre aux sportsmen de reconnaître du premier coup d'œil dans le peloton des Tours de France le leader de notre grande randonnée, notre rédacteur en chef, Henri Desgrange, vient de décider qu'à l'avenir le routier figurant à la première place du classement général sera porteur d'un maillot spécial. »

DESGRANGE ANNONCE LA COULEUR

Pourquoi jaune ? L'emblème distinctif, qui sera doréna-vant attribué au leader du Tour, rappelle la couleur des pages du journal organisateur. Cet habit de lumière joint donc l'utile (le leader plus facilement reconnaissable) au… commercial. Mais Henri Desgrange, le créateur du Tour, se serait aussi inspiré d'une idée soufflée par Alphonse Baugé, alors directeur sportif du consortium La Sportive, qui imposait à ses soigneurs et ravitailleurs le port d'une tenue jaune afin qu'ils soient plus facile-ment identifiables pour leurs coureurs, surtout la nuit. La lumière jaillit donc des ténèbres dans lesquelles sont donnés les départs très matinaux des étapes des premiers Tours de France.

Le 7 juillet 1922 Eugène Christophe
se démène sur les pentes du col de Port.
À Luchon, l'avant-veille, il a laissé
le Maillot Jaune à Jean Alavoine.
Il ne le portera plus jamais.

Eugène Christophe, Léon Scieur, Jean Alavoine et Firmin Lambot
(de dr. à g.), ont au matin de la 11e étape du Tour 1919, Grenoble-Genève,
un nouvel objectif : la conquête du Maillot Jaune.

Le journal *L'Auto*, créateur du Tour en 1903,
est quotidiennement publié en jaune.
Le maillot de leader adoptera donc la même couleur.

AU CAFÉ DE L'ASCENSEUR, À GRENOBLE

Le populaire Eugène Christophe est déjà leader de l'épreuve depuis Les Sables-d'Olonne, terme de la quatrième étape, et le Tour observe une pause à Grenoble, au seuil de la onzième lorsqu'il reçoit le tout premier Maillot Jaune. Bien des années plus tard, il racontera, avec sa voix claire et chantante, sa version devant moult micros de ce moment. « Aux Sables d'Olonne, Baugé avait discuté avec Desgrange. « Voyez-vous, les gens cherchent le premier du classement. Il n'y a aucun signe distinctif pour le reconnaître. C'est drôle… Le premier devrait avoir un maillot spécial. Comment qu'on pourrait faire ? Un maillot spécial ? Un maillot jaune comme *L'Auto*, quoi ! » Alors Desgrange a dit à Baugé : « Vous avez raison. Allez hop, commandez-moi tout de suite des Maillots Jaunes. » Le soir, Baugé a téléphoné à Paris pour qu'on en fabrique. Mais le temps qu'on les fasse et qu'on me les envoie, j'étais à Grenoble. Là, j'ai reçu un beau paquet de six maillots. »

Cette fois, huit lignes relatant l'événement qui n'en est pas encore un, dans la rubrique d'échos de *L'Auto* : « J'ai remis ce matin au vaillant Christophe un superbe Maillot Jaune. Vous savez déjà que notre directeur (Desgrange se met lui-même en scène) a décidé que l'homme de tête du classement général revêtirait un maillot aux couleurs de *L'Auto*. La lutte va être passionnante pour la possession du maillot ! » Sans grand protocole, la remise aura lieu au café de l'Ascenseur, cours Gambetta à Grenoble. D'où Eugène Christophe repartira au petit matin du 19 juillet, à l'assaut de l'étape Grenoble-Genève via le Galibier, revêtu du tout premier Maillot Jaune.

EUGÈNE CHRISTOPHE

EUGÈNE CHRISTOPHE, LE PREMIER

« Aucun coureur ne le mérite mieux que lui », assurera le patron du Tour. En effet, l'histoire devait bien ce clin d'œil à Eugène Christophe, déjà l'un des héros des Tours de l'avant-Première Guerre mondiale. Hélas, la malédiction s'attache à lui. Ce Maillot Jaune, il ne l'emmènera pas jusqu'à Paris. Comme en 1913, lorsqu'il doit réparer sa fourche à la forge de Sainte-Marie-de-Campan, il sera de nouveau victime d'un incident similaire sur les pavés de Raismes, au cours de l'avant-dernière étape, Metz-Dunkerque, dans des contrées ravagées par le conflit. Il n'a que trente minutes d'avance sur le Belge Firmin Lambot au classement général. Il lui faut plus d'une heure pour réparer du côté de Valenciennes. Le Maillot Jaune tisse déjà sa propre légende, entre gloire et tragédie. Et lui ne gardera aucun de ses six maillots. « Ils sont morts pendant la guerre. Je les ai mis comme flanelle. Je m'en suis servi. Après tout, à l'époque, on ne savait pas où on allait. Je les ai usés. »

PAS UN MOT

Curieusement, en dehors de deux échos qui annoncent la création du Maillot Jaune dans les colonnes du journal organisateur *L'Auto*, il ne sera plus jamais question du Maillot Jaune en tant que tel dans les commentaires du Tour de France durant cette édition. Ni lorsque Eugène Christophe le perd sur incident mécanique, ni lorsque le Belge Firmin Lambot est le premier à le ramener au Parc des Princes. Il n'est pas encore entré dans le vocabulaire du Tour. Les symboles ont besoin d'un peu de temps pour s'installer. Mais la légende, elle, est déjà en marche. ■

Le Tour de France a toujours suscité de l'intérêt.
Le Maillot Jaune aiguisera encore plus les appétits.

Firmin Lambot
(ici en 1913) a disputé
10 Tours de France.
Il en a gagné 2 (1919 et 1922)
mais il n'aura porté que
cinq jours le Maillot Jaune

Ottavio Bottecchia,
premier Italien à gagner le Tour en 1924,
peaufine son œuvre en remportant également
les deux étapes pyrénéennes.
Son immense talent est indéniable.

OTTAVIO BOTTECCHIA

Nicolas Frantz.
Même si André Leducq
a été un adversaire
redoutable, Nicolas Frantz,
en 1928, ne se contentera
pas d'être en tête du Tour
du début à la fin. Il gagnera
aussi cinq étapes
(la première, la 6ᵉ, la 12ᵉ,
la 18ᵉ et la dernière).

DU PREMIER AU DERNIER JOUR...

**Trois coureurs ont porté le Maillot Jaune de bout en bout. Mieux !
Vainqueurs de la première étape, ils ont aussi remporté la dernière...**

D'un bout à l'autre ! La performance n'est pas aussi singulière qu'on pourrait l'imaginer puisqu'ils sont trois à l'avoir réalisée. Mais ce n'est sans doute pas un hasard si Ottavio Bottecchia, Nicolas Frantz et Romain Maes appartiennent à la même époque de l'entre-deux-guerres. L'état des routes, les conditions de course de ce temps-là favorisaient évidemment la manifestation de la supériorité.

Au milieu des années vingt, l'Italien Ottavio Bottecchia domine en montagne, mais les jalons de sa première victoire dans le Tour (1924), il les pose dès l'étape initiale, Paris - Le Havre. Et c'est probablement parce qu'il sent bien qu'il n'y aura cette fois rien à faire contre le maçon du Frioul que Henri Pélissier, vainqueur de l'Italien l'année précédente, entraîne son frère Francis et son équipier Maurice Ville dans l'abandon célèbre de Coutances, qui inspirera à Albert Londres son fameux reportage sur les « forçats de la route ».

C'est aussi en Normandie, mais cette fois à Caen, que le Luxembourgeois Nicolas Frantz remporte la première étape du Tour 1928. Il a déjà gagné le Tour 1927 et ce Maillot Jaune retrouvé d'emblée, il ne le quittera plus.

Ottavio Bottecchia et Nicolas Frantz seront imités en 1935 par Romain Maes. Le Belge profite d'un passage à niveau qui se referme pour s'échapper dans la première étape, et l'emporte à Lille où le Maillot Jaune l'attend. Il n'a que 22 ans, a abandonné son premier Tour en 1934, et on croit à un simple intermède. Mais Romain Maes ne lâchera plus rien. De toute sa carrière, il ne terminera qu'un seul Tour, mais ce sera pour le gagner !

Les vainqueurs du premier jour seront aussi ceux du dernier... Ottavio Bottecchia, Nicolas Frantz et Romain Maes présentent en effet un autre point commun. En jaune d'un bout à l'autre de l'épreuve, ils remporteront également tous la dernière étape, au Parc des Princes ! Un point d'honneur pour un point d'histoire. ■

ANQUETIL À CECI PRÈS
Il est communément admis que Jacques Anquetil a porté le Maillot Jaune de bout en bout lors du Tour 1961. C'est vrai, à ceci près que la première journée était divisée en deux tronçons et qu'André Darrigade a remporté la demi-étape matinale, Rouen-Versailles. Jacques Anquetil a pris le pouvoir l'après-midi, dans le contre-la-montre Versailles-Versailles. Aussi est-il exact de dire que le Normand fut leader du premier au dernier jour, mais qu'il ne fut pas l'unique porteur du Maillot Jaune au cours de cette édition.

UN MAILLOT POUR DEUX OU PLUS...

Trois fois dans l'histoire, en 1920, 1929 et 1931, le Tour de France s'est offert plusieurs Maillots Jaunes sur la route, le même jour...

1920

THYS - MOTTIAT - ROSSIUS - MASSON - GOETHALS

TROP DE LEADERS...
MAIS PAS DE MAILLOT !

La chronique s'accorde à reconnaître que la première partie du Tour 1920 s'est courue sur une allure « à la papa ». Résultat : on ne dénombre pas moins de cinq leaders classés ex aquo, dans le même temps, à l'issue de la deuxième étape, Le Havre - Cherbourg, le 29 juin. Les Belges Philippe Thys, Louis Mottiat, Jean Rossius, Émile Masson et le Nordiste Félix Goethals ont tous couru en 30 h 08'31". Mottiat disparaît de la liste le lendemain, à Brest. Cela se décante un peu plus aux Sables-d'Olonne, où seuls Thys et Masson restent inséparables au classement. Mais il faut attendre les Pyrénées (6ᵉ étape, Bayonne-Luchon) pour que la course commence vraiment et que Philippe Thys prenne un avantage définitif.

Pour autant, c'est à Nice, au soir de la neuvième étape, que lui sera enfin livré un Maillot Jaune de fortune. Le vrai, qui manquait jusque-là aux fournitures, est seulement remis à Metz, à deux étapes de la fin. Il n'y a personne pour s'en émouvoir vraiment. D'ailleurs, l'emblème créé l'année précédente n'est pas encore entré dans les mœurs, ni dans le vocabulaire. On ne trouve pas un mot pour évoquer le Maillot Jaune en tant que tel dans les commentaires de l'époque. ■

PHILIPPE THYS

Nicolas Frantz (à g.) bat Antonin Magne
en 1929 à Bordeaux. Il devra néanmoins
partager son maillot de leader.

Tour de France 1929. **Nicolas Frantz,**
Victor Fontan et André Leducq (de g. à dr.),
portent le Maillot Jaune entre Bordeaux et Bayonne.

1929

LEDUCQ - FONTAN - FRANTZ

TROIS EN UN !

C'est un fait unique. André Leducq, Victor Fontan et Nicolas Frantz, tous trois dans le même temps au classement général à l'issue de la 7e étape du Tour 1929, les Sables-d'Olonne-Bordeaux, reçoivent tous un Maillot Jaune. Henri Desgrange s'en remet à l'article 29 de « son » règlement qui stipule que « le premier du classement général porte le Maillot Jaune ».

« Évidemment, justifie Desgrange dans son article du jour, la place de premier que vient de remporter Frantz (à Bordeaux), la place de premier de Leducq à Cherbourg assurent à chacun de ces deux hommes une petite supériorité sur Fontan. Mais Fontan a bien le droit de suivre telle tactique aux arrivées (…) Et puis le règlement est là, si net qu'il ne permet pas d'ergoter. Nous aurons donc demain trois Maillots Jaunes. » ■

Raffaele Di Paco s'est battu pour le Maillot Jaune, mais devant l'emprise d'Antonin Magne, il a aussi apprécié le gain d'une étape (ici, la 19e, Évian-Belfort)

1931

DI PACO - CHARLES PÉLISSIER

LE CHASSÉ-CROISÉ

Le Tour 1931 est le premier qui reçoit vraiment la marque des sprinteurs. L'Italien Raffaele Di Paco et le Français Charles Pélissier remporteront cinq étapes chacun. Mais depuis le départ de Paris jusqu'aux Pyrénées, le classement général peine à se décanter. Pas moins de douze coureurs sont deuxièmes ex æquo derrière Di Paco, leader après la quatrième étape Brest-Vannes. La victoire de Charles Pélissier dans la cinquième étape, Vannes – Les Sables-d'Olonne, remet le Français à égalité de points avec l'Italien.

Et le lendemain, entre Les Sables et Bordeaux, on compte sur la route deux Maillots Jaunes. Di Paco, mieux classé à Bordeaux, le détiendra seul les deux jours suivants. Avant que Charles Pélissier, vainqueur de la huitième étape, Bayonne-Pau, ne reprenne seul la tête. Puis vint la montagne… À Antonin Magne de jouer…

Eddy Merckx (ici au côté de Désiré Letort)
reste, dans l'histoire, le premier coureur
qui refusera de porter le Maillot Jaune
en hommage à son grand rival, Luis Ocaña,
contraint à l'abandon dans le Tour 1971.

4

L'ENCYCLOPÉDIE DU MAILLOT JAUNE

LEADERS SANS TUNIQUES

Il est arrivé qu'aucun Maillot Jaune ne figure dans le peloton. Ce fut souvent au lendemain d'un abandon dramatique.

1971

EDDY MERCKX

MERCKX CHEVALERESQUE

Luis Ocaña, brillant Maillot Jaune depuis les Alpes, quitte le Tour, le 12 juillet, sur sa terrible chute du col de Mente (14ᵉ étape, Revel-Luchon). Le soir, à Luchon, Eddy Merckx qui accusait 7'24" de retard sur l'Espagnol au classement général, refuse d'endosser le maillot sur le podium. « Ça ne m'appartient pas », dira-t-il, sincèrement dépité. Il ne le portera pas non plus le lendemain, lors de la quinzième étape, Luchon-Superbagnères. « Je veux voir messieurs Goddet et Lévitan (les directeurs du Tour de l'époque), réclame-t-il. Je demande la faveur qu'il n'y ait pas de Maillot Jaune dans le peloton pour cette étape. » Accordé.

1978

JAN RAAS

RAAS SE FAIT JUSTICE

Il pleut sur les Pays-Bas, et les petits pavés de Leiden, dans la banlieue de La Haye, sont luisants. Le prologue du Tour 1978 devient un exercice d'équilibriste. L'article 23 du règlement prévoit la possibilité d'en effacer toute incidence au classement général. Jan Raas, meilleur temps, recevra les prix alloués au vainqueur du jour, mais pas de Maillot Jaune !

Il le regrette d'autant plus que la course traverse le pays, le lendemain, au cours d'une étape qui fait halte à Sint-Willebrord. « J'ai été très déçu qu'on ne me remette pas le Maillot Jaune, déplore le routier-sprin-

teur à lunettes. Mais cela m'a motivé comme jamais. » Jan Raas s'impose donc dans la demi-étape en ligne, Leiden-Sint-Willebrord. Et reçoit le Maillot Jaune qu'il gardera le soir à Bruxelles, puis le lendemain au retour en France. Jan Raas s'est fait justice.

Jan Raas n'avait pas été récompensé de ses efforts dans le prologue du Tour 1978. Il se vengera le landemain.

1980

JOOP ZOETEMELK

ZOETEMELK SE RÉVEILLE EN JAUNE

Bernard Hinault, qui souffre d'une tendinite au genou, déserte le Tour, le 9 juillet au soir, en s'échappant discrètement via la cuisine de son hôtel (12e étape, Agen-Pau). Joop Zoetemelk se réveille dans la peau du leader. Vu les circonstances, il refuse de porter le Maillot dans la treizième étape, Pau-Luchon. Le soir, il conserve sa position et reçoit le Maillot Jaune qu'il ne quittera plus jusqu'à Paris.

1991

GREG LEMOND

HOMMAGE À SÖRENSEN

Le Danois Rolf Sörensen, victime d'une chute la veille dans le final de la cinquième étape, Reims-Valenciennes, souffre d'une fracture de la clavicule et est incapable de repartir d'Arras. Son dauphin au classement, Greg LeMond, ne veut pas endosser la tunique à sa place. La sixième étape en direction du Havre se court donc sans Maillot Jaune. Le soir, Thierry Marie, auteur d'une échappée fleuve, s'en empare. Contrairement à Merckx ou Zoetemelk en leur temps, Greg LeMond n'a donc pas récupéré le soir même le maillot qu'il avait renoncé à porter dans la journée. Il ne perdra rien pour attendre, puisqu'il l'endossera à Alençon, à l'issue de la huitième étape contre la montre. Provisoirement. Le règne d'Indurain va commencer.

Greg LeMond goûtera une dernière fois aux joies du Maillot Jaune en 1991, mais pas question de l'endosser quand un adversaire est à terre.

2007

ALBERTO CONTADOR

LE PREMIER DE CONTADOR

Alberto Contador n'avait encore jamais connu le Maillot Jaune. Il ne souhaite cependant pas le porter, lors de la dix-septième étape entre Pau et Castelsarrasin. La veille au soir, le Danois Michael Rasmussen, leader de l'épreuve depuis la huitième étape, Le Grand Bornand-Tignes, a été exclu du Tour pour avoir menti sur sa localisation dans le cadre de la lutte antidopage. Quatre jours plus tard, Contador remporte son premier Tour de France.

Dans un Tour 2007 très chaotique qui voit le leader Michael Rasmussen exclu, **Alberto Contador,** successeur désigné, préfère laisser le Tour une journée sans maillot.

1949

LA PEINE INCONSOLABLE DE NORBERT CALLENS

C'est l'incroyable destin de Norbert Callens. Frustré à jamais du Maillot Jaune qu'il avait bel et bien été chercher mais qu'il n'eut pas le bonheur de porter. En 1949, il est un fidèle équipier de la formation nationale belge, et son compatriote Roger Lambrecht, vainqueur la veille de la deuxième étape, Reims-Bruxelles, est Maillot Jaune. Mais voilà qu'une échappée se développe dès le départ, le lendemain, en direction de Boulogne-sur-Mer. Callens accompagne un autre Belge, Florent Mathieu, et le Nordiste César Marcellak, un ancien champion de France. L'écart grimpe jusqu'à neuf minutes. Il en reste cinq sur le premier groupe des favoris à l'arrivée, où Callens connaît le grand jour de sa vie : l'étape et le Maillot ! Mais voilà, le Maillot Jaune est dans le camion-atelier, déjà en route pour l'étape suivante. L'étourderie du préposé empêche Norbert Callens d'endosser le Maillot, et il faut qu'un journaliste belge, Albert Van Laethem, qui arbore un splendide pull-over couleur canari, se déshabille pour qu'on puisse distinguer le leader ! Callens ne portera jamais le « vrai » Maillot Jaune, puisqu'il le cède dès le lendemain à Jacques Marinelli. La précieuse tunique ne lui sera remise qu'en… 1994, lors d'une étape arrivant à Boulogne-sur-Mer, par le journaliste Jean-Paul Ollivier, sur le plateau télévisé d'Antenne 2… ∎

À l'arrivée à Boulogne-sur-Mer,
il n'y a pas de Maillot Jaune et Norbert Callens
porte un polo jaune pour l'occasion.

Sur la route, Norbert Callens se sera démené pour vaincre.
Sauf qu'au bout de l'étape, il n'y aura jamais de Maillot Jaune
pour saluer l'exploit. Une véritable injustice pour le Belge,
honoré quarante-cinq ans plus tard.

Sous les yeux de Louison Bobet, forfait dans le Tour 1956, André Darrigade reçoit des mains d'Yvette Horner son Maillot Jaune, conquis entre Reims et Liège (photo en bas à doite), lors de la première étape. Sa marque de fabrique.

5

LES ÉLUS DU PREMIER JOUR

Certains coureurs s'étaient fait une spécialité d'endosser le premier Maillot Jaune de la compétition. Petit tour d'horizon.

1956-1961

DARRIGADE ÉTAIT ABONNÉ

Le routier-sprinteur landais a réussi l'exploit peu banal de remporter cinq fois la première étape en six éditions entre 1956 et 1961, et d'être ainsi un habitué du premier Maillot Jaune.

André Darrigade était un routier-sprinteur redoutable. Et surtout un coureur comme on n'en fait plus. Rapide au sprint, oui, une qualité qui lui permit, par exemple, de devenir champion du monde en 1959. Mais au lieu de compter exclusivement sur sa pointe de vitesse, il allait dans les échappées plus souvent qu'à son tour, les provoquait volontiers, et témoignait dans l'effort d'une rare générosité dont il fut heureusement souvent payé en retour. « Avant de trouver la bonne échappée, il fallait que j'en prenne quelques-unes parce que personne ne voulait trop rouler avec moi, se souvient-il avec humour. Mais comme je n'étais pas suceur de roues, j'en faisais peut-être plus que les autres et ça marchait… »

Cette méthode fut celle qu'il employa pour s'abonner au premier Maillot Jaune. Pas moins de cinq fois, il s'imposa d'entrée à l'occasion de la première étape, dont quatre consécutives (1956, 1957, 1958, 1959) puis encore en 1961 pour le tronçon matinal Rouen-Versailles qui empêche de considérer que Jacques Anquetil, certes leader

dès le premier soir grâce au contre-la-montre, soit le porteur du Maillot de bout en bout. Le secret d'un pareil taux de réussite ? « Je ne sais pas s'il existe une raison particulière, analyse André Darrigade. Ou plutôt, je courais la première étape comme une classique. » Sans doute cela révélait-il une belle impatience à plonger dans l'ambiance du Tour de France, ce que Guillaume Driessens, alors directeur sportif de Rik Van Looy, traduisit en ces termes : « Darrigade, dans le Tour, il est méconnaissable ! »

LE MAILLOT VERT ÉTAIT SON AUTRE PEAU

En effet, ses statistiques personnelles placent le Landais très haut dans la hiérarchie des coureurs du Tour. Parmi ceux qui n'ont pas gagné la Grande Boucle, il arrive en cinquième position (*) au classement de ceux qui ont passé le plus de temps en jaune (16 jours et demi) ■■■

LES SPÉCIALISTES DU PREMIER JOUR

★★★★★ **5 FOIS**

André DARRIGADE (FRA) : 1956 (Liège) ; 1957 (Granville) ; 1958 (Gand) ; 1959 (Metz) ; 1961 (Versailles).

Bernard HINAULT (FRA) : 1980 (Francfort, prologue) ; 1981 (Nice, prologue) ; 1982 (Bâle, prologue) ; 1984 (Montreuil, prologue) ; 1985 (Plumelec, prologue).

Fabian CANCELLARA (SUI) : 2004 (Liège, prologue) ; 2007 (Londres, prologue) ; 2009 (Monaco, contre-la-montre) ; 2010 (Rotterdam, prologue) ; 2012 (Liège, prologue).

★★★★ **4 FOIS**

Eddy MERCKX (BEL) : 1970 (Limoges, prologue) ; 1971 (Mulhouse, contre-la-montre par équipes) ; 1972 (Angers, prologue) ; 1974 (Brest, prologue).

★★★ **3 FOIS**

Rudi ALTIG (ALL) : 1962 (Spa) ; 1966 (Charleville) ; 1969 (Roubaix, prologue).

Thierry MARIE (FRA) : 1986 (Boulogne-Billancourt, prologue) ; 1990 (Futuroscope, prologue) ; 1991 (Lyon, prologue).

Chris BOARDMAN (GBR) : 1994 (Lille, prologue) ; 1997 (Rouen, prologue) ; 1998 (Dublin, prologue).

★★ **2 FOIS**

Louis MOTTIAT (BEL) : 1920 (Le Havre) ; 1921 (Le Havre).

Robert JACQUINOT (FRA) : 1922 (Le Havre) ; 1923 (Le Havre).

Ottavio BOTTECCHIA (ITA) : 1924 (Le Havre) ; 1925 (Le Havre).

Miguel INDURAIN (ESP) : 1992 (Saint-Sébastien, prologue) ; 1993 (Puy du Fou, prologue).

Marcel KITTEL (ALL) : 2013 (Bastia) ; 2014 (Harrogate).

LES SPÉCIALISTES DU PROLOGUE

Parmi les Maillots Jaunes du premier jour, plusieurs coureurs ont exploité le prologue introduit en 1967.

★★★★★ **Bernard HINAULT** (FRA) : 5 fois.

★★★★★ **Fabian CANCELLARA** (SUI) : 5 fois (en 2009 à Monaco, il s'agissait toutefois d'une 1re étape contre la montre individuel à part entière sur une distance supérieure).

★★★★ **Eddy MERCKX** (BEL) : 4 fois dont un par équipes.

★★★ **Thierry MARIE** (FRA) : 3 fois

★★ **Miguel INDURAIN** (ESP) : 2 fois.

ALTIG, L'ÉCLECTIQUE

Seul Rudi Altig est devenu le premier leader du Tour à l'issue d'étapes en ligne (1962, 1966) et d'un prologue contre la montre (1969).

■■■

et seul Bernard Hinault, grâce aux prologues, s'est imposé aussi souvent le premier jour. André Darrigade était donc un dangereux récidiviste à l'arrivée de la première étape. Il incarne le premier Maillot Jaune par excellence. « Peut-être était-ce plus facile pour moi à ce moment-là parce que le classement général n'était pas établi, mais en allant dans les échappées, il fallait que je fasse attention de ne pas favoriser les adversaires de Bobet, Anquetil ou Rivière… », remarque-t-il. Mais son influence sur la course ne s'arrêtait pas de sitôt car il porta fréquemment le Maillot à d'autres stades plus avancés de l'épreuve et fut aussi un équipier formidable chez les Tricolores. D'ailleurs, son rôle de capitaine de route l'obligea à aller chercher Jacques Anquetil quelquefois au fond du paquet pour lui sauver la mise au lieu de défendre son propre Maillot Jaune !

Routier-sprinteur, le maillot vert était son autre peau. « Je tenais peut-être plus au maillot vert parce que je pouvais le ramener à Paris (1959, 1961), mais quand j'avais le jaune, je courais pour le garder le plus longtemps possible. J'allais chercher tout le monde et j'ai sûrement perdu pas mal d'étapes (il en a pourtant gagné 22 au total) à le défendre, d'autant que l'équipe de France devait courir pour un leader et n'était pas là pour m'aider. » C'est tellement vrai que lorsqu'il creva à dix kilomètres de Toulouse, dans le Tour 1956, le Maillot Jaune dut changer lui-même son boyau et regonfler à la pompe alors que Marcel Bidot, directeur technique de l'équipe de France, était resté dans le sillage de Gilbert Bauvin.

Certes, Darrigade n'était pas grimpeur, mais il eut quand même la satisfaction d'attraper un Maillot Jaune à Pau (1956) au terme d'une étape où il fallait grimper l'Aubisque. Le Landais fut leader du Tour au cours de six éditions différentes et, de ce point de vue, seul Hinault (8) a fait mieux que lui et Fabian Cancellara ! Le plus beau, finalement, de tous ses Maillots Jaunes ? Peut-être bien celui qu'il portait dans sa bonne ville de Dax lors d'une étape en 1958. Il en garde le souvenir ému : « Jacques Goddet avait titré : Darrigade a gagné le mi-Tour ! » Blague à part, il n'était pourtant pas du genre à faire les choses à moitié. ■

(*) Derrière Cancellara, Vietto, Voeckler et Altig, selon un décompte arrêté à l'issue de l'édition 2018.

Le 26 juin 1958, lorsqu'il lève le bras à l'issue de la première étape, Bruxelles-Gand, (photo de droite) André Darrigade connaît la suite de l'histoire : un jour en jaune. Le 7 juillet, lorsqu'il lance son bouquet à la foule dacquoise (ci-dessous), les Pyrénées approchent, il sait bien qu'il ne va pas tarder à le rendre.

"Je ne sais pas s'il existe une raison particulière. Ou plutôt, je courais la première étape comme une classique."

André Darrigade

LE MULTIRÉCIDIVISTE

André Darrigade a porté le Maillot Jaune sur six Tours différents (1956, 1957, 1958, 1959, 1961, 1962). Il l'a conquis notamment à trois reprises dans le courant du Tour 1956, à Liège pour deux jours, à Caen pour trois autres jours, puis à Pau pour une dernière journée. Au total, il totalise dix conquêtes du Maillot Jaune, ce qui le place au troisième rang de ces multirécidivistes derrière Merckx (14 prises) et Hinault (13 prises). Voilà qui situe l'importance de son personnage dans le Tour.

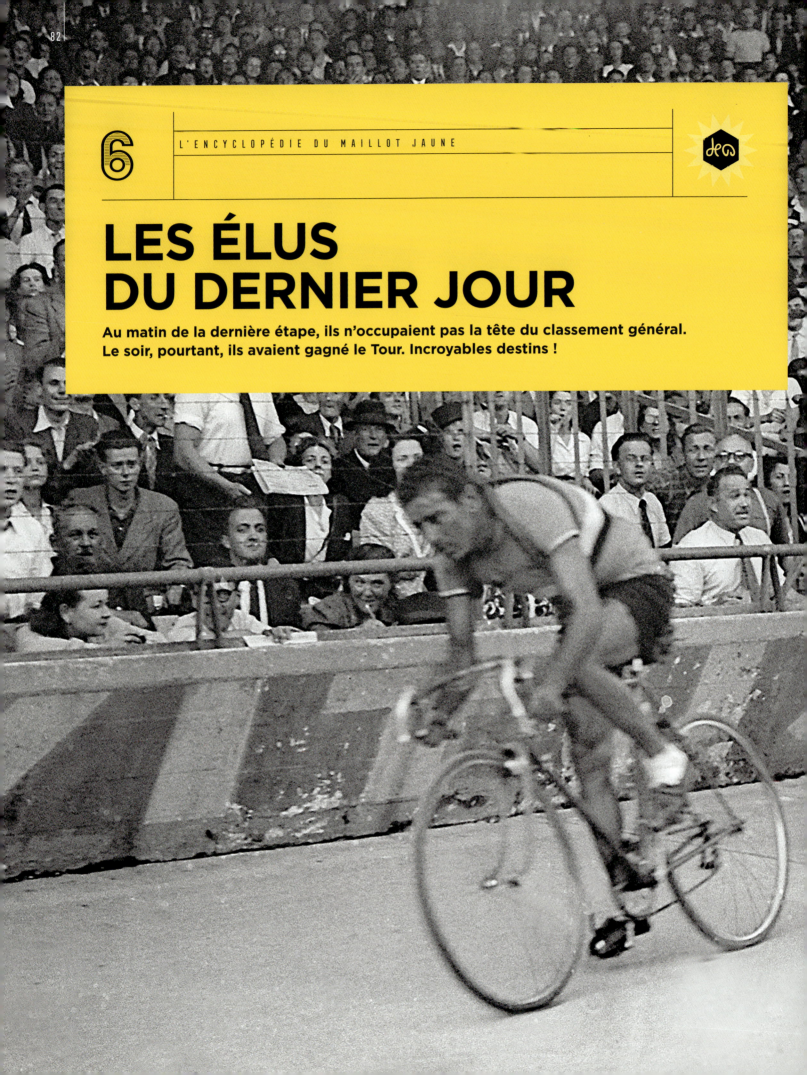

6

LES ÉLUS DU DERNIER JOUR

Au matin de la dernière étape, ils n'occupaient pas la tête du classement général. Le soir, pourtant, ils avaient gagné le Tour. Incroyables destins !

LES AS DU DERNIER JOUR

Jean ROBIC (FRA).

21e étape du Tour 1947.

À Caen :
1. Brambilla ;
2. Ronconi, à 53'' ;
3. Robic à 2'58''.

Au Parc des Princes :
1. Robic ;
2. Fachleitner, à 3'58'' ;
3. Brambilla, à 10'07''.

Jan JANSSEN (HOL).

22e demi-étape du Tour 1968 (c.l.m. individuel).

À Melun :
1. Van Springel ;
2. San Miguel, à 12'' ;
3. Janssen, à 16''.

À la Cipale :
1. Janssen ;
2. Van Springel, à 38''.

Greg LEMOND (USA).

21e étape du Tour 1989 (c.l.m. individuel).

À Versailles :
1. Fignon ;
2. LeMond, à 50''.

Aux Champs-Élysées :
1. LeMond ;
2. Fignon, à 8''.

Il peut entrer en conquérant, Jean Robic, au Parc des Princes à Paris, entouré de Lucien Teisseire et d'Édouard Flachleitner. Le temps d'une étape - la dernière - et d'un démarrage dans la côte de Bonsecours, il s'est offert le Tour 1947.

Tour 1947. Jean Robic dans le col du Tourmalet
entre Luchon et Pau.

- 1947 -

ROBIC, LE DERNIER JOUR

**En 1947, il n'aura pas porté le Maillot Jaune.
Mais il a gagné le premier Tour de l'après-guerre.**

C'est le renversement de situation le plus célèbre de l'histoire. Et d'ailleurs, une stèle commémore le fait d'armes à la sortie de Rouen. « Le 20 juillet 1947, est-il gravé, Jean Robic s'échappe dans cette côte et gagne le premier Tour de France d'après guerre. »

À l'aube de cette dernière étape du Tour 1947, Caen-Paris, l'Italien de France Pierre Brambilla semble pourtant tenir la victoire. Il est Maillot Jaune depuis deux jours, avec 2'58'' d'avance sur Robic, seulement troisième du général. Mais « Biquet » attaque sans complexe dans la côte de Bonsecours qui s'élève au-dessus de Rouen. Édouard Fachleitner, membre de l'équipe de France, accompagne le Breton têtu, mais Brambilla est pris de court. Il reste cent quarante kilomètres jusqu'au Parc des Princes et le Maillot Jaune,

abandonné à son triste sort par ses équipiers, est en perdition. Robic propose un marché à Fachleitner. « Tu ne peux plus gagner le Tour car je ne te laisserai jamais partir, dit-il au coureur azuréen. Mais si tu roules… » On ne peut pas dire que Fachleitner se soit laissé acheter, puisque ses chances semblaient effectivement réduites. Mais il se laissa convaincre…

À l'arrivée au Parc, Jean Robic termine sept minutes derrière Briek Schotte, le vainqueur de l'étape, mais treize minutes avant le pauvre Brambilla. Il gagne donc le Tour, le dernier jour, devant Fachleitner, Brambilla se contentant de la troisième marche du podium. Seul Jan Janssen, à la faveur du « chrono » final en 1968, et Greg LeMond, aux dépens de Laurent Fignon en 1989, réussiront pareil coup de théâtre. Robic entre définitivement dans l'imagerie populaire. ∎

Jean Robic quitte Paris après le Tour de France.
Il mesure sa popularité dans le train du retour.

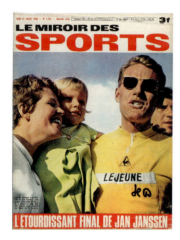

- 1968 -

JANSSEN POUR LE TOUR D'HONNEUR

Le dimanche 21 juillet, à midi, Herman Van Springel était leader du Tour 1968. Le 21 au soir, à l'issue de l'ultime étape, Jan Janssen avait gagné.

En 1968, à l'heure de la dernière étape du Tour, un contre-la-montre de cinquante-cinq kilomètres entre Melun et Paris, ils sont nombreux à prétendre encore à la victoire finale. Du jamais-vu ! Les écarts sont incroyablement resserrés alors que va se dénouer un Tour volontairement édulcoré de ses grandes difficultés naturelles, un an après la fin tragique de Tom Simpson sur les pentes du Ventoux.

À midi, à l'issue de la première demi-étape, Auxerre-Melun, le Belge Herman Van Springel est un Maillot Jaune sous la menace. Passons sur l'Espagnol Gregorio San Miguel, deuxième à douze secondes, car il n'est pas très bon rouleur. Jan Janssen n'est qu'à seize secondes, mais le favori logique serait plutôt Ferdinand Bracke, un spécialiste du « chrono » qui détient d'ailleurs le record de l'heure. Son retard n'est que de cinquante et une secondes. Pourtant, sur la route, c'est bien Jan Janssen qui va se sublimer alors

que Van Springel, lui, cède au trac, paralysé par l'enjeu. Janssen gagne le Tour pour trente-huit secondes, le plus mince écart jamais enregistré jusqu'au fameux duel LeMond-Fignon, vingt et un ans plus tard à l'issue d'un autre « chrono » renversant.

Lorsque sa défaite est consommée sur la piste municipale du bois de Vincennes, Herman Van Springel, de nature placide, ne peut s'empêcher de laisser tomber son vélo à ses pieds sous le poids de la déception. Il est inconsolable. Jan Janssen essuie aussi des larmes sous ses lunettes, mais là, ce n'est que du bonheur.

« Je viens de saisir la plus belle chance de ma vie, résume le premier Hollandais vainqueur du Tour. Je n'ose pas croire encore à ce qui est arrivé. » Van Springel non plus. Ils resteront néanmoins bons amis. « Ce Tour, je l'ai perdu et tu l'as mérité », conviendra avec les années de recul le Belge, dont le palmarès recèle bien d'autres deuxièmes places, heureusement pas toutes aussi cruelles. ■

Entre Melun et Paris, Jan Janssen fonce vers le Maillot Jaune.

Jan Janssen a déjà porté le Maillot Jaune un jour, en 1966.
Mais celui qu'il conquiert à Paris en 1968 vaut bien un tour d'honneur à la Cipale, sur le capot d'une... voiture !

Greg LeMond vit un rêve éveillé. Même s'il croyait en son succès au départ du dernier chrono, encore fallait-il le réaliser.
C'est fait aux Champs-Élysées. Pour 8 secondes et 82 mètres...

-1989-

RENVERSANT LEMOND

**L'Américain a remporté trois fois le Tour.
Mais c'est le scénario des huit secondes aux dépens
de Laurent Fignon en 1989 qui reste inoubliable.**

Greg LeMond avait déjà gagné le Tour lorsque sa jeunesse s'était imposée à Bernard Hinault, en 1986. Il allait encore en gagner un autre, le troisième, en 1990, au terme d'une course poursuite menée du premier jusqu'à l'avant-dernier jour pour récupérer le temps perdu sur Claudio Chiappucci, principal bénéficiaire d'une échappée (avec Bauer, Pensec, Maassen) à laquelle le peloton au bord du suicide avait laissé plus de dix minutes d'avance. Peut-être l'Américain en eût-il gagné d'autres, sans cet accident de chasse dont il réchappa par miracle en avril 1987 ? Sa carrière sembla longtemps fusillée, mais Greg LeMond, revenu de très loin décidément, remporta en 1989 un Tour « inoubliable » comme le titrait *L'Équipe* à sa une, au lendemain de l'arrivée sur les Champs-Élysées.

Huit secondes. La victoire la plus courte jamais enregistrée dans le Tour de France. À la différence de Jean Robic et de Jan Janssen, Greg LeMond a porté le Maillot Jaune sur ce Tour. Depuis la cinquième étape contre la montre, Dinard-Rennes, c'est même un fameux chassé-croisé entre lui et Laurent Fignon, leader au seuil du dernier chrono le jour de l'arrivée à Paris. L'avance du Français est assez substantielle : cinquante secondes. Il faudrait donc que l'Américain lui reprenne un peu plus de deux secondes sur chacun des 24,5 kilomètres qui séparent Versailles de la plus belle – ou la plus cruelle – avenue du monde.

À 82 MÈTRES PRÈS !

Mais en 1989, Greg LeMond incarne la capacité d'innovation du cyclisme américain. Il utilise un casque profilé tandis que Laurent Fignon se bat crinière au vent. Surtout, Greg LeMond expérimente un guidon muni d'un appendice utilisé par les triathlètes, une discipline toute nouvelle. L'incidence de cet accessoire qui renforce ses appuis a sans doute été largement mésestimée lorsque l'Américain s'en est servi pour remporter à Rennes le premier grand contre-la-montre du Tour. Ce type de guidon n'est ni vraiment autorisé ni formellement interdit. En vérité, il y a un vide juridique. Et Cyrille Guimard, pourtant volontiers procédurier, ne s'y est pas engouffré. « Avant le contre-la-montre Dinard-Rennes, j'ignorais que LeMond avait un nouveau guidon », reconnaît le directeur sportif de Fignon, sans doute un peu vexé que cette innovation ait échappé à sa sagacité. Et pourquoi n'a-t-il pas posé réclamation ? « Que n'aurait-on pas dit sur mon compte… »

Et puis, Laurent Fignon souffre d'un autre handicap, invisible celui-là. Une blessure à la selle s'est ouverte depuis les Alpes où il s'était pourtant montré irrésistible, au point qu'il aurait pu faire le break, sans doute, dans la Chartreuse… Trop tard pour les regrets. Le secret de la blessure est bien gardé, car il ne faut à aucun prix redonner le moral à LeMond qui n'est d'ailleurs pas du genre à baisser les bras. « Et si je gagnais d'une seconde ? », se demande l'Américain au matin du dernier chrono.

Fignon, qui a du mal à s'asseoir sur sa selle, zappe l'échauffement préalable. Et les pointages parlent d'eux-mêmes : déjà vingt-quatre secondes en sa défaveur peu après la mi-course ; trente-cinq secondes au bout de dix-huit kilomètres. « Les pointages, je m'en foutais, je donnais tout ce que je pouvais », dira LeMond, auteur d'un scénario renversant.

Lorsqu'il franchit la ligne, le plus dur commence. L'Américain, parti deux minutes avant Laurent Fignon, se dresse sur la pointe des pieds pour scruter l'horizon par-dessus toutes ces épaules qui l'entourent. Un petit point jaune apparaît là-bas, devant l'Arc de triomphe (*). Fignon s'approche mais le dénouement lui est fatal. Il n'aura pas le temps de franchir la ligne dans le temps qui lui reste imparti. Il concède cinquante-huit secondes, c'est huit de trop. On calculera que cela représente une différence de 82 mètres sur les 3 285 kilomètres parcourus ! LeMond n'est plus qu'un cri. Il exulte. L'Américain a gagné sur les Champs-Élysées un Tour qui n'était pas joué à la Concorde. ∎

(*) En 1989, l'arrivée du contre-la-montre s'effectuait sur la partie « descendante » des Champs-Élysées.

1983-1984-1989

FIGNON, TRIOMPHES ET REVERS

Laurent Fignon a gagné deux Tours de France (1983, 1984) et en a perdu un de la plus cruelle des façons en 1989. Avec son Maillot Jaune, Laurent Fignon aura présenté trois visages.

Laurent Fignon à la relance
en haut des Champs-Élysées.

1983
LE JEUNE PREMIER

Laurent Fignon n'aura pas eu le privilège d'être le « tombeur » de Bernard Hinault. En 1983, pour ses débuts dans le Tour, le champ est libre. Hinault est contraint de passer sur la table d'opération. De là à dire que Fignon est ipso facto bombardé favori du Tour, ou même leader de l'équipe Renault-Gitane, il y a un grand pas. D'ailleurs, Pascal Simon a survolé les Pyrénées, d'où il sort avec une avance conséquente (4'22") sur Laurent Fignon, néophyte qui a tout de même épaté son monde. Pour l'instant, le maillot blanc du meilleur jeune semble suffire à son bonheur, mais dès le lendemain, il va recevoir le coup de pouce du destin. Probablement son accession au sommet va s'en trouver facilitée, à tout le moins accélérée. À peine le temps de goûter au Maillot Jaune à Bagnères-de-Luchon que Pascal Simon tombe, le lendemain, à la sortie de Montréjeau, en Haute-Garonne. Résultat ? Un trait de fracture à l'omoplate. Et pour le Champenois, la suite n'est qu'une longue agonie jusqu'à son abandon inéluctable, six jours plus tard. Le malheur de l'un… Fignon prend le pouvoir vacant à l'Alpe-d'Huez, où il aura régulièrement rendez-vous avec le Maillot Jaune, en 1984 comme en… 1989. Le jeune blondinet à lunettes remporte son premier Tour à 23 ans. Avec l'allure d'un jeune premier.

1984. Bernard Hinault a été inexorablement débordé par Laurent Fignon, notamment dans l'Alpe-d'Huez. Un vrai choc des générations. Mais le dernier jour, tous deux prennent le temps d'en rire.

1984
LE PANACHE BLOND

Cette année-là, il y a de la toute-puissance dans le coup de pédale de Laurent Fignon, vainqueur de cinq étapes, dont trois dans les Alpes (16e étape, Les Échelles - La Ruchère-en-Chartreuse contre la montre ; 18e étape, Bourg-d'Oisans - La Plagne ; 20e étape, Morzine - Crans-Montana) ! Il y a aussi une certaine insolence de sa jeunesse triomphante. C'est le fameux « Il m'a bien fait rigoler », sans condescendance aucune, à l'égard de Bernard Hinault dépassé sur les pentes de l'Alpe-d'Huez. Laurent Fignon est au firmament. Irrésistible. Ses envolées solitaires à La Plagne, puis à Crans-Montana, couvert de jaune, sont l'expression de son panache blond.

1989
CRUELLE DÉFAITE

Laurent Fignon perd le Tour le dernier jour. Pour huit secondes. Tout a été dit déjà de cet ultime contre-la-montre Versailles-Paris où son Maillot Jaune s'est détricoté mais qui tenait encore à un fil au moment de s'engager sur les Champs-Élysées. Handicapé par une blessure à la selle, défavorisé par le guidon triathlète qui offre à Greg LeMond des points d'appui supplémentaires, Laurent Fignon sent confusément qu'il va se produire quelque chose d'invraisemblable. « À la limite, il n'y a rien à dire », voilà son commentaire, à peine relevé du pavé des Champs-Élysées où il s'est effondré, tout autant à bout de souffle que sous le poids de l'incommensurable déception. Dans l'hystérie générale, personne n'ose lui faire part de son échec mais il le sent venir. « Je ne crois pas que ce soit sur les Champs-Élysées que j'ai perdu, même si les pavés m'ont fait mal, analysera-t-il froidement. Ces huit secondes, je devais les prendre ailleurs. Il y a mille endroits où je l'ai perdu, ce Tour. »

Il ne s'en relèvera jamais vraiment. « Oui, ce jour-là, quelque chose s'est brisé en lui. Et rien n'a plus été pareil », confiera, avec le recul, Cyrille Guimard au journaliste Philippe Brunel, dans L'Équipe. Au moment d'évoquer sa carrière, il se trouvera toujours quelqu'un pour lui rappeler ces huit secondes fatidiques, et fatalement tout résumer à cela. Forcément, il le vivra comme une injustice supplémentaire. Au point qu'il préférera par la suite, et jusqu'à son décès le 31 août 2010, faire un détour plutôt que de repasser devant le pavillon Lenôtre où sa défaite fut consommée au bas des Champs-Élysées… ■

1989. Laurent Fignon n'aura au fond jamais réellement digéré sa cruelle défaite. Pour huit secondes, il rate l'occasion de réussir un triplé.

1983. Le grand public découvre un géant.
Laurent Fignon devance Peter Winnen lors de l'étape Bourg-d'Oisan - Morzine.

7

LA MEUTE DES SPRINTERS

Tenus à l'écart du classement général final, de nombreux grands sprinteurs ont néanmoins détenu le Maillot Jaune.

Le maillot vert est en principe leur apanage. Cela n'a pas empêché de nombreux grands sprinteurs d'entretenir une relation plus ou moins éphémère avec le Maillot Jaune. C'est le cas d'André Darrigade, mais il est vrai que le Landais était un sprinteur qui … attaquait. Sauf peut-être André Leducq (1930,1932) qui prouva à la longue qu'il avait l'étoffe d'un coureur complet, aucun champion réputé pur sprinteur n'a pu inscrire son nom au palmarès du Tour, même si Jan Janssen (1968) fut d'abord considéré comme tel avant d'élargir son registre. Pour sa part, Cyrille Guimard, très rapide aux arrivées, avait poursuivi l'ambition de défier Eddy Merckx dans le Tour 1972. Il s'arrogea le Maillot Jaune de Saint-Brieuc jusqu'à Pau avant de contester l'hégémonie du Belge jusqu'aux Alpes, puis abandonna, à bout de forces, à quarante-huit heures de Paris, où Eddy Merckx lui rendra hommage en lui offrant le Maillot Vert qui semblait destiné au sprinter français.

De Charles Pélissier et son rival Raffaele Di Paco dans les années trente jusqu'à Marcel Kittel ou Fernando Gaviria, la liste est longue des sprinteurs devenus des leaders plus ou moins épisodiques du Tour. C'est particulièrement vrai dans les années 1990 et 2000 lorsque le régime des bonifications aux arrivées et intermédiaires leur accorde cet objectif ponctuel en première partie de Tour. L'édition 1999 est d'ailleurs particulièrement dédiée aux sprints massifs. L'issue des sept premières étapes est ainsi réglée :

une victoire pour l'Estonien Jaan Kirsipuu, deux pour le Belge Tom Steels et quatre à la file pour l'Italien Mario Cipollini. Mais c'est l'Estonien qui en tirera le plus grand bénéfice, avec six jours en jaune, par la combinaison de son succès à Challans (1re étape) et de diverses bonifications.

Quant à l'Allemand Erik Zabel et au Slovaque Peter Sagan qui l'a d'ores et déjà rejoint pour le record des succès au classement par points (6), tous deux ont aussi goûté au Maillot Jaune mais de manière plus épisodique. Une consécration après laquelle « l'Express de l'île de Man », Mark Cavendish, sans doute l'un des plus grands phénomènes du sprint de tous les temps, a longtemps couru. Et qu'il a obtenu face à la plage du débarquement d'Utah Beach en 2016, devenu l'un de ses plus marquants sprints victorieux sur le Tour (il en compte trente). ∎

1962. Dans cette 19e étape, Briançon - Aix-les-Bains, Poulidor a gagné, mais André Darrigade s'offre le sprint du peloton devant Émile Daems. Pas de Maillot Jaune, mais il l'aura quand même porté 16 jours et demi dans sa carrière.

QUELQUES SPRINTEURS EN JAUNE :

André Leducq (FRA), 1929, 1930, 1932, 1938
Charles Pélissier (FRA), 1930, 1931
Raffaele Di Paco (ITA), 1931
Rik Van Steenbergen (BEL), 1952
Miguel Poblet (ESP), 1955
André Darrigade (FRA), 1956, 1957, 1958, 1959, 1961, 1962
Cyrille Guimard (FRA), 1972
Patrick Sercu (BEL), 1974
Gerben Karstens (HOL), 1974
Freddy Maertens (BEL), 1976
Sean Kelly (IRL), 1983
Wilfried Nelissen (BEL), 1993
Mario Cipollini (ITA), 1993, 1997
Johan Museeuw (BEL), 1993, 1994
Laurent Jalabert (FRA), 1995, 2000
Frédéric Moncassin (FRA), 1996
Jaan Kirsipuu (EST), 1999
Erik Zabel (ALL), 1998, 2002
Jean-Patrick Nazon (FRA), 2003
Robbie McEwen (AUS), 2004
Thor Hushovd (NOR), 2004, 2006, 2011
Marcel Kittel (ALL), 2013, 2014
Mark Cavendish (GBR), 2016
Fernando Gaviria (COL), 2018

8

JUSQU'AUX SOMMETS

Les grimpeurs font partie intégrante de l'histoire du Tour
et se sont élevés parfois jusqu'au Maillot Jaune.

1939. René Vietto. Sur les flancs de l'Iseran, lors de la 16e étape, Bonneval - Bourg-Saint-Maurice, René Vietto souffre le martyre. Il a perdu son Maillot Jaune et 17 minutes, la veille. Ce soir-là, il en déboursera dix de plus.

Il faut nécessairement grimper pour gagner le Tour mais ce n'est pas toujours une condition suffisante. Dans l'après-guerre, depuis Jean Robic (1947) jusqu'à Marco Pantani (1998) en passant par Charly Gaul (1958), Federico Bahamontes (1959) ou Lucien Van Impe (1976), ils ne sont que quelques-uns parmi les purs grimpeurs à s'être affichés au palmarès.

Plus généralement, le Tour de France s'offre aux coureurs complets et, par nature, les grimpeurs présentent souvent trop de lacunes dans les autres compartiments du jeu – le contre-la-montre ou les descentes par exemple – pour en surmonter tous les obstacles. Néanmoins, les grimpeurs ont profondément marqué l'histoire de l'épreuve et souvent noué des idylles, occasionnelles ou non, avec le Maillot Jaune. Ainsi Richard Virenque, recordman absolu des victoires (7) dans le grand prix de la montagne et totalement identifié à son personnage de grimpeur, avouait : « Je préférais le maillot à pois que le jaune… »

Tous les grimpeurs, loin s'en faut, n'ont pas eu le bonheur d'atteindre cette distinction. C'est le cas notamment de l'Espagnol Julio Jimenez, triple vainqueur du classement de la montagne (1965 à 1967), ou du Colombien Luis Herrera, lauréat du même trophée en 1985, sans doute l'un des plus grands grimpeurs de tous les temps mais qui n'était déjà plus opérationnel pour le classement général à l'issue des étapes de plaine. Il n'empêche que les grimpeurs ont une relation particulière avec le Maillot Jaune. En voici quelques exemples parmi les plus fameux… ∎

RENÉ VIETTO

MAILLOT JAUNE EN 1939 ET 1947

Le petit « groom » d'un palace de la Côte d'Azur se révèle être un grand grimpeur dès son premier Tour en 1934. Mais il n'a que vingt ans et se sacrifie logiquement en offrant sa roue puis son vélo à Antonin Magne dans les Pyrénées. Sa meilleure chance survient après guerre quand il semble parti pour enlever le Tour 1947. Mais il craque à trois jours de Paris dans le contre-la-montre Vannes - Saint-Brieuc où il laisse un quart d'heure et le champ libre à Jean Robic. Vietto restera maudit au palmarès du Tour.

1947. Une victoire d'étape sur la route de Digne et René Vietto s'offre le Maillot Jaune. Il le perdra malheureusement à trois jours de l'arrivée.

1948, Gino Bartali. La veille, il avait gagné l'étape, mais Louison Bobet avait gardé son précieux Maillot. Alors, le lendemain entre Briançon et Aix-les-Bains. Gino Bartali a remis ça. Et conquis pour de bon le Maillot Jaune.

JEAN ROBIC

VAINQUEUR EN 1947, MAILLOT JAUNE EN 1953

Dans la montagne, avec son physique de nabot, il jouait au grand. Il fut ainsi le dernier accompagnateur de Fausto Coppi pour la grande première à l'Alpe-d'Huez en 1952. Mais c'est en 1947 que le Breton têtu réussit sa plus fameuse cavalcade, franchissant tous les cols du grand classique pyrénéen en tête au cours de la quinzième étape, Luchon-Pau. Il reste cent quatre-vingt-dix kilomètres quand il attaque sans complexe à Peyresourde. Au Tourmalet, il compte déjà quatre minutes et demie d'avance sur Pierre Brambilla, douze sur René Vietto. À Pau, il triomphe avec plus de dix minutes sur le grimpeur azuréen. « Avec ça, j'irai jusqu'en Bretagne », jure-t-il en montrant ses deux bidons de café serré. Il attendra cependant le dernier jour, entre Rouen et Paris, pour gagner le Tour de l'après-guerre.

1947. On se souvient de sa dernière étape et du gain de l'épreuve, mais Jean Robic avait su cette année-là briller en montagne.

GINO BARTALI

VAINQUEUR EN 1938 ET 1948
MAILLOT JAUNE EN 1937 ET 1949

Les Alpes étaient son royaume. En 1948, il remporte même les trois étapes alpestres à la file, à Briançon, Aix-les-Bains et Lausanne. Son coup de pédale en montagne était particulier. Il « piquait » des sprints et s'accordait un léger temps de repos environ toutes les dix pédalées…

1954, Federico Bahamontes.
Personne n'a oublié Federico Bahamontes.
Premier Espagnol vainqueur du Tour en 1959,
il a surtout impressionné par son aisance quand
la route s'élevait (ici au sommet du Tourmalet).

1959. Bahamontes a le Maillot (à droite), mais Charly Gaul ne lâche pas son sillage.

CHARLY GAUL

VAINQUEUR EN 1958

Auteur de l'un des exploits magistraux de l'histoire du Tour dans la Chartreuse lors de la 21e étape, Briançon - Aix-les-Bains, du Tour 1958 qu'il remportera. Il fait un temps de chien, et l'avant-veille sur la route de Gap il a concédé près d'un quart d'heure, retardé par un bris de matériel et une chute. Alors le Luxembourgeois n'a rien à perdre. Il attaque dans le Luitel, il insiste ensuite et il reprend quatorze minutes à l'arrivée. C'est néanmoins à l'issue du dernier contre-la-montre, Besançon-Dijon, qu'il s'empare du Maillot Jaune, à la veille du retour à Paris.

FEDERICO BAHAMONTES

VAINQUEUR EN 1959, MAILLOT JAUNE EN 1963

« L'Aigle de Tolède » incarne à jamais la légende des grimpeurs. Souvent, il perdait dans les descentes tout le temps conquis dans les montées, quand il ne s'arrêtait pas au sommet comme ce fut le cas en 1954, au col de Romeyère, où il marqua les points pour le prix de la montagne avant de déguster une glace pour le plus grand plaisir des photographes. Six fois meilleur grimpeur du Tour entre 1954 et 1964, les rivalités en équipe de France lui permirent en 1959 d'atteindre une victoire finale qu'il n'osait jusque-là pas envisager.

LUCIEN VAN IMPE

VAINQUEUR EN 1976

Son ambition se limitait au classement du meilleur grimpeur, d'autant qu'à partir de 1975 la création du maillot à pois donne une identité supplémentaire à son lauréat. Il l'emporte six fois entre 1971 et 1983. Mais en 1976, Cyrille Guimard, qui débute comme directeur sportif chez Renault-Gitane, parvient à le convaincre qu'il peut l'emporter. Avec la complicité de Luis Ocaña qui lui accorde son soutien dans les Pyrénées, Van Impe ramène en effet le Maillot Jaune à Paris.

Habitué du maillot à pois, Lucien Van Impe ne pensait pas pouvoir remporter le Tour.

Virenque a toujours
déclaré préférer le maillot
à pois au Maillot Jaune.
Sûrement parce qu'il en a
conquis beaucoup plus (7)...

RICHARD VIRENQUE

MAILLOT JAUNE EN 1992 ET 2003

Recordman des victoires au classement du meilleur
grimpeur qu'il remporte à sept reprises entre 1994 et
2004. Pourtant, c'est grâce au Maillot Jaune qu'il se fait
connaître dès son premier Tour, en 1992, lorsqu'il mène
à bien une attaque dans la deuxième étape, Saint-Sébastien – Pau, remportée par son compagnon d'échappée,
l'Espagnol Javier Murguialday. L'épisode durera seulement vingt-quatre heures. Virenque retrouve tout aussi
brièvement le Maillot Jaune en 2003 après sa victoire
dans la septième étape, Lyon-Morzine. Avec Gino Bartali, il est le seul coureur de toute l'histoire à avoir connu
le Maillot Jaune dans un si grand intervalle : onze ans !

MARCO PANTANI

VAINQUEUR EN 1998

La première moitié des années 1990 est marquée
par le règne de Miguel Indurain, l'un des plus grands
rouleurs de tous les temps. Marco Pantani va rendre
le Tour aux grimpeurs. En 1998, il réalise le doublé
Giro-Tour, mais cette année est marquée par l'affaire
Festina et le scandale du dopage quasi généralisé. C'est
dans la quinzième étape, Grenoble - Les Deux-Alpes
via le Galibier, qu'il lance son offensive victorieuse en
terrassant Jan Ullrich, paralysé par le froid et la pluie, et
relégué à neuf minutes. Signe précurseur de son destin
tragique, c'est à un Tour de sinistre mémoire que Marco
Pantani, décédé le 14 février 2004, accole son nom.

2003. Gravir l'Alpe-d'Huez en jaune lors du Tour du Centenaire, voilà de quoi ravir Richard Virenque, même si, au terme des 21 virages, Armstrong récupère son bien.

1998, Marco Pantani. Vainqueur aux Deux-Alpes, Marco Pantani fait plus que gagner une étape. Il va ramener le Maillot Jaune à Paris et succéder à Felice Gimondi au palmarès des Italiens vainqueurs du Tour.

QUAND LE MAILLOT JAUNE ABANDONNE

La tunique dorée n'est pas une cuirasse à toute épreuve.
Et malgré les précautions prises pour la préserver,
parfois le leader du classement doit rendre les armes.

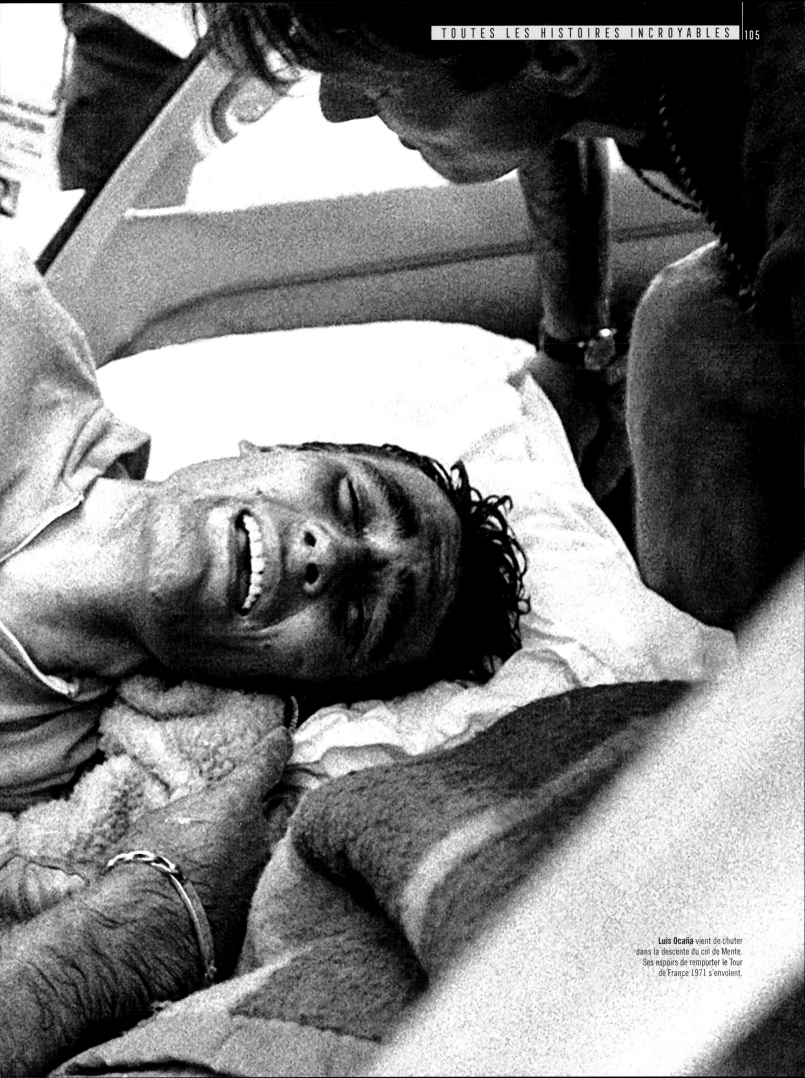

Luis Ocaña vient de chuter dans la descente du col de Mente. Ses espoirs de remporter le Tour de France 1971 s'envolent.

16 ABANDONS EN JAUNE

Francis PÉLISSIER (FRA)
1927, 6e étape Dinan-Brest : malade.

Victor FONTAN (FRA)
1929, 10e étape Luchon-Perpignan :
fourche cassée.

Gino BARTALI (ITA)
1937, 12e étape Marseille-Nîmes :
non partant après une chute.

Sylvère MAES (BEL)
1937, 17e étape Bordeaux-Royan :
non partant à la suite d'une pénalité
et du climat né de sa rivalité avec Roger Lapébie, notamment dans l'étape
précédente Pau-Bordeaux.

Fiorenzo MAGNI (ITA)
1950, 11e étape Pau - Saint-Gaudens : abandon
collectif des Italiens.

Wim VAN EST (HOL)
1951, 13e étape Dax-Tarbes : chute dans
la descente de l'Aubisque.

Bernard VAN DE KERCKHOVE (BEL)
1965, 9e étape Dax - Bagnères-de-Bigorre :
insolation dans l'Aubisque.

Luis OCAÑA (ESP)
1971, 14e étape Revel-Luchon : chute dans la
descente du col de Mente.

Michel POLLENTIER (BEL)
1978, 16e étape Saint-étienne - L'Alpe-d'Huez :
exclu après infraction aux règles
du contrôle antidopage.

Bernard HINAULT (FRA)
1980, 12e étape Agen-Pau : il quitte le Tour au
soir de l'étape en raison de douleurs au genou.

Pascal SIMON (FRA)
1983, 17e étape La Tour-du-Pin - L'Alpe-d'Huez :
fracture de l'omoplate à la suite d'une chute
survenue dans la 11e étape.

Rolf SÖRENSEN (DAN)
1991, 5e étape Reims - Valenciennes :
fracture de la clavicule. Il ne repartira
pas le lendemain.

Stéphane HEULOT (FRA)
1996, 7e étape Chambéry - Les Arcs :
douleurs au genou.

Chris BOARDMAN (GBR)
1998, 2e étape Enniscorthy-Cork : chute.

Michael RASMUSSEN (DAN)
2007, 16e étape Orthez - Gourette -
col d'Aubisque : exclu par son équipe
pour manquements à l'éthique.

Tony MARTIN (ALL)
2015, 6e étape Abbeville – Le Havre :
chute avec fracture ouverte de la clavicule,
non partant le lendemain.

Tony Martin accompagné jusqu'à la ligne d'arrivée par ses coéquipiers
Kwiatkowski (à g.) et Vermotte (à d.). Il la passera mais ne repartira pas.

1927

FRANCIS PÉLISSIER

PÉLISSIER, LE PREMIER

Un Maillot Jaune avait déjà perdu le Tour par malchance : Eugène Christophe en 1919, après avoir brisé sa fourche. Mais Francis Pélissier restera comme le premier à avoir quitté l'épreuve avec le Maillot Jaune sur le dos ! L'événement se produit au cours de la sixième étape du Tour 1927, Dinan-Brest, qui traverse la Bretagne. « Je suis navré, dit celui que l'on surnomme "le Grand". Cette tâche est aujourd'hui au-dessus de mes forces. J'ai senti au bout de cinquante kilomètres que j'avais du mal à suivre mes coéquipiers. Je me suis accroché plusieurs fois, mais je me suis relevé n'en pouvant plus. Mes camarades m'ont attendu mais j'ai insisté pour qu'ils se sauvent et tâchent de reconquérir ce Maillot Jaune que je venais de perdre. » À Morlaix, Francis Pélissier, pétri de crampes, monte dans une voiture, sous les sifflets de la foule. Qui se consolera. À Brest, Ferdinand Le Drogo est le premier Breton à endosser le Maillot Jaune !

1929

VICTOR FONTAN

LE DÉSESPOIR EN DIRECT

Il est 7 h 45 du matin, ce 11 juillet 1929, lorsque les auditeurs de Jean Antoine et Alex Virot, les pionniers du radio reportage, répercutent la nouvelle. Victor Fontan abandonne le Tour. Il a 37 ans déjà, mais le Béarnais semblait pourtant avoir fait un grand pas vers la victoire lorsqu'il s'empare du Maillot Jaune à Luchon (9ᵉ étape, Bayonne-Luchon), dans ses Pyrénées, avec près de dix minutes d'avance. L'étape suivante qui mène à Perpignan doit lui permettre de conforter sa position, voire d'agrandir l'écart. Mais neuf kilomètres après le départ donné dans la nuit noire de Luchon, au pont de Cazaux, Henri Desgrange aperçoit, à la lumière des phares de sa Hotchkiss, un coureur à pied. Il porte le Maillot Jaune. Comme Eugène Christophe avant lui, Fontan a cassé sa fourche. Un cycliste lui prête son vélo. Il n'en veut pas. Puis grimpe dessus jusqu'à un garage situé quelques kilomètres plus loin, où il trouvera meilleure monture. Au Portet d'Aspet, il compte trente-six minutes de retard. Au petit jour, dans le village d'Aulos, kilomètre 151, il cède au désespoir. Le Maillot Jaune pose pied à terre.

SOUS QUELS MOTIFS ?

Les chutes (Van Est, Ocaña, Boardman) ou leurs conséquences plus ou moins latentes (Bartali, Sörensen, Simon, Martin) sont le premier motif d'abandon en jaune : sept. L'autre cause la plus répandue est la maladie ou les problèmes physiques (Pélissier, Van De Kerckhove, Hinault, Heulot) : quatre. Les autres raisons sont l'abandon délibéré (Maes, Magni), l'exclusion (Pollentier, Rasmussen) ou l'incident mécanique (Fontan).

– 1937 –
BARTALI / MAES

L'ANNÉE NOIRE

L'édition 1937 est remarquable parce qu'elle est la seule à avoir connu l'abandon de deux leaders de l'épreuve.

« **L**e destin a voulu que je tombe pour que ma victoire soit plus éclatante », aurait déclaré Gino Bartali au lendemain matin de sa chute dans la huitième étape, Grenoble-Briançon. Mais Gino ne gagnera pas ce Tour 1937. Il ne repartira pas de Marseille, quatre étapes plus loin, même s'il s'est traîné pour arriver jusque-là. « Je ne peux pas être le coureur du Tour qui marche le plus mal, qui est lâché le premier… », justifie-t-il au moment où il s'apprête à prendre le train du retour pour l'Italie et Florence. C'est une quinzaine de kilomètres après Embrun, dans l'une des grandes étapes des Alpes, que l'Italien a basculé par-dessus un parapet pour tomber dans le lit d'un torrent. « J'ai été atteint d'une pneumonie au printemps, rappelle-t-il, et ma chute dans l'eau glacée m'a rendu très malade. » À Digne, Gino Bartali, fiévreux, doit rendre le maillot à Sylvère Maes. Le grimpeur italien devra patienter une année supplémentaire pour gagner le Tour.

DU POIVRE POUR LES BELGES

C'en est trop ! Pour la seconde fois dans ce Tour 1937, le Maillot Jaune va quitter le Tour. Après Bartali qui a jeté l'éponge sur blessure à Marseille, Sylvère Maes s'en va, visiblement fâché, à Bordeaux. Maes et les Belges crient à l'injustice. Les quinze secondes de pénalité infligées au Maillot Jaune – il a reçu l'aide de deux individuels flamands pour limiter le handicap d'une crevaison dans la seizième étape Pau-Bordeaux – sont de trop. Éloi Meulenberg, un équipier belge, jure même qu'on lui a jeté du poivre en pleine figure. Un autre, Hubert Deltour, dit avoir été menacé d'un gourdin. Jacques Goddet, rédacteur en chef de *L'Auto*, nie les faits. « Je n'ai pas quitté les coureurs belges, écrit-il, et étant resté avec eux seul officiel sur la route, je nie qu'ils aient subi des voies de fait. » En particulier, il s'attarde sur l'épisode du passage à niveau de Marcheprime, dans les Landes de Gascogne : « Les coureurs avaient été jusqu'à prétendre qu'aucun train n'était passé… Je suis resté moi-même bloqué par ce passage à niveau et, tout comme un vulgaire ruminant, j'ai vu passer le train trois minutes après. »

Bref, le climat est délétère. En revanche, Jacques Goddet ne nie pas certaines manifestations de chauvinisme alors que Roger Lapébie arrive dans sa bonne ville de Bordeaux. « Les coureurs belges ont été hués, on leur a montré le poing, c'était écœurant. Mais ils étaient neuf sur dix à applaudir comme depuis quarante ans on applaudit les coureurs étrangers sur nos routes. »

La presse belge s'empare des incidents qui prennent une tournure diplomatique. Quant à Sylvère Maes, sa décision est prise : « Je ne repartirai pas de Bordeaux (les Belges non plus) avec le Maillot Jaune. Je suis marié et père de famille. Je n'ai nullement l'intention de me faire écharper sur la route. Je sens vraiment trop d'hostilité autour de moi. Si Roger (Lapébie) est le plus fort, qu'il gagne s'il le mérite… » La voie est donc libre pour le Français qui endosse définitivement le Maillot Jaune à Royan, le soir même. ■

SYLVÈRE MAES

Six coureurs se sont transmis le Maillot Jaune sur le Tour 1937, mais c'est la première fois que deux leaders de suite le quittent.

Gino Bartali, fringant sur la route de Grenoble, le 7 juillet 1937, va prendre le Maillot Jaune.
Le lendemain, il chute dans un torrent et tombe malade. Adieu le Tour !

1950-1951
MAGNI / VAN EST

LES SUISSES EN HÉRITAGE

L'un comme l'autre, Ferdi Kübler (en 1950) et Hugo Koblet (en 1951), les deux « K » de l'histoire du cyclisme suisse, ont remporté le Tour en héritant du Maillot Jaune abandonné en cours de route. C'est d'abord Kübler qui récupère le fauteuil de leader laissé vacant par Fiorenzo Magni solidaire de l'abandon collectif des Italiens à Saint-Gaudens (au matin de la 12e étape). Puis l'année suivante, Koblet gagne un Tour que Wim Van Est a fini dans un ravin de l'Aubisque (13e étape, Dax-Tarbes) – Gilbert Bauvin récupère alors le maillot de leader pour un bref intermède –, sans que cet accident change probablement l'issue de l'épreuve, tant la supériorité du Suisse est manifeste.

1950

FIORENZO MAGNI

ET MAGNI RANGEA SON MAILLOT DANS LA VALISE...

Sans doute la nuit porte-t-elle conseil, mais elle n'a pas fait changer d'avis les Italiens. Et surtout pas Gino Bartali. Une heure avant le départ de la douzième étape Saint-Gaudens - Perpignan, leur décision est prise, les Italiens ne repartiront pas... Fiorenzo Magni, Maillot Jaune la veille au soir, s'est rangé à l'avis général, et à celui de Bartali en particulier. Alors il a plié dans la valise ce maillot qu'il ne portera pas. La face du Tour 1950 vient de changer. Pourquoi ? Le public français, dans son ensemble, est agacé par l'attitude des Italiens, dont les deux équipes – la « nazionale » de Bartali et les « cadetti » de Magni – font ouvertement cause commune, selon les consignes très claires du directeur technique, Alfredo Binda. « Les Italiens marcheront aux ordres », avait-il prévenu au départ.

Dans la première étape pyrénéenne, et notamment dans le col d'Aspin, des insultes pleuvent à l'égard des « Macaroni ! » Peut-être pas des coups, mais des menaces. Surtout lorsqu'un accrochage jette Jean Robic au sol. « Des énergumènes ont cru que c'était moi qui avais fait tomber Robic, raconte Bartali, pourtant vainqueur de cette onzième étape mouvementée entre Pau et Saint-Gaudens. Ils m'ont frappé, assure-t-il, menacé d'arracher mon vélo... »

Ce qui est vrai, c'est que l'animosité est palpable, l'expression du nationalisme aussi. Sur les bancs du Palais-Bourbon, un député de la Seine, maître Moro-Giafferi, président des amitiés franco-italiennes, interpelle le gouvernement sur les incidents du col d'Aspin. Pour un peu, les politiques voudraient arrêter le Tour ! D'ailleurs, l'une des prochaines étapes n'arrivera pas à San Remo, comme prévu, mais la course fera halte à Menton. Quoi qu'il en soit, rien ne fera revenir Bartali sur sa décision. Pas même Binda, qui finalement approuve : « J'ai parlé avec Gino toute la soirée. Et avec ses équipiers jusqu'à trois heures du matin. Ils se sont tous affirmés solidaires. Je ne sais plus que faire. » Toutefois, le directeur technique des Italiens a évoqué, durant la nuit, la possibilité de voir Fiorenzo Magni poursuivre la course, entouré des « cadetti », voire de quelques volontaires prêtés par les « nationaux ». Une solution fortement appuyée par les organisateurs en émoi. Quitte à refondre une équipe italienne et lui donner de nouvelles couleurs. « Tu es en forme, Fiorenzo, tu peux gagner le Tour... », souffle Adolfo Leoni, l'un des gregarii de l'équipe « B » italienne. ∎

Magni est devant un choix cornélien, mais rien n'y fait. « Je pleure de ne pouvoir accepter, mais j'ai été engagé pour aider Bartali et non pour gagner le Tour. Je ne peux me délier des promesses faites au départ. Pour qui me prendrait-on ? » Magni, qui remportera notamment trois Tours d'Italie (1948, 1951, 1955), est devenu l'otage de Bartali, qui craignait peut-être beaucoup ce rival sorti de ses propres rangs... « Jamais peut-être je n'ai été aussi en forme, regrettera à jamais Fiorenzo Magni. Ce maillot, dire que je suis obligé de le ranger dans ma valise... » ∎

Fiorenzo Magni met son Maillot Jaune dans la valise au matin de la 12e étape du Tour 1951, Saint-Gaudens - Perpignan. Il n'est pas ravi, mais il assume son choix.

Il faudra attacher plusieurs boyaux pour tirer Wim Van Est du fin fond du ravin
où il est tombé en descendant l'Aubisque.Il s'en sortira avec quelques écorchures.

EXCLUSIF : LE FILM DE LA CHUTE
SENSATIONNELLE DE VAN EST

1951

WIM VAN EST

VAN EST, LE MIRACULÉ

Il aurait pu mourir avec le Maillot Jaune sur le dos, après une chute dans la descente de l'Aubisque. Heureusement...

Premier Néerlandais de l'histoire à se couvrir du Maillot Jaune, à l'issue de la douzième étape, Agen-Dax, du Tour 1951, Wim Van Est ne profite pas longtemps de cet insigne honneur (il retrouvera néanmoins brièvement le maillot de leader en 1955 et 1958). L'homme du plat pays n'avait jamais vu la montagne et dès le lendemain de sa prise de pouvoir à Dax, c'est le drame dans la descente de l'Aubisque…

Sur la paroi rocheuse, une petite plaque commémore l'événement du 17 juillet 1951 qui jeta l'effroi : « Ici chuta de 70 mètres de haut, durant le Tour de France, le cycliste Wim Van Est. Il survécut à cette chute mais perdit le Maillot Jaune… »

Wim Van Est ne pouvait tomber plus mal. À cet endroit, c'est une route de corniche, avec vue imprenable sur le cirque du Litor. Le précipice. Dans son malheur, le Hollandais a pourtant eu de la chance, beaucoup de chance. Il a culbuté entre deux rochers, sur une bande de terre meuble. Son directeur sportif Kees Pellenaers, aidé du journaliste Albert De Wetter, confectionne une corde grâce à des boyaux tressés entre eux. Ils la tendent en direction de Wim Van Est, qui est extrait du ravin, juste écorché. À peine sorti, il prend la peine de remercier. L'image est entrée dans le grand album du Tour. Plus prosaïque, une réclame, comme on appelait à l'époque les publicités, fut ensuite tirée de l'événement pour vanter une marque de montres : « J'ai fait une chute de 70 mètres, disait Van Est. Mon cœur s'est arrêté de battre, mais ma Pontiac marchait toujours. »

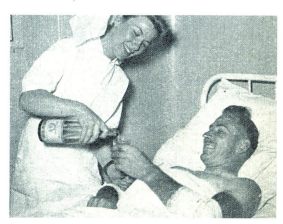

1965

BERNARD VAN DE KERKHOVE

LE COUP DE CHAUD

Déjà vainqueur d'étape à Roubaix où il a devancé Felice Gimondi, futur vainqueur de ce Tour 1965, c'est à La Rochelle (7e étape) que Bernard Van De Kerckhove s'empare du Maillot Jaune. Le plaisir est de courte durée. Quarante-huit heures plus tard, le Belge de Solo-Supéria, qui n'est de toute façon pas un grand montagnard, est victime d'une insolation dans l'Aubisque. Il abandonne. Sous le soleil des Pyrénées, l'ombre du doping, comme on dit à l'époque, apparaît entre les lignes…

OCAÑA, HÉROS DE TRAGÉDIE

**En 1971, l'Espagnol avait terrassé Eddy Merckx.
Mais soudain, l'orage a éclaté au col de Mente.**

L'abandon dramatique de Luis Ocaña dans le Tour 1971 est une parabole. Il renvoie l'homme – fût-il un champion – à son destin si fragile. Luis Ocaña, c'était la fureur de vivre. Il poursuivait une obsession. Elle tenait en six lettres : M-E-R-C-K-X. C'est si vrai qu'il avait fini par donner ce nom-là à son chien, pour le plaisir de dire : « Merckx, au pied ! Merckx, couché ! »

De fait, Luis Ocaña met Eddy Merckx à genoux, ce 8 juillet 1971, sur la route d'Orcières-Merlette. Un grand jour. Ocaña est sublime. Merckx reste grand dans la défaite.

« Ralentis un peu », suggère Maurice De Muer, le directeur sportif de l'équipe Bic, vaguement inquiet d'un possible coup de barre alors que l'avance d'Ocaña ne cesse de s'accentuer. « Il y a six minutes ! » « Bordel, ça fera sept ! » Puis huit, et même un peu plus (8'42" sur Merckx et Zoetemelk) à l'arrivée…

L'étape Grenoble - Orcières-Merlette du Tour 1971 est inscrite à jamais dans les mémoires, et l'envolée virile de Luis Ocaña demeure l'un des solos majeurs de l'histoire du Tour. L'exploit est au moins de la même veine que le Koblet de Brive-Agen en 1951 ; le Gaul de la Chartreuse en 1958 ou le… Merckx de Mourenx en 1969. « Ce Tour, j'allais le gagner, j'en suis sûr, ■■■

L'Espagnol croit avoir atteint son rêve en juillet 1971. Il est Maillot Jaune et pas Eddy Merckx…

Luis Ocaña voit tous ses espoirs se dissoudrent sous l'orage dans le col de Mente.

1971. Luis Ocaña s'est fait très peur. Jacques Goddet, le directeur du Tour (ici à son chevet) et les suiveurs ont craint le pire.

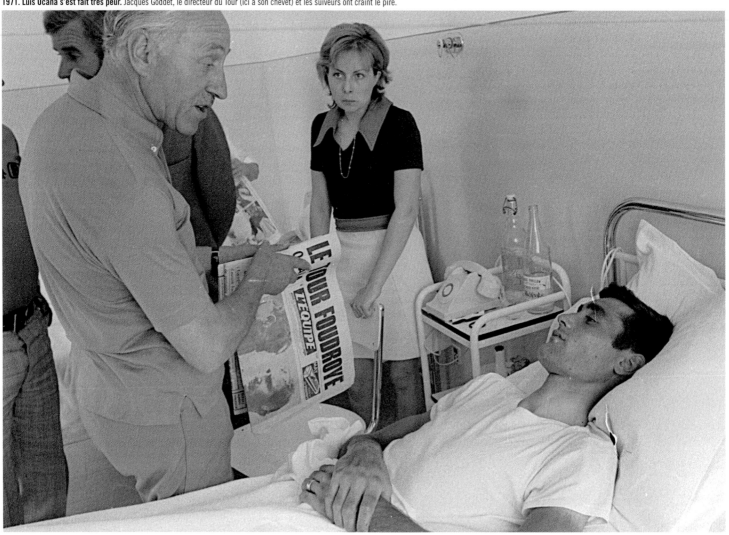

1971. Pour Eddy Merckx, la course n'a plus eu le même sens en l'absence de son grand rival.

1973. Sur le vélodrome de la Cipale. Luis Ocaña tient sa revanche.

■ ■ ■

dira l'Espagnol seulement quatre jours plus tard, sur son lit de l'hôpital de Saint-Gaudens. Non, non, ce n'est pas possible, ce n'est pas vrai… » La symphonie de Luis Ocaña restera inachevée.

Tout s'est brisé en un éclair. Celui de l'orage qui éclate soudain au col de Mente (14ᵉ étape Revel-Luchon), dans ces Pyrénées que son père avait franchies pour fuir le franquisme. La nuit tombe sur cet après-midi chargé d'électricité. Lorsque la course bascule au sommet, l'eau dévale sur la route comme un torrent. Merckx met la pression. Ocaña, dans son orgueil démesuré, veut suivre coûte que coûte, en dépit de son avance confortable. Le Belge manque un virage sur la gauche. « Je ne sais qu'une chose, rapporte Ocaña, j'ai vu Merckx tomber devant moi et j'ai fait un écart pour l'éviter. Je ne pensais qu'à repartir. Après, c'est le noir… »

> « **J'ai mal, très mal, à l'épaule surtout.**
> **Mais la douleur physique, ce n'est rien. Ce n'est rien…**
> **Ce qui m'attriste, c'est d'avoir perdu le Maillot Jaune,**
> **d'avoir perdu le Tour… »**
>
> Luis Ocaña

Les freins ne répondent plus. Joop Zoetemelk vient percuter brutalement l'Espagnol qui se relève, puis Joaquim Agostinho le heurte de plein fouet. « Je pensais à Roger Rivière (*), je craignais le pire… », écrira Jacques Goddet, le directeur du Tour, accouru au chevet du Maillot Jaune. En dépit des conditions exécrables, l'évacuation par hélicoptère est ordonnée. Rapidement, les nouvelles seront pourtant rassurantes. Luis Ocaña ne souffre d'aucune fracture, mais de contusions multiples, au thorax notamment. Qui sait si ce décor d'apocalypse ne l'a pas glissé trop vite dans la peau d'un héros de tragédie ? « J'ai mal, très mal, à l'épaule surtout. Mais la douleur physique, ce n'est rien. Ce n'est rien… Ce qui m'attriste, c'est d'avoir perdu le Maillot Jaune, d'avoir perdu le Tour… », réalisera-t-il, le soir même, à Saint-Gaudens.

À Luchon, Eddy Merckx demande une faveur. Celle de ne pas porter le Maillot Jaune, le lendemain, en signe de compassion. Le cœur n'y est plus. « J'aurais préféré terminer deuxième après avoir livré bataille tous les jours », assure Merckx, et on peut le croire sur parole. « Gagner le Tour dans ces conditions ne m'intéresse pas », déclare le Belge, finalement orphelin du plus fier de tous les challengers qu'il eut jamais à rencontrer.

Luis Ocaña retrouvera l'état de grâce et le Tour lui rendra ce que le destin lui avait volé. Il survole l'édition 1973 avec la même flamboyance. À ceci près que, cette fois, Eddy Merckx n'est pas là. Et ce n'est donc pas tout à fait le triomphe dont Luis Ocaña avait rêvé. ■

(*) Le Français dont la carrière fut brisée par une chute dans le col du Perjuret, en 1960.

–1980–
BERNARD HINAULT

QUAND HINAULT S'ENFUIT PAR LES CUISINES...

En 1980, le règne du Breton est interrompu par un genou récalcitrant. À Pau, il quitte le Tour par une porte dérobée.

Cyrille Guimard (en haut) a tout fait pour cacher aux médias l'abandon de Bernard Hinault, à Pau, le 9 juillet 1980.
Joop Zoetemelk, par respect pour le Français, patientera une journée avant de porter le Maillot Jaune.

« **T**out va bien. » Bernard Hinault fait passer ce message, au soir de la douzième étape Agen–Pau, alors qu'il participe en direct au tirage hebdomadaire du Loto national. À peu près au même moment, Hubert Arbès rend visite sur le Tour à ses partenaires de l'équipe Renault qu'il a dû quitter à Bordeaux, à la suite d'une chute survenue quelques jours plus tôt. Il est venu en voisin, puisqu'il habite Lourdes, à quarante kilomètres de là. Le Béarnais croise Cyrille Guimard, l'air préoccupé. « Mange avec nous. Je vais avoir besoin de toi… », lui souffle le directeur sportif. À table, Arbès trouve Martine, l'épouse de Bernard Hinault, et s'en étonne. Mais lorsque Cyrille Guimard lui donne la marche à suivre, soudain il comprend tout. « Va chercher ta voiture. Bernard arrête et je ne veux pas que les journalistes lui tombent dessus. Attends-le dans la cour, derrière les cuisines… »

Et c'est ainsi que Bernard Hinault quitte le Tour 1980 dont il est le grand favori, par une porte dérobée. Il est vrai que depuis le départ de Francfort (ALL), l'épreuve est suspendue au genou du champion breton au summum de sa puissance. Il a remporté son fameux Liège-Bastogne-Liège d'apocalypse, au mois d'avril précédent, soumettant son organisme à rude épreuve. Les conditions météo de ce mois de juillet pourri n'ont sans doute rien arrangé. La pluie accompagne le Tour comme un suiveur accrédité. Et depuis la septième étape contre la montre par équipes, entre Beauvais et Rouen, l'inquiétude a grandi. Bernard Hinault a dû « sauter » ses relais lorsque venait son tour de mener, et il a même fallu ralentir pour l'attendre dans quelques faux plats. Il n'empêche. Hinault est en jaune depuis le contre-la-montre individuel disputé en Gascogne, entre les villages de Damazan et Laplume. Même si, une fois n'est pas coutume, il a dû laisser Joop Zoetemelk (2ᵉ du général à 21'') réaliser le meilleur temps. Mais la douleur est là, lancinante, et chaque tour de manivelle semble l'aggraver. À Pau,

à la veille de la première étape pyrénéenne, sa décision est prise.

Il est 22 h 30 lorsque Cyrille Guimard prévient Félix Lévitan, directeur de l'épreuve, en train de dîner à l'hôtel Continental en compagnie de Georges Marchais, le secrétaire général du parti communiste français. Déjà, la voiture d'Hubert Arbès a le moteur en marche. Bernard Hinault quitte le Tour par les cuisines de l'établissement. À la sortie de la ville, quelqu'un reconnaît le Maillot Jaune alors que le véhicule est arrêté à un feu rouge. « Fonce ! Il faut que personne ne nous suive ! », ordonne Hinault à son équipier et ami.

> " **Va chercher ta voiture. Bernard arrête et je ne veux pas que les journalistes lui tombent dessus. Attends-le dans la cour, derrière les cuisines…** "
> **Cyrille Guimard**

Dans une légère paranoïa – celle de Guimard aussi ? –, Bernard Hinault trouve donc refuge pour la nuit au domicile de son équipier. Hubert Arbès dissimule au garage la voiture du Breton, conduite par son épouse, car l'abandon était prémédité. « Je pense que cela faisait quelques jours déjà qu'il s'était résigné à l'idée que c'était perdu, estime le Béarnais pour expliquer cette extravagante mise en scène. Je crois qu'il se demandait comment il s'en sortirait vis-à-vis des journalistes. »

À l'aube, Joop Zoetemelk apprend la nouvelle. Le voici leader du Tour de France qu'il va remporter, enfin, à 34 ans, alors qu'il a déjà terminé cinq fois deuxième. Par égard, il ne consentira à revêtir le Maillot Jaune que le surlendemain. ∎

FATALES PYRÉNÉES
Sur seize coureurs qui ont abandonné avec le Maillot Jaune, près de la moitié (sept) ont dû s'y résigner dans les Pyrénées.

– 1983 –

LA LENTE AGONIE D'UN MAILLOT JAUNE

**Le Tour 1983 semblait promis à Pascal Simon
à la sortie des Pyrénées. Mais à peine est-il en jaune
que son épaule se brise, son rêve aussi.**

C'est fini. Il n'ira pas plus loin. Le chemin de croix de Pascal Simon s'achève ici, dans la côte de La Table, au cours de la dix-septième étape qui mène de La Tour-du-Pin à l'Alpe-d'Huez. La scène se passe en toute simplicité. Le Champenois desserre les cale-pieds. Une dernière fois, il remercie Frédéric Brun, son équipier de Peugeot, le compagnon des moments pénibles qui veillait à ses côtés depuis maintenant six jours.

L'abandon de Pascal Simon est d'abord l'expression du courage. D'une obstination à poursuivre un combat que l'on devine perdu d'avance mais on n'abandonne pas si facilement avec le Maillot Jaune… Seulement en dernière extrémité…

Pascal Simon était sorti des Pyrénées en jaune. « Je volais », dira-t-il, fort d'une sérieuse option, avec plus de quatre minutes d'avance (4'22" sur Laurent Fignon). Mais le Tour est à l'image de la vie, qui peut basculer à tout moment. À peine le temps de faire l'apprentissage de la gloire, voilà qu'un destin contraire l'attend, quarante kilomètres seulement après le départ de Bagnères-de-Luchon. Son premier matin en jaune. C'est à faible allure que le peloton traverse Montréjeau, gros bourg de la Haute-Garonne, par cette journée qui promettait d'être belle et calme. L'attention se relâche un peu, deux coureurs s'accrochent. Le leader du Tour n'a d'autre issue que de se déporter vers un champ de blé où il culbute en douceur. Rien de grave, apparemment, et il repart immédiatement. Mais la journée tourne au calvaire. « J'ai trop souffert, je me demande comment je vais pouvoir finir ce Tour ! », confie-t-il. A l'arrivée, une ambulance le conduit vers l'hôpital d'Auch où l'on décèle un trait de fracture à l'omoplate.

Chaque matin, le rituel est le même. On lui applique des bandages destinés à immobiliser l'épaule blessée. En course, Simon ne peut plus puiser dans la poche arrière de son maillot et Frédéric Brun doit lui procurer le ravitaillement. Il faut traverser le causse, puis les reliefs du Massif central, monter les côtes assis, endurer les attaques. Même s'il sauve encore le maillot, Pascal Simon laisse beaucoup de temps dans le contre-la-montre du puy de Dôme, et surtout ses illusions. « Si j'abandonne, dit-il, ce ne sera pas dans ma chambre d'hôtel. Ce sera sur le vélo… » Chaque jour qui passe est un sursis. Par souci d'humanité, les organisateurs en viennent à le dispenser, le soir au terme de l'étape, de la traditionnelle cérémonie protocolaire. Le simple fait d'endosser le Maillot Jaune lui fait mal…

Comme promis, Pascal Simon quitte le Tour sur la route. Le Maillot Jaune est à prendre, et cette perspective a le don de sublimer Laurent Fignon, leader le soir même à l'Alpe-d'Huez et vainqueur de son premier Tour. Pascal Simon ne retrouvera plus jamais cet état de grâce. « J'aurais certainement gagné le Tour… » Pascal Simon le sait : la blessure ne se refermera jamais vraiment. Mais il acceptera la fatalité. À quoi bon vivre sur un éternel regret ? ■

Quelques kilomètres après le départ de la 17e étape, La Tour du Pin - l'Alpe-d'Huez. Pascal Simon met pied à terre. Son calvaire de six jours est terminé.

1996

STÉPHANE HEULOT

« POUR LE PERDRE, IL FAUT DÉJÀ L'AVOIR PRIS... »

Le 3 juillet 1996, Stéphane Heulot prend le Maillot au lac de Madine, en Lorraine, grâce à une échappée qui lui assure une avance confortable. Mais son genou l'enquiquine déjà. Trois jours plus tard, il est contraint à l'abandon dans les Alpes, au sommet du Cormet de Roselend.

« Ce mal au genou dont vous souffriez vous a-t-il gâché le plaisir du Maillot Jaune ?
Je n'ai pas vécu le Maillot Jaune avec plaisir et sérénité. Déjà, la veille de l'étape où je l'ai pris, je sentais un mal au genou. Une tendinite que j'attribue au changement de matériel car on recevait de nouveaux vélos au départ du Tour, et surtout au très mauvais temps. Forcément, cela m'a gâché le plaisir car je savais que mes jours étaient comptés.

En prenant le Maillot, vous saviez que vous ne seriez pas en mesure de le défendre ?
Je me souviens que le soir de l'étape d'Aix-les-Bains (la 6e étape), alors qu'il avait plu toute la journée, mon masseur Jean-Louis Gauthier (lui-même ancien Maillot Jaune en 1983) m'a fait remarquer que c'était devenu gros comme le pouce. Avec l'étape qui nous attendait le lendemain (avec la Madeleine, le Cormet de Roselend et l'arrivée à La Plagne), cela devenait très compliqué. Je me suis battu, mais dans les cols, j'ai vraiment eu des douleurs extrêmement violentes. Ça devenait débile de continuer. J'ai été au bout du bout.

Le plaisir d'avoir porté le Maillot Jaune l'emporte-t-il, malgré tout, sur cette frustration ?
Je ne sais pas répondre à cela. Le perdre, cela veut dire quand même qu'on l'a pris. Mais j'avoue que je n'ai pas savouré. C'est un moment dur, très dur, mais en même temps, ce n'est pas la fin du monde. Il y a tellement de choses plus graves. » ■

1991

ROLF SÖRENSEN

ROND-POINT FATAL

Puncheur redoutable, le Danois Rolf Sörensen succède à Greg LeMond à la faveur du succès de sa formation Ariostea dans le contre-la-montre par équipes disputé à la périphérie de Lyon au début de ce Tour 1991. Sörensen est appelé à garder le Maillot Jaune quelque temps encore lorsqu'il chute au passage d'un rond-point à l'entrée de Valenciennes, à quatre kilomètres du but (5e étape). Touché au visage et l'épaule douloureuse, il rejoint l'arrivée à la quatre-vingt-dixième place, mais au sein du peloton. Il est toujours leader. Mais le diagnostic est fatal. Fracture de la clavicule. Rolf Sörensen ne repartira pas d'Arras le lendemain matin.

Greg LeMond, deuxième du général, retrouve donc la tête mais il n'y a pas de Maillot Jaune, ce jour-là, sur la route. L'Américain ne pouvait faire moins qu'Eddy Merckx (en hommage à Luis Ocaña en 1971) ou Joop Zoetemelk (après le retrait de Bernard Hinault en 1980), et n'endosse pas le maillot abandonné par l'infortuné Sörensen. Thierry Marie, échappé au long cours sur la route de sa Normandie, sera en jaune le soir au Havre.

1998

CHRIS BOARDMAN

L'IRLANDE POUR TERMINUS

« What happened ? », demande Chris Boardman, étendu sur le bas-côté. Spécialiste du prologue, déjà premier Maillot Jaune en 1994 et 1997, il a récidivé dans les rues de Dublin au départ du Tour 1998 déjà plombé par l'affaire Festina. Mais l'Anglais ne quittera pas l'Irlande en jaune. Kilomètre 149 de la deuxième étape, Enniscorthy-Cork, il touche la roue de Frédéric Moncassin alors qu'il se trouve dans la première partie du peloton très étiré. Le Maillot Jaune roule au fossé. Il est blessé à l'arcade sourcilière, souffre du coude et du poignet. Son état n'inspire pas d'inquiétude mais, par précaution, on lui passe une minerve pour une entorse aux cervicales. Il est évacué vers l'hôpital de Cork où l'on décèle une fêlure du radius. Le soir même, Erik Zabel traversera la Manche avec le Maillot Jaune dans ses bagages.

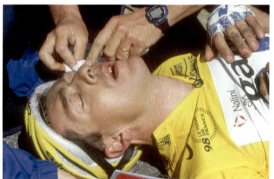

2015

TONY MARTIN

PAS ARRIVÉ À BON PORT

Depuis la veille au soir, il n'y a plus guère d'illusions à se faire. Tony Martin, avec une fracture ouverte de la clavicule, ne repartira pas de Livarot. Il est officiellement non partant au matin de la septième étape, en direction de Fougères. Même s'il a franchi la ligne d'arrivée la veille au Havre, l'Allemand n'est pas arrivé à bon port. Un accrochage dans le peloton au seuil du dernier kilomètre jette le Maillot Jaune (depuis Cambrai, quarante-huit heures plus tôt) parmi les victimes. Avec l'aide de ses équipiers, il gravit péniblement la côte d'arrivée où Zdenek Stybar, son partenaire tchèque de l'équipe Etixx – Quick Step, vient de s'imposer. Mais il est clair, déjà, que son Tour 2015 va s'arrêter là.

Fausto Coppi (à gauche) et Gino Bartali ne se ressemblent pas.
Ni physiquement, ni psychologiquement. A eux deux, ils incarnent
néanmoins les héros de l'Italie cycliste, marquant chacun à leur
manière le Tour de France.

10

LES DUOS MAJEURS

Ils ont marqué le Tour. En le gagnant, bien sûr,
mais aussi en écrivant, au fil de leur amitié, sa légende.

COPPI-BARTALI
LES DEUX VISAGES DE L'ITALIE

**Gino Bartali et Fausto Coppi ont cristallisé toutes les passions transalpines,
même si la guerre les a privés de belles années dans le Tour.**

L'écrivain-journaliste Curzio Malaparte avait ainsi brossé le portrait de son pays à l'après-guerre dans son petit livre intitulé : « Deux visages de l'Italie, Coppi et Bartali ». Le premier, Piémontais, incarnait la modernité. L'autre représentait l'Italie rurale, pieuse et traditionnelle même si la vérité, bien sûr, n'était pas si manichéenne. Ils divisaient l'opinion publique, et pourtant Fausto Coppi et Gino Bartali ont incarné mieux que personne l'unité italienne. La cohabitation entre les deux immenses campionissimi paraissait impossible, mais Alfredo Binda, l'ancien champion du monde devenu directeur technique national, réussit à merveille à concilier leurs intérêts et avant tout ceux de leur pays. C'est tellement vrai que Fausto accéda à la supplique de Gino, sur le Tour 1949, lorsque les deux compatriotes furent seuls en tête dans l'Izoard (16ᵉ étape, Cannes-Briançon). « Terminons ensemble, demanda Bartali. Aujourd'hui, je fête mes 35 ans, demain tu gagneras le Tour. » Ainsi fut fait… Gino Bartali était l'aîné de cinq ans. Il aurait pu gagner le Tour dès ses débuts en 1937, s'il n'avait versé au fossé, dans les Alpes, avec le Maillot Jaune sur le dos. Et combien de Tours de France aurait-il empochés si le conflit ne l'avait privé de ses meilleures années ?

En 1948, il navigue à une vingtaine de minutes du jeune Louison Bobet au classement général lorsque le Premier ministre italien, Alcide De Gasperi, l'appelle personnellement alors que le pays est au bord de l'insurrection après l'attentat perpétré sur le leader communiste Palmiro Togliatti.

« On a besoin de toi, proclame le chef du gouvernement.
– Qu'est-ce que je peux faire ? Je suis au Tour…
– Tu peux faire beaucoup en gagnant des étapes… »

Il en gagnera trois d'affilée (13ᵉ étape, Cannes-Briançon ; 14ᵉ étape, Briançon - Aix-les-Bains ; 15ᵉ étape, Aix-les-Bains - Lausanne) dans les Alpes, où l'on retrouve le grimpeur ailé d'avant-guerre. Il emmènera le Maillot Jaune à Paris, devenant le seul vainqueur de l'histoire à s'être imposé avant (1938) et après guerre (1948), à dix ans d'intervalle !

Puis apparut Fausto Coppi. Il n'a couru que trois fois le Tour de France. En a remporté deux. Chaque fois, ce fut un solo éblouissant. Pour son apparition dans l'épreuve française en 1949, il devance Bartali de près de onze minutes, non sans avoir ménagé la susceptibilité de son rival national. Et c'est justement dans la ville italienne d'Aoste qu'il endosse son premier Maillot Jaune, le mardi 19 juillet 1949 ! En 1951, il est miné par l'accident mortel de son frère, Serse, décédé après une chute dans le Tour du Piémont au mois de juin, et terminera dixième au général (à près de 47' d'Hugo Koblet). Mais en 1952, il est « hors concours », étincelant lors de la première montée dans l'histoire de l'alpe-d'Huez (10e étape), sur la route de Sestrières (11e étape) et du puy de Dôme (21e étape) notamment… C'est tellement vrai que l'organisateur augmentera respectivement de 500 000 et 250 000 francs les prix alloués à ses dauphins. Le Belge Stan Ockers, deuxième, est relégué à près d'une demi-heure (28'17") !

Au bout du compte, Gino Bartali n'aura pas porté le Maillot Jaune plus de vingt jours, et Fausto Coppi vécut même un jour de moins (19) dans l'habit de lumière. Il n'empêche que leur rayonnement fut considérable. ■

Fausto et Gino.
Les deux champions Italiens
au départ de l'étape Pau-Luchon
lors du Tour de France 1949.

**Fausto Coppi a minutieusement préparé
le Tour 1952.** Il avale les kilomètres, les cols,
les descentes avec tant de classe que tout
le monde le déclare «hors concours».

Sur le Tour 1931, Antonin Magne
est soumis à de fortes pressions.
Mais il s'applique chaque jour,
volontaire, méthodique, courageux...
La victoire sera au bout.

LEDUCQ-MAGNE
TOUTE UNE ÉPOQUE

**Vainqueurs de deux Tours chacun au début des années trente,
ils incarnent les grandes heures de l'équipe de France.**

Tout semblait les séparer. « Dédé » qui avait grandi dans le quartier du marché aux puces à Saint-Ouen, avait la gouaille du « titi » parisien et l'insouciance. « Tonin » le taciturne s'occupait de la ferme à Livry-Gargan mais, de ses racines auvergnates, il avait gardé les pieds sur terre et semblait habité par la sagesse. Le Tour les a réunis pourtant, au début des années trente, alors que la mise en place de la formule des équipes nationales donne à l'épreuve son essor définitif et la popularité.

Pourtant leur histoire avec le Maillot Jaune s'est parfois écrite dans la douleur.

Lundi 21 juillet 1930, 16ᵉ étape, Grenoble-Évian : André Leducq, leader depuis la neuvième étape, casse sa pédale dans le col du Galibier et chute dans la descente du Télégraphe. Il a le genou en sang, il veut abandonner. Il est assis sur le bas-côté. L'équipe de France fait bloc autour de lui. « J'en ai assez de te voir chialer, tu n'es pas une femme… Fais voir ton genou, il n'y a rien de cassé. Tu t'échaufferas en roulant », exhorte ce dur à cuire de Marcel Bidot. « On n'abandonne pas quand on a le Maillot Jaune sur les épaules », insiste Charles Pélissier.

Antonin Magne et son frère Pierre sont aussi aux côtés de leur chef de file. Lorsque Leducq se résout à reprendre la route, il a perdu un quart d'heure sur son rival italien, Learco Guerra, appuyé par les relais du Belge Joseph Demuysere. Dans la vallée de la Maurienne, une longue poursuite s'engage. Dans la traversée d'Albertville, les Tricolores aperçoivent Guerra et Demuysère après soixante-quinze kilomètres d'une chasse effrénée. Pour mieux enfoncer le clou, André Leducq remporte à Évian cette étape mémorable. Le Maillot Jaune est sauvé, le Tour est gagné. Il récidivera deux ans plus tard.

Entre-temps, c'est le tour d'Antonin Magne. En 1931, « Dédé » et « Tonin » font chambre commune. Leducq s'évertue à rassurer son partenaire en jaune depuis les Pyrénées (9ᵉ étape, Pau-Luchon) mais en proie à l'inquiétude. Parmi les nombreuses lettres d'admirateurs qui affluent, celle-ci : « M. Antonin Magne, je vous préviens que Rebry a écrit à sa mère qu'il ferait un grand coup avec Demuysère dans l'étape

Charleville - Malo-les-Bains », avertit un courrier anonyme. L'équipe de France est sur ses gardes dans cette avant-dernière étape du Tour. Effectivement, les Belges attaquent à tout-va, mais une équipe de France avertie en vaut deux, et Antonin Magne ramène le Maillot à Paris. Il en obtiendra un autre, trois ans plus tard. Pourtant, en cette année 1934, la malchance s'en mêle. Magne a pris le Maillot Jaune dès la deuxième étape (Lille-Charleville). Il passe les Alpes sans encombre, « en faisant la course à ma guise », racontera-t-il dans *L'Auto*. Mais dans les Pyrénées, le 20 juillet (15ᵉ étape, Perpignan - Ax-les-Thermes), dans la descente du Puymorens, Magne manque un virage et casse du matériel. René Vietto, le grimpeur azuréen qui se révèle, doit lui passer sa roue. Même chose le lendemain au Portet d'Aspet. Cette fois, Vietto, qui émeut la France entière, doit lui sacrifier sa machine. Grâce à Leducq et Magne, mais aussi Georges Speicher qui l'emporte en 1933, la France remporte les cinq premiers Tours des années trente. Toute une époque…

Ils l'achèveront ensemble, bras dessus, bras dessous, en arrivant ex æquo au Parc des Princes lors de la dernière étape du Tour 1938 remporté par Gino Bartali. André Leducq et Antonin Magne avaient compris qu'ils seraient indissociables. ■

André Leducq, genou en sang
et dépité après sa chute dans
la descente du Télégraphe, en 1930.

Comme ses compagnons de l'équipe de France qui brillèrent au début des années trente,
Tonin fut l'un des chouchous du public. À juste raison !

FROOME-THOMAS
UN SKY PEUT EN CACHER
UN AUTRE

En lice pour une cinquième victoire, Christopher Froome doit s'incliner devant son partenaire gallois Geraint Thomas en 2018.

Leader bis ? Plan « B » ? Toujours est-il qu'au seuil de la saison 2018, Geraint Thomas s'annonce et se prépare comme un candidat crédible à la victoire dans le Tour. Il est vrai qu'il a déjà connu le Maillot Jaune, conquis l'année précédente lors de sa victoire contre la montre à Düsseldorf, avant qu'une chute le contraigne à l'abandon.

Il y a toutefois un obstacle de taille à son ambition, qu'il doit encore légitimer non seulement au regard du grand public mais d'abord en interne, au sein de l'équipe Sky. Christopher Froome est en lice pour espérer rejoindre les Anquetil, Merckx, Hinault et Indurain dans le cercle des quintuples vainqueurs. Curieusement, il s'est engagé sur le front du Tour d'Italie en cette année pourtant cruciale, et relève le difficile challenge d'un hypothétique doublé Giro – Tour…

En vérité, lui et l'équipe Sky appliquent le principe de précaution. Christopher Froome n'est pas sûr d'être admis sur le Tour de France, en raison d'un contrôle anormal sur le Tour d'Espagne remporté en 2017 et qui a révélé l'usage de salbutamol au-delà des limites autorisées. La procédure n'en finit plus. L'organisateur du Tour de France invite l'équipe Sky à mettre son leader à l'écart pour le Tour, l'Union Cycliste Internationale ne souhaite pas autre chose. Mais la procédure est longue, compliquée, avec une bataille d'experts et d'avocats. Le 1er juillet, moins d'une semaine avant le départ du Tour, l'organisateur signifie par écrit à Froome qu'il est indésirable sur l'épreuve. Mais le lendemain, l'UCI annonce le classement de l'affaire. Froome sera au départ du Tour…

Aura-t-il récupéré du Giro ? D'abord mis en difficulté au début du Tour d'Italie, il l'a emporté finalement au prix d'un redressement spectaculaire et vient donc de gagner successivement les trois derniers Grands Tours auxquels il a participé (Tour de France et d'Espagne 2017, Tour d'Italie 2018). Le mauvais sort le rattrape dès la première journée du Tour en Vendée (Noirmoutier en l'Ile - Fontenay-Le-Comte). Une chute lui fait perdre pas loin d'une minute, tandis que son partenaire Geraint Thomas se maintient sans faute dans les premiers rangs du classement général.

LA QUESTION DE PRÉSÉANCE

Dès lors, Chris Froome sait que l'équipe Sky jouera sur deux tableaux. Elle continue pourtant de le protéger comme il se doit. Peut-être même conserve-t-il la préférence dans la stratégie rebattue des Sky, mais tout cela va se jouer sur la route, « à la pédale ». Et sur ce point, les Alpes suggèrent avec insistance que Geraint Thomas, cette année, est le plus fort. Le Gallois, surtout reconnu jusque là pour ses qualités de rouleur, remporte deux étapes alpestres à la suite (11e étape, Albertville - La Rosière ; 12e étape, Bourg-Saint-Maurice - Alpe d'Huez). Il ne quittera plus le Maillot Jaune. Chris Froome, en difficulté dans la grande étape pyrénéenne (17e étape, Bagnères de Luchon – Col de Portet), arrache tout de même une méritoire troisième marche du podium dans un dernier sursaut. Entre celui qui reste à ce stade le quadruple vainqueur et le nouveau Maillot Jaune, toujours partenaires en 2019, la question du statut et de la préséance reste en suspens. ∎

Le Gallois et le «Kényan blanc» n'échappent pas à la tradition de la coupe de champagne vers Paris. La conquête d'un 5e Tour de France remis à plus tard pour «Froomy».

2018. Le Tour de France
attendait Christopher Froome.
Il a eu Geraint Thomas.

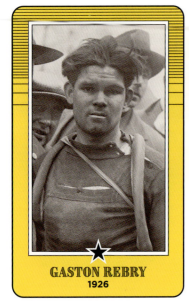

GASTON REBRY
1926

WILLI OBERBECK
1938

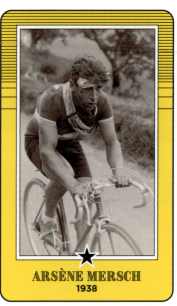

ARSÈNE MERSCH
1938

AMÉDÉE FOURNIER
1939

ANDREA CARREA
1952

NICOLAS BARONE
1957

TOMMASSO DE PRÀ
1966
(À g.) avec Rudi Altig

JOSEPH SPRUYT
1970

SEAN KELLY
1983

JEAN-FRANÇOIS BERNARD
1988

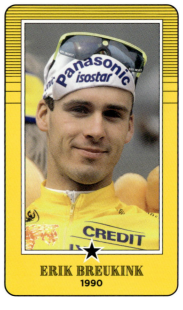

ERIK BREUKINK
1990

11

LES PORTEURS D'UN JOUR

Le Maillot Jaune est souvent un bonheur éphémère mais il marque à jamais une carrière, voire une vie.

Tous les coureurs qui ont connu le bonheur de porter le Maillot Jaune n'ont pas eu la chance de nouer avec lui une longue idylle. C'est plus souvent l'histoire d'un coup de foudre éclair. Pas moins d'un quart des porteurs (*) ne l'ont eu qu'un seul jour, et parfois moins encore quand ce privilège n'a pas excédé le temps d'une demi-étape, voire d'un tiers !

Parmi eux, des anonymes qui le seraient restés sans ce coup de projecteur souvent inespéré : les Arsène Mersch, Amédée Fournier, Willi Oberbeck, Nicolas Barone, et bien d'autres encore… Des équipiers aussi qui ont connu leur jour de gloire à leur propre surprise et l'ont vécu parfois comme un crime de lèse-majesté : Andrea Carrea, Tomasso De Pra, Joseph Spruyt… Des grands coureurs aussi pour lesquels ce jour, s'il n'avait pas existé, eût signifié un manque dans leur glorieuse carrière : Gaston Rebry, Rik Van Looy ou Sean Kelly… Et puis on a vu aussi des coureurs monter sur le podium final du Tour et n'être que le porteur d'un jour du Maillot Jaune : Jean-François Bernard (3e en 1988) ou Erik Breukink (3e en 1990) en savent quelque chose.

Enfin, beaucoup d'obscurs du peloton n'avaient pas vraiment vocation à se retrouver dans la lumière. Jean-Louis Gauthier, Dominique Gaigne n'en sont que des exemples parmi d'autres, et de fait ils ne se sont pas laissés éblouir par une gloire qu'ils savaient éphémère. « Un jour, c'est trop court », avait regretté Richard Virenque, à Bordeaux, en perdant déjà le Maillot Jaune qu'il avait conquis la veille dans son premier Tour, en 1992. « J'aurais aimé le garder au moins deux jours, se désolait-il. Peut-être que je n'aurai plus jamais l'occasion de le porter, même si c'est vraiment fabuleux ce qui m'est arrivé. » Il ne pouvait imaginer qu'il le retrouverait pour un autre jour, onze ans plus tard, dans le Tour du centenaire en 2003. Entre-temps, il s'était trouvé une nouvelle peau, avec le maillot à pois de meilleur grimpeur qui fut son identité. Mais déjà, le jeune Virenque avait tout saisi de la magie incomparable du Maillot Jaune. Ce soir-là, à Bordeaux, en rendant ce bien précieux qu'il n'avait détenu que l'espace de vingt-quatre heures, il craignait que cela ne devienne qu'un merveilleux souvenir. « J'ai peur que les gens ne me regardent plus comme ils m'ont regardé. » ∎

(*) Statistiques arrêtées à l'issue du Tour 2022. Depuis sa création, 278 coureurs ont porté le Maillot Jaune, dont 69 une seule journée, parfois même moins (le temps d'une demi-étape ou d'un tiers).

> **" J'aurais aimé le garder au moins deux jours. Peut-être que je n'aurai plus jamais l'occasion de le porter… "**
> Richard Virenque

MARINUS WAGTMANS
1971

- 1971 -

RINI WAGTMANS, LE PLUS ÉPHÉMÈRE

2 h 29' 31'', c'est le temps que le Hollandais aura passé en jaune.

De tous les porteurs du Maillot Jaune, Marinus (dit « Rini ») Wagtmans est le plus éphémère. Pour lui, cela n'aura duré qu'un… tiers d'étape. Maillot Jaune par inadvertance. Au départ du Tour 1971, Molteni triomphe dans le prologue de Mulhouse couru cette année-là contre la montre par équipes. Et Eddy Merckx reçoit le premier Maillot Jaune, comme il se doit. Le lendemain, l'étape est divisée en trois tronçons en ligne. Dans le secteur matinal, Mulhouse-Bâle, long seulement de 59,5 kilomètres et remporté par Éric Leman, Rini Wagtmans est le mieux placé des Molteni (20ᵉ alors que Huysmans est 38ᵉ et Merckx 49ᵉ, tous même temps) dans le sprint final. L'équipier néerlandais d'Eddy Merckx devient leader sans le chercher. « J'ai passé la ligne sans comprendre que je prenais le Maillot Jaune. Moi, je travaillais pour l'équipe, pour Eddy, mais il ne m'en a pas voulu une seconde… », se souvient-il. D'ailleurs, Eddy Merckx reprend son dû dès la mi-journée, à Fribourg-en-Brisgau où Joop Zoetemelk a secoué le peloton, et Wagtmans termine à un peu plus d'une minute. Puis à l'issue du troisième secteur de cette journée bien remplie, Merckx s'endort le soir à Mulhouse avec le Maillot Jaune posé sur la chaise de sa chambre d'hôtel. Comme d'habitude. Il n'empêche. « Même une heure avec le Maillot Jaune, c'est un moment que l'on ne peut pas oublier. Jamais », dit Wagtmans avec une émotion encore perceptible plus de quarante ans après. En vérité, il l'aura porté exactement deux heures, vingt-neuf minutes et trente et une secondes, le temps qui lui fut nécessaire pour couvrir le deuxième secteur, Bâle-Fribourg (90 km). Et quand bien même Rini Wagtmans aurait bien voulu faire durer le plaisir, « c'est un cadeau que j'ai reçu pour toujours, comme un acteur qui gagne l'Oscar à Hollywood. Je suis de la famille du Tour de France pour toute ma vie. Ce ne sera jamais fini, sauf quand viendra la mort. » ■

Un Maillot Jaune, c'est pour la vie.
Qu'on l'ait porté quelques heures, comme Wagtmans, ou un peu plus de trois mois comme Merckx.

Jean-Louis Gauthier n'a gardé le Maillot Jaune qu'une journée. Elle aura marqué sa vie à jamais.

- 1983 -

JEAN-LOUIS GAUTHIER : "ÇA M'EST TOMBÉ DESSUS"

Jean-Louis Gauthier ne s'attendait pas du tout à porter le Maillot Jaune en 1983. Et même si ce bonheur fut trop furtif, il en a tiré discrètement une légitime fierté personnelle.

JEAN-LOUIS GAUTHIER
1983

Jean-Louis Gauthier est devenu Maillot Jaune à l'issue du succès collectif assez inattendu de sa formation Coop-Mercier lors de la deuxième étape du Tour 1983, Soissons – Fontaine-au-Pire, disputée contre la montre par équipes. Lorsqu'il évoquait ses souvenirs (il est décédé le 11 juillet 2014), sans doute y avait-il une part de regrets. D'abord celui-ci : « Je n'ai pas eu le sentiment que ce soit moi, personnellement, qui l'avais eu. C'était un Maillot Jaune partagé. » Et puis surtout celui-là : « C'était trop bref. »

Le Charentais n'a guère pu en profiter, quand bien même le soir, « quand on pose le maillot sur la chaise, se remémorait-il, on se dit qu'il va falloir être à la hauteur ». Malheureusement, les circonstances joueront en sa défaveur. L'ensemble des équipiers de Coop-Mercier se retrouve aux premières loges du classement général après ce succès de groupe, et le lendemain, sur les pavés du Nord, Kim Andersen est le plus prompt à prendre la bonne échappée en compagnie du Belge Rudy Matthijs. « Je me suis trouvé piégé, admettait Gauthier. Par malchance, la voiture de Jean-Pierre Danguillaume (le directeur sportif) était retardée parce qu'elle avait été au fossé et Joop (Zoetemelk, son leader) est venu à crever sur l'une des dernières portions pavées. Il y avait deux minutes d'écart à dix kilomètres de l'arrivée. ■■■

Jean-Louis Gauthier,
équipier Maillot Jaune
entre Valenciennes et Roubaix
sur le Tour 1983.

vainqueur d'une étape à Compiègne en 1980), furent quasi inexistantes. Il n'empêche qu'il aura néanmoins changé la vie intérieure de cet homme extrêmement sensible, et par-dessus tout discret. « En dehors du vélo, les gens ne me connaissent pas. Il n'y a que Daniel Mangeas (le speaker du Tour) pour le rappeler aux gens et comme je suis assez timide, cela me met un peu mal à l'aise lorsqu'il me présente comme l'ancien Maillot Jaune. Mais comme je suis resté dans le milieu (il exerça jusqu'à sa mort comme assistant au sein de différentes équipes françaises), je vois quand même du respect dans le regard des jeunes coureurs lorsqu'on leur dit que je l'ai porté. Ils doivent se dire que pour avoir eu le Maillot Jaune, c'est que je devais quand même être un coureur… »

Émotionnellement, c'est la surprise qui avait prévalu à l'époque. « C'est impossible », avait-il lâché à l'arrivée lorsque les journalistes lui avaient annoncé la nouvelle ce 3 juillet 1983. J'ai vraiment couru ce contre-la-montre par équipes sans penser du tout que je pouvais prendre le maillot. » Le temps avait réussi fait son œuvre. « Sur le coup, je ne me rendais pas compte, mais c'est quelque chose qui est gravé, et on ne pourra plus jamais me l'enlever. Je suis content de me voir en photo sur les bouquins de L'Équipe [*] avouait-il peu avant son décès. Intérieurement, je peux vous dire que j'en suis fier… » ∎

(*) La Grande Histoire du Tour de France, aux éditions *L'Équipe.*

■ ■ ■

De toute façon, mon maillot était perdu. Alors je me suis dit : "Tant pis, je lui donne quand même ma roue…" » Et il se souvenait de son état d'esprit lorsque, attardé, il rejoignit le vélodrome de Roubaix : « Ça n'aura duré qu'un jour. » Un bonheur furtif. À peine l'avait-il touché qu'il lui filait déjà entre les doigts. « Je suis sûr que si je l'avais gardé deux ou trois jours, je me serais déjà mieux rendu compte, mais enfin… »

« C'est quelque chose qui est gravé, et on ne pourra plus jamais me l'enlever »

Ce Maillot Jaune unique sera encadré dans le salon familial. Il n'aura guère enrichi Jean-Louis Gauthier, car les retombées, pour lui qui incarnait l'équipier modèle (un bon coureur cependant, rapide au sprint, déjà

" C'est quelque chose qui est gravé, et on ne pourra plus jamais me l'enlever "

Jean-Louis Gauthier

-2014-
TONY GALLOPIN, FILS DE FAMILLE

TONY GALLOPIN
2014

Au seuil du Tour de France 2019 marqué par le centenaire du Maillot Jaune et... Julian Alaphilippe, il était le dernier porteur français. Le quatre-vingt-quatrième sur une liste inaugurée un siècle plus tôt par Eugène Christophe. Mais Tony Gallopin, robuste coureur beauceron, bon puncheur, bon rouleur, assez bon grimpeur, bref bon partout, est aussi un fils de bonne famille cycliste. Chez les Gallopin, on est coureurs de frères en... fils. Joël, son père, a disputé quatre Tours de France à la charnière des années 70 et 80. Ses oncles, Guy et Alain, ont fait aussi un bref passage chez les professionnels et le second fut directeur sportif au sein de quelques-unes des plus grandes équipes mondiales. Un autre Gallopin, André, avait ouvert la voie dans une solide carrière amateur. Mais ce 13 juillet 2014, au terme de la neuvième étape Gérardmer-Mulhouse, « c'est le plus grand jour de la famille Gallopin », comme le dira l'oncle Alain. Il a suivi, au volant de la voiture d'une équipe concurrente (la Trek de Cancellara), le groupe de 28 coureurs qui n'a jamais pu revoir Tony Martin (vainqueur du jour) mais a conduit confortablement le dernier des Gallopin au Maillot Jaune. D'ailleurs, l'avisé directeur sportif n'y est pas pour rien. Il a soufflé le bon coup à jouer, la veille au soir, en analysant la situation éminemment favorable. Après toute une série de bonnes places en début de Tour, son neveu est idéalement positionné au général (11e) et la perspective de la grande étape des Vosges du lendemain ne va pas inciter les équipes des grands leaders à courir après tout le monde. Bien joué...

Le coup était prémédité. Mais l'émotion submergera néanmoins Tony et sa famille. « Ces choses n'arrivent pas souvent dans la vie, seulement aux champions. Il faut savourer ces instants-là. C'est incroyable, je vais porter le Maillot le 14 juillet, même si j'aurais pu rêver d'une étape plus facile... » Sa faible marge sur Vincenzo Nibali, un peu de fatigue aussi, ajoutées à la pente de La Planche des Belles Filles ne lui permettront pas de faire durer le plaisir au-delà de vingt-quatre heures, même s'il gagnera une étape (à Oyonnax) quelques jours plus tard. Bien sûr, l'épisode n'aura pas non plus changé la face de ce Tour gagné par Vincenzo Nibali, ni même peut-être la vie tranquille de Tony Gallopin, les pieds sur terre. Tout de même, dans sa vie, cela restera un très beau jour. ∎

Tony Gallopin à la lutte entre Mulhouse et La Planche des Belles Filles pour garder son Maillot Jaune. En vain...

12

LES SURPRISES

Souvent, au départ du Tour, un ou plusieurs favoris se dégagent. Mais parfois, à l'arrivée, un autre est au rendez-vous

Dans ce chrono individuel entre Saint-Étienne et Lyon en 1956, Walko a le Maillot, conquis avec panache deux jours plus tôt. Il ne le lâchera plus.

-1956-

ROGER WALKOWIAK

LE TOUR « À LA WALKO »

Vainqueur du Tour en 1956, Roger Walkowiak a souffert d'incarner à jamais le Maillot Jaune inattendu.

Sur le palmarès, il est bien entouré, entre Louison Bobet dont le règne s'achevait et Jacques Anquetil qui arrivait. « Je sentais que dans l'opinion, le Tour, c'était trop important pour un coureur comme moi », assure pourtant Roger Walkowiak qui, jusqu'à son décès le 6 février 2017, cultivait surtout la modestie, mais gardera néanmoins une certaine amertume. Sa victoire dans le Tour de France 1956 laissera dans le vocabulaire cycliste une expression. On évoquera désormais « un Tour à la Walko » pour qualifier une course qui échappe aux favoris.

Roger Walkowiak incarne pour toujours le vainqueur surprise, car voir ce Montluçonnais, aux cheveux légèrement frisés, ramener le Maillot Jaune à Paris en

fut une en effet. Une surprise, oui, sauf pour lui. Bon grimpeur, il avait petit à petit acquis une conviction personnelle, au fil de performances répétées, notamment dans les montagnes du Dauphiné. « Je me disais toujours que si je ne perdais pas trop de temps dans les premières étapes plates, je pouvais peut-être gagner le Tour. »

> **On ne parlait pas trop de moi, mais personne ne m'impressionnait**
>
> Roger Walkowiak

Lorsqu'il se rend à Reims au départ de l'épreuve, Roger Walkowiak a donc sa petite idée derrière la tête. Louison Bobet est forfait. Jacques Anquetil n'est pas encore du voyage. Ce n'est pas une échappée mais… quatre que « Walko » attrape dans la première semaine de course. Mais c'est l'échappée fleuve qui se développe sur la route d'Angers (7e étape, Lorient-Angers), le 11 juillet, qui lui vaut le Maillot Jaune, avec dix-huit minutes d'avance sur la plupart des grimpeurs ! « On était trente et un devant, mais c'est sûrement moi qui en faisais le plus, raconte-t-il.

Je pensais au Maillot Jaune, je me disais que ce serait toujours ça de pris, que si je le portais au moins un jour, ça changeait déjà ma carrière. Et j'aime mieux vous dire que je prenais mes relais assez appuyés. »

Pourtant, il en faut davantage pour que Walkowiak retienne vraiment l'attention. Même Sauveur Ducazeaux, son directeur sportif de l'équipe Nord-Est-Centre, lui conseille de perdre le maillot dès le lendemain, de peur que la petite équipe régionale ne s'essouffle prématurément. « J'étais un coureur d'une équipe régionale, on ne parlait pas trop de moi. Les journalistes ne me voyaient pas comme quelqu'un qui pouvait gagner le Tour. Ça m'a un peu piqué au vif. »

Le Maillot Jaune, il le rendra en effet avant les Pyrénées, trois jours plus tard. Mais les grands cols le ramènent à ses observations. Dans le Soulor, Charly Gaul attaque et il se dit : « Tiens, je vais me tester, voir si je peux aller le chercher et rester avec lui. » Il revient en effet sur le Luxembourgeois, qui se relève. Et dans les Alpes, Roger Walkowiak est toujours là, en embuscade. « Personne ne m'impressionnait, je suivais sans avoir besoin de m'employer à fond. Ça allait, quoi… » À Grenoble (18e étape), il est encore avec Gaul et Federico Bahamontès, et retrouve même le Maillot Jaune. Pour de bon.

Pourtant, Roger Walkowiak n'en retirera que de maigres bénéfices et pas mal d'amertume. « Je n'ai pas vraiment été critiqué, mais plutôt mal compris », racontera-t-il en vieillissant. En dépit de ses qualités, il incarne un peu l'intrus au palmarès, ce qui est assez injuste au regard de ses mérites. Le Montluçonnais timide avait gagné un beau Tour. C'est en tout cas ce que suggère cet hommage de Jacques Goddet, le directeur du Tour, au vainqueur de l'édition 1956, dans la dédicace de son ouvrage L'Équipée belle. « À Roger Walkowiak, au cher Roger, coureur exemplaire, champion de cœur (et de tête), celui qui a remporté le Tour que j'ai le plus aimé. » Ces trois lignes eurent le don de mettre du baume au cœur du si sensible « Walko ». « J'ai compris qu'il avait aimé ce Tour parce qu'il y avait des échappées tous les jours et que ça se bagarrait tout le temps. Dans sa dédicace, Jacques Goddet a rétabli une vérité. » ∎

Roger Walkowiak, dans le Tour 1931, étrenne son Maillot Jaune entre Grenoble et Saint-Étienne sous la protection de Jean Forestier (en arrière-plan).

ET SOUDAIN, LA CONSÉCRATION !

Le Maillot Jaune n'est pas seulement l'apanage des grands coureurs. Il a parfois consacré d'illustres inconnus. Par sa grâce, d'obscures carrières se sont ainsi éclairées. Impossible de citer toutes les surprises qui ont émaillé son histoire. Néanmoins, **la victoire de Max Bulla** dans la deuxième étape du Tour 1931, Caen-Dinan, est remarquable, pas seulement parce qu'elle a valu à l'Autriche son seul Maillot Jaune à ce jour. Ce bon coureur émargeait alors à la catégorie des « touristes-routiers », concurrents isolés qui ne bénéficiaient d'aucune assistance.

Plus modeste encore, **l'Allemand Willi Oberbeck** devint le premier leader du Tour 1938 à l'issue de son succès dans Paris-Caen, alors que son palmarès comprenait seulement une étape du Tour d'Allemagne et un Grand Prix de Bavière.

Et que dire du **Nazairien Roger Levêque** qui ne compte qu'une seule victoire en huit ans de carrière, de 1946 à 1953 ? Il obtint son seul succès dans la quatrième étape du Tour 1951, Le Tréport-Paris. Conjugué à une nouvelle échappée dans la sixième étape entre Caen et Rennes, cela suffit à le positionner assez favorablement pour qu'il endosse le Maillot Jaune quarante-huit heures plus tard. Et pour le tenir jusqu'à Agen, les cinq jours suivants. Cette victoire unique en valait donc bien d'autres… ∎

L'Autrichien Max Bulla peut avoir le sourire. Lui, le touriste-routier vient de prendre le Maillot Jaune au nez et à la barbe des As dans le Tour 1931.

13

LES MAUDITS

**Ils ont rêvé du Maillot, ils l'ont porté mais jamais jusqu'au bout...
Cela les a marqués à vie.**

En 1934, à 20 ans, René Vietto
fait vibrer la France par son sens du sacrifice...

– 1934 • 1939 • 1947 –

RENÉ VIETTO

VIETTO, QUAND LE TOUR SE REFUSE...

ON A LONGTEMPS CRU QUE LE CANNOIS INSCRIRAIT SON NOM AU PALMARÈS DU TOUR. CE DERNIER S'EST TOUJOURS DÉROBÉ ET VIETTO A PLEURÉ.

1934, LE SENS DU SACRIFICE

L'image a traversé les âges… René Vietto, assis sur un muret de pierres disjointes, le visage ravagé par la tristesse, son vélo privé de roue avant posé à côté de lui… Le 20 juillet 1934, dans la quinzième étape Perpignan - Ax-les-Thermes, le Cannois, ex-groom dans un casino, devient une des stars du Tour. Alors qu'on s'interrogeait sur la justesse de sa sélection en équipe de France, le petit grimpeur au teint bistre et au regard noir, déjà vainqueur de trois étapes (la 7e, Aix-les-Bains - Grenoble ; la 9e, Gap-Digne ; la 11e, Nice-Cannes), est passé en tête au col de Puymorens. Dans la descente, le Maillot Jaune, Antonin Magne, son leader en équipe de France, casse sa roue. Sans hésiter, le jeune homme lui donne la sienne. Et attend de longues minutes que la camionnette d'assistance vienne le dépanner. Il trépigne, il pleure devant le temps qui s'écoule… « Imaginez un gosse qui a perdu ses parents dans un grand magasin », écrira l'un

des suiveurs… Le lendemain, sur la route de Luchon, rebelote. Dans la descente du Portet d'Aspet, Magne voit sa roue arrière se bloquer sur un démarrage et sa chaîne s'emmêler dans le pédalier. Il ne peut pas réparer. « J'ai cru que tout était fini, mais dans un virage plus bas, soudain, j'ai vu Vietto remonter à toute allure pour m'apporter sa bicyclette », racontera à l'arrivée le futur vainqueur du Tour. Vietto, en effet, a fait demi-tour pour secourir de nouveau son leader. Et perdra de nouveau du temps avant de repartir. Alors il grogne un peu : « Je ne vais pas faire l'esclave tous les jours… » Une nouvelle victoire d'étape (la 18e, Tarbes-Pau) ne le consolera pas vraiment. Pourtant, il a conquis le cœur des Français. Cinquième à Paris, à 59 minutes de Magne, et sacré roi des grimpeurs, il pleure devant l'ovation du public au Parc des Princes. « Il a été le héros du Tour, et il en a été aussi sa petite fleur bleue… », écrira Jacques Goddet ce jour-là dans son éditorial. Tout le monde assure qu'il sera vainqueur un jour… À vingt ans, il a le temps, paraît-il…

1939, LE PREMIER MAILLOT

Le 13 juillet 1939, sur la route en direction de Lorient, Henri Desgrange a une bonne nouvelle pour René Vietto : il vient de prendre le Maillot Jaune, le premier de sa carrière. « Il a cligné de l'œil gauche et souri comme vous sourirez le jour où vous gagnerez le gros lot à la Loterie nationale », rapporte le patron du Tour dans sa chronique quotidienne. La belle aventure durera onze jours. Pourtant tout n'est pas simple. Vietto, qui court pour l'équipe du Sud-Est, n'a pas son rendement habituel en montagne. Il a pris froid dans la sixième étape (La Rochelle-Royan), ses bronches sont encombrées et on lui a même posé cinquante ventouses pour tenter de le soulager. Dans les Pyrénées, il réussit à limiter les dégâts. Dans les Alpes, il craque. Le 26 juillet (15e étape, Digne-Briançon), il ne peut rien contre une attaque de Sylvère Maes dans l'Izoard et lâche dix-sept minutes. Le Maillot Jaune le quitte. Le lendemain après-midi, dans le tiers d'étape contre la montre Bonneval-sur-Arc - Bourg-Saint-Maurice, le Belge récidive et enfonce le clou sur les flancs de l'Iseran. Vietto lâche dix minutes de plus. On lui re-

En 1939, Vietto goûte à la joie de traverser la France en jaune (ici Narbonne-Béziers, 10e étape contre-la-montre).

prochera d'avoir utilisé de trop gros braquets. Il le concède. « On apprend à tout âge. Mais je n'ai que vingt-cinq ans, je ne dis pas adieu au Tour, je songe déjà au Tour 1940. J'ai réalisé que je peux le gagner… » Vietto regagne Paris, comme tout le peloton. Un mois plus tard, la France est en guerre. Il n'y aura pas de Tour 1940…

1947, LES JAMBES SONT VIEILLES

« Mon vieux René, nous pensons que vous venez d'accomplir le plus bel exploit de votre carrière, et selon les règles établies, l'erreur la plus monumentale. On craint que ce soit en le conquérant aujourd'hui que vous pouvez perdre le Tour. » Une prémonition de Jacques Goddet. C'est vrai qu'entre Lille et Bruxelles, deuxième étape du Tour 1947, le premier de l'après-guerre, Vietto s'est offert cent quatre-vingt kilomètres d'échappée, dont cent trente en solitaire, sous un soleil de plomb. Et un nouveau Maillot Jaune à l'arrivée. Il le défend cinq jours avec toute l'équipe de France, avant de le lâcher pour deux jours dans les Alpes, là où Jean Robic marque une première fois

les esprits en gagnant à Grenoble. Ce soir-là, le Cannois avoue d'ailleurs que ses « jambes sont vieilles ». À Digne, pourtant, il récupère son bien. Et court au millimètre jusque dans les Pyrénées, qu'il passe au métier et à l'énergie, « à la connaissance parfaite qu'il a de la course, de son parcours et aussi de lui-même », relate encore Goddet. Même si sur les pentes du Tourmalet il craque et demande à Léo Veron, son directeur sportif, de lancer Édouard Fachleitner à l'attaque. Avant de se reprendre dans l'Aubisque… Et de sauver son maillot. Tout le monde croit alors à sa victoire finale. L'arrivée au Parc des Princes est prévue deux jours après un dernier chrono, entre Vannes et Saint-Brieuc. Un chrono de trop ! Plus de cinq minutes de retard sur Pierre Brambilla, la défaite est absolue et pour l'éternité. Ce soir-là, Vietto entre dans une colère noire, évoque l'abandon, se renseigne sur les horaires de train, en veut à la terre entière. Il sera pourtant bien là à Paris pour saluer la victoire surprise de Robic. « Vous avez cette épreuve dans la peau, et cette fois encore la garce se refuse ! », ne pourra que constater le directeur du Tour. ∎

En 1947, le Maillot Jaune est au bout de la route pour René Vietto. Il le conquiert, certes en passant le poste-frontière belge. Mais il ne l'aura pas à Paris.

LES PLEURS DE GÉMINIANI

L'histoire de Raphaël Géminiani avec le Tour de France n'a jamais été des plus simples. Et le Maillot Jaune qu'il convoitait tant ne fut qu'une comète finalement dans sa carrière. En onze participations (de 1947 à 1959, sauf en 1954 et 1957), l'Auvergnat ne l'aura porté que quatre jours seulement, en 1958. En 1951, il monte une première fois sur le podium, deuxième à 22 minutes d'Hugo Koblet insaisissable. En 1953, il a des prétentions, mais doit finalement se mettre au service de Louison Bobet en quête de sa première victoire sur la Grande Boucle. Puis vint le Tour 1958, qui restera à jamais une blessure…

Avant même le début de l'épreuve, il est « victime » de Jacques Anquetil, vainqueur l'année précédente et nouvelle star du cyclisme.

Le Normand ne veut pas de Bobet et Géminiani à ses côtés, il demande à Marcel Bidot son directeur sportif de n'en retenir qu'un. Ce sera Bobet. Récupéré par l'équipe du Centre-Midi, Géminiani a la rage et réussit à s'emparer du Maillot Jaune au terme de la treizième étape, Dax-Pau. À 33 ans, il goûte à cette joie pour la première fois de sa carrière. « Loin de m'inquiéter, de m'alourdir de soucis, ma situation va me galvaniser, déclare-t-il. Je ne chante pas victoire. Je reste décontracté. Et les Alpes me réussissent généralement pas plus mal que les Pyrénées. Mais j'attends aussi le Ventoux pour être fixé sur Gaul. »

Il a raison. Le Luxembourgeois sera bel et bien son seul problème dans ce Tour. Si Géminiani est de nouveau en jaune au terme du chrono du Ventoux (18e étape) remporté par Charly Gaul, si ce dernier cède même quinze minutes le lendemain sur la route de Gap, l'affaire n'est pas dans le sac. Entre Briançon et Aix-les-Bains (21e étape), viendra la géniale attaque de Gaul, l'épopée sous le déluge dans la Chartreuse qui marquera à jamais la carrière du Luxembourgeois. Géminiani, en poursuite, ne recevra l'aide de personne sur la route, aucun membre de l'équipe de France ne lui accordera un relais. À l'arrivée, le visage déformé par la douleur, il s'effondre en larmes et s'exclame : « Des Judas, tous des Judas ! » Il terminera troisième à Paris, à 3'41" de Gaul.

« Il ne tient qu'à un fil, mais il faudra me l'arracher. » Le 16 juillet 1958, le Maillot est arraché à Géminiani. Il ne le pardonnera pas.

Henri Pélissier. Il ne le sait pas encore sur la route de cette 6ᵉ étape, Bayonne-Luchon, le 14 juillet 1923, mais Henri Pélissier (ici au côté de Robert Jacquinot) va bel et bien enfin connaître la gloire dans le Tour, deux semaines plus tard.

14 L'ENCYCLOPÉDIE DU MAILLOT JAUNE

HISTOIRES DE FAMILLES

Bon sang ne saurait mentir, dit-on. En effet, des Pélissier aux Schleck, en passant par les Simon, pas moins de cinq fratries ont partagé un rare privilège. Mais le plus fort reste le cadeau en or de Mathieu Van der Poel à « Poupou », son grand-père qui avait connu la gloire sans Maillot Jaune.

HENRI, FRANCIS ET CHARLES PÉLISSIER

LA SAGA PÉLISSIER

LIENS DE PARENTÉ

LES FRÈRES PÉLISSIER.
Henri, l'aîné, vainqueur du Tour 1923 ;
Francis, 5 jours en jaune (1927) ;
Charles, 3 jours en jaune (1930, 1931).

LES FRÈRES BUYSSE.
Jules, le cadet, 2 jours en jaune (1926) ;
Lucien, vainqueur du Tour 1926.

LES FRÈRES GROUSSARD.
Joseph, l'aîné, 1 jour en jaune (1960) ;
Georges, 9 jours en jaune (1964).

LES FRÈRES SIMON.
Pascal, l'aîné, 7 jours en jaune (1983) ;
François, 3 jours en jaune (2001).

LES FRÈRES SCHLECK.
Fränk, l'aîné, 2 jours en jaune (2008) ;
Andy, vainqueur du Tour 2010,
1 jour en jaune (2011).

LÉON LE CALVEZ ET FRANÇOIS MAHÉ.
Léon, beau-père de François, 1 jour en jaune
(1931) ; François, 1 jour en jaune (1953).

WOUT ET MARINUS WAGTMANS.
Wout, cousin de Marinus, 12 jours
en jaune (1954, 1956) ;
Marinus, un tiers de jour (1971).

Jamais il n'y eut plus grande famille cycliste que celle-là. Le père Pélissier était monté d'Auvergne pour s'établir dans la laiterie où il installa femme et enfants près de la place Victor-Hugo, dans le XVIᵉ arrondissement de Paris. Il eut quatre garçons et une fille. Jean, le cadet, fut fauché par la Grande Guerre. Ses trois frères devinrent coureurs cyclistes. Et champions.

Henri, l'aîné, fut celui qui construisit le palmarès le plus riche. Mais Henri Desgrange lui trouvait « la nervosité d'une jolie femme » et le pensait trop fragile pour gagner un jour « son » Tour de France, jusque-là dévolu aux « chevaux de labour » plutôt qu'aux pur-sang de son espèce. Henri Pélissier fit mentir cet adage et finit par gagner le Tour en 1923, dix ans après ses débuts dans l'épreuve, douze ans après la dernière victoire française signée Gustave Garrigou.

Quant à Francis, dit « le grand » au regard de sa morphologie et de son allure dégingandée, il apparut en 1919. Et attendit 1927 pour endosser à son tour le Maillot Jaune, qu'il garda cinq jours à la suite de son succès dans la première étape, Paris-Dieppe.

Vint enfin Charles Pélissier, quatorze années d'écart avec Henri. Il était le chouchou de ces dames. Elles lui jetaient des fleurs pendant ses tours d'honneur. Charles, dit « Valentino », lança la mode des gants blancs et des socquettes assorties. Il fut aussi l'un des premiers coureurs catalogué « routier-sprinteur », remportant seize étapes dans le Tour, huit rien qu'en 1930 parmi lesquelles les quatre dernières d'affilée, mais aussi la première, synonyme de Maillot Jaune, qu'il porta de nouveau l'année suivante. Les Pélissier avaient ainsi fini d'écrire la plus vaste saga familiale du Tour. ■

Charles Pélissier (à dr., ici avec Learco Guerra) était le chouchou des dames, en jaune... ou pas.

Francis Pélissier courait le Tour depuis huit ans quand il décrocha enfin un Maillot Jaune, au soir de Paris-Dieppe, première étape du Tour 1927.

– 1926 –

JULES ET LUCIEN BUYSSE

L'ANNÉE DES BUYSSE

Les Belges Jules et Lucien Buysse appartenaient tous deux à l'équipe Automoto. À ce jour, ils sont aussi les seuls frères à avoir porté le maillot au cours de la même édition. Jules, 24 ans, fut le premier leader du Tour 1926 qu'il acheva à la neuvième place. Et Lucien, 33 ans, en fut le vainqueur…

Jules Buysse n'en revient pas, il a le Maillot. Son frère Lucien (à droite), futur vainqueur, ne peut lui non plus cacher son émotion.

Joseph (ci-contre) et Georges Groussard n'avaient pas les mêmes aptitudes sur la route, mais leur amour du Maillot Jaune était identique.

– 1960 • 1964 –

JOSEPH ET GEORGES GROUSSARD

GROUSSARD, LE SPRINTEUR ET LE GRIMPEUR

Sans doute Joseph, l'aîné (né en 1934), était-il le meilleur des frères Groussard. À son palmarès, figurent d'ailleurs un Milan-San Remo (1963) et plusieurs belles classiques nationales. Il remporta aussi la dernière étape du Tour, en 1959, au Parc des Princes, un succès de prestige. Mais c'est l'année suivante, en 1960, que le Breton réputé pour sa belle pointe de vitesse assure un intermède de vingt-quatre heures avec le maillot pris à Dieppe (3e étape).

Son frère, Georges, est de trois ans son cadet. Petit gabarit, il ne grimpe pas mal du tout et prend d'ailleurs le Maillot Jaune du Tour 1964 à Briançon (8e étape). Le « petit Georges » ne le rendra à Jacques Anquetil que neuf étapes plus loin, contre la montre, entre Peyrehorade et Bayonne, où la malchance rattrape une nouvelle fois Raymond Poulidor. Georges Groussard terminera le Tour à la cinquième place. La maison de la presse qu'il tiendra des années durant dans sa ville de Fougères, en Ille-et-Vilaine, sera bien sûr à l'enseigne du « Maillot Jaune ».

La journée avait bien commencé pour Pascal Simon, en jaune depuis la veille à Luchon.
Mais sur la route de Fleurance, une chute va mettre à bas tous les espoirs du Français en 1983.

La journée avait bien commencé pour Pascal Simon, en jaune depuis la veille à Luchon.
Mais sur la route de Fleurance, une chute va mettre à bas tous les espoirs du Français en 1983.

– 1983 · 2001 –

PASCAL ET FRANÇOIS SIMON

LES SIMON, DEUX SUR QUATRE

Les Pélissier étaient trois. Eux, quatre. Pascal Simon semblait bien parti pour gagner le Tour en 1983 lorsqu'une chute et une fracture de la clavicule mirent fin à ses espoirs (abandon dans la 17e étape, La Tour-du-Pin – l'Alpe-d'Huez). Mais son plus jeune frère, François, de douze ans son benjamin, bénéficia dix-huit ans plus tard (2001) d'une échappée fleuve entre Colmar et Pontarlier (8e étape) et d'une avance record de trente-six minutes sur le peloton ! Pour l'heure, le Maillot est encore sur les épaules de l'Australien Stuart O'Grady, l'un des plus huppés parmi les treize membres de cette échappée insolite, mais c'est à l'Alpe-d'Huez, le lendemain, que François en récolte les fruits. Il concède certes une dizaine de minutes à Lance Armstrong, mais O'Grady coince logiquement, et le petit Champenois, champion de France en 1999, mène alors la danse. Il compte encore une si belle avance (vingt minutes sur Armstrong que l'on commence à se demander jusqu'où cela pourrait le mener. La réponse tombe relativement vite. Il n'ira pas au-delà des Pyrénées. Il a trois jours de sursis, mais au Pla d'Adet (13e étape), il faut bien se rendre à l'évidence et rétablir Armstrong dans ses prérogatives. Pourtant, le plus dur est fait et François Simon préservera une belle sixième place à Paris.

Deux autres frères Simon ont marqué le Tour de leur empreinte. Régis remporta une demi-étape pyrénéenne (Laruns-Pau) en 1985 et Jérôme triompha en 1988 (9e étape, Nancy-Strasbourg). Deux Maillots Jaunes et deux vainqueurs d'étapes, la fratrie de Mesnil-Saint-Loup, près de Troyes, reste à ce jour la seule famille à avoir inscrit quatre prénoms au frontispice du Tour. ■

Tour de France 2001. **François Simon,** ici emmené par son coéquipier Jean-Cyril Robin et flanqué de l'Espagnol Javier-Pascual Rodriguez, vit son troisième et dernier jour en jaune entre Foix et Saint-Lary-Soulan.

– 1931 –

LÉON LE CALVEZ

Entouré de Charles Pélissier et Antonin Magne (à droite) Léon Le Calvez peut poser devant les photographes. Ce jour-là, à Brest, c'est lui le Maillot Jaune.

– 1953 –

FRANÇOIS MAHÉ

François Mahé (à gauche) sait ce que Raphaël Géminiani ressent à Dax, en 1958, le Maillot sur le dos. Lui l'a porté cinq ans plus tôt.

TEL BEAU-PÈRE, TEL GENDRE

Encore un cas unique. François Mahé, membre de l'équipe de l'Ouest, Maillot Jaune dans le Tour 1953 (12e étape, Luchon-Albi), est marié à Yolande. Elle est la fille de Léon Le Calvez, coureur breton de l'équipe de France, leader du Tour 1931 entre Dinan et Brest (3e étape). À vingt-deux ans d'intervalle, le gendre imite donc son beau-père.

– 2008 · 2010 · 2011 –
FRÄNK ET ANDY SCHLECK

DANS LA FAMILLE SCHLECK, LES FRÈRES...

Il y avait le père, Johny, qui fit rapidement le sacrifice de ses ambitions personnelles dans les années soixante-dix pour se mettre au service de la grande équipe Bic et de Luis Ocaña en particulier. Johny a deux fils. Fränk et Andy, les seuls frères à être montés ensemble sur le podium final aux Champs-Élysées, même si, cette fois, aucun des deux n'était sur la plus haute marche, quand Andy termina deuxième et Fränk troisième du Tour 2011 avec Cadel Evans au milieu. Il n'empêche qu'ils ont tous deux porté le Maillot Jaune. Andy l'a même définitivement conquis en 2010 après le déclassement d'Alberto Contador pour dopage. Il l'avait porté des Alpes aux Pyrénées. L'année suivante, il le prit à l'Alpe-d'Huez (19ᵉ étape), là même où Fränk l'avait perdu en 2008... ∎

En 2009, au Grand-Bornand, Andy (à gauche) salue son frère Fränk, vainqueur de l'étape. Cette année-là, aucun d'entre eux ne portera le Maillot Jaune. L'année suivante, Andy s'en parera et gagnera même finalement le Tour après le déclassement d'Alberto Contador.

– 1954 · 1956 –
WOUT WAGTMANS
– 1971 –
MARINUS «RINI» WAGTMANS

WAGTMANS, LES COUSINS

Le Néerlandais Wout Wagtmans fut l'un des plus coriaces adversaires de Louison Bobet dans les Tours du milieu des années cinquante. Il porta le Maillot Jaune trois ans de suite, de 1954 à 1956. Son cousin, Marinus Wagtmans, dit « Rini », équipier de Merckx chez Molteni, sera lui aussi leader du Tour, de manière tout à fait éphémère, le temps d'un tiers d'étape au début de l'édition 1971.

Rini Wagtmans (ci-contre) restera pour l'histoire celui qui a porté le Maillot Jaune le moins longtemps.

Wout Wagtmans, son cousin (en bas), a régulièrement croisé Yvette Horner venue saluer le leader du Tour.

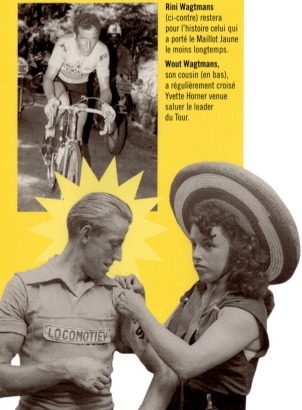

En 2021, à Mûr de Bretagne, lors de la deuxième étape, Mathieu Van der Poel s'impose et prend le Maillot Jaune. Il rend ainsi hommage à son grand-père, Raymond Poulidor, décédé deux ans plus tôt, qui n'avait jamais porté ce maillot. Et trente-sept ans auparavant, son père Adrie avait couru en jaune pendant une journée sur le Tour 1984.

1984 · 2021

ADRIE ET MATHIEU VAN DER POEL

LE CADEAU EN OR À POULIDOR

Un père et son fils dans le Maillot jaune, cela n'était jamais arrivé. Mais ce n'est pas tant cela que retiendra la légende…

Si Mathieu Van der Poel voulait le Maillot Jaune à tout prix, vingt-sept ans après son père Adrie, l'un des meilleurs coureurs des années 1980-90, c'est d'abord pour son… grand-père maternel, un certain Raymond Poulidor, qui était souvent passé tout près mais ne l'avait jamais porté, pas même un seul jour de sa longue et légendaire carrière !

Dès le deuxième jour de son premier Tour, Mathieu l'a fait, avec une volonté farouche. Pour cela, il lui fallait à la fois aller chercher la bonification au premier passage dans la rampe de Mûr-de-Bretagne et gagner l'étape. Il a donc mis les bouchées doubles.

Le doigt pointé vers le ciel quand il franchit la ligne, l'émotion est à son comble. En même temps que Mathieu qui fond en larmes, chacun comprend instantanément la symbolique de son exploit vis-à-vis de son cher « papy », décédé en novembre 2019. De son vivant, « l'éternel second » s'était fort bien accommodé de sa gloire sans Maillot Jaune, mais il savait au fond de lui que la saga était bien loin d'être finie avec ce petit-fils dont il affirmait qu'il était meilleur que lui, ce qui peut s'entendre à quelques nuances près.

Adrie, le père de Mathieu, n'avait porté le Maillot qu'un seul jour en 1984. Son fils aura mis le feu au Tour 2021 près d'une semaine. Et avec ce cadeau en or, « Poupou » porte désormais le Maillot Jaune pour l'éternité. ∎

À l'arrivée à Rennes en 1951, Serafino Biagioni (à dr.)
est contraint de laisser son Maillot Jaune à Roger Levêque.
Sans faire la grimace...

15 L'ENCYCLOPÉDIE DU MAILLOT JAUNE

VOUS AVEZ DIT BIZARRE ?

Il y a eu quelques Maillots Jaunes originaux dans l'histoire...

LE COMPLET-VESTON DE BOTTECCHIA

Lorsqu'il rentre au pays par le train à l'issue de son premier succès dans le Tour en 1924, Ottavio Bottecchia ne ramène pas son Maillot Jaune dans la valise. Il préfère le porter sur lui pendant le voyage retour, sous son veston !

LEVÊQUE, UNE SEULE MAIS LA BONNE

En 1951, Roger Levêque gagne la quatrième étape, Le Tréport - Paris, la seule victoire de sa carrière professionnelle. Elle lui vaut de se positionner pour le Maillot Jaune qu'il endossera deux jours plus tard à Rennes.

EN 1954, BOBET PORTE UN MAILLOT DE 1953 !

Louison Bobet est sans Maillot Jaune au départ de la sixième étape du Tour 1954, Saint-Brieuc – Brest. Il a offert l'original à sa sœur venue lui rendre visite. Son soigneur, Raymond Le Bert, qui habite justement à Saint-Brieuc, court chez lui en chercher un autre que le champion lui avait offert l'année précédente.

RAAS SE FAIT JUSTICE

En 1978, Jan Raas remporte le prologue de Leiden, aux Pays-Bas. Mais la pluie décide les organisateurs à ne pas retenir l'épreuve pour le classement général. Le Néerlandais est frustré du Maillot Jaune mais il se fera justice dès le lendemain midi, à Sint Willebrord, où il l'emporte de nouveau.

Marc Wauters en jaune dans son village ! Une belle aventure.

LA FAUSSE JOIE DE VAN DEN HAUTE

Ferdi Van den Haute aurait pu vivre le plus beau jour de sa carrière, en 1984. Mais il n'en sera finalement rien. On lui remet pourtant en bonne et due forme le Maillot jaune sur le podium, à Béthune, où le Belge vient de remporter la quatrième étape. La bise, le protocole, le maillot ajusté, tout y est… Sauf qu'au bout de quelques minutes, les commissaires s'aperçoivent de leur erreur. À la faveur d'une bonification intermédiaire, c'est le Néerlandais Adri Van der Poel qui est en fait le bon leader. Le brave Van den Haute n'en fera pas toute une histoire mais rira tout de même un peu jaune.

BONTEMPI POUR DU BEURRE

Le traditionnel prologue est remplacé par une préface à la formule alambiquée au départ du Tour 1988. Il s'agit d'un contre-la-montre par équipes entre Pornichet et La Baule et chaque formation désigne un « finisseur » pour le dernier kilomètre. À ce jeu, c'est Guido Bontempi, de l'équipe Carrera, qui l'emporte, mais l'épreuve n'a aucune incidence sur le classement général.

WAUTERS, CHAMPION DU VILLAGE

Il fallait le faire ! Pour une fois que le Tour traversait Lummen, village du Limbourg, dans le nord de la Belgique, c'est l'enfant du pays, Marc Wauters, leader éphémère du Tour 2001, qui porte le Maillot Jaune ! Jolie coïncidence.

PEREIRO À DOUBLE TITRE

Vainqueur du Tour 2006, l'Espagnol Oscar Pereiro est un Maillot Jaune doublement original. D'abord, il bénéficie d'une échappée qui lui rapporte… une demi-heure dans la treizième étape, Béziers-Montélimar. Mais surtout, il est l'un des deux seuls vainqueurs à ne pas avoir ramené le Maillot Jaune à Paris. Après le déclassement pour dopage de Floyd Landis, il recevra son dû le 15 octobre 2007 à Madrid, mais ne figurera jamais avec le Maillot Jaune sur la photo du podium des Champs-Élysées.

Ce Maillot Jaune ne comptera pas, mais Guido Bontempi savoure néanmoins l'instant.

QUAND LE MAILLOT JAUNE PERD LES PÉDALES...

Des coureurs qui marchent à côté de leur vélo, accidentés ou devant une pente trop raide, l'imagerie du Tour en regorge. Mais le Maillot Jaune dans la peau d'un coureur à pied, délesté de son vélo, c'est du jamais vu ! Ce 13 juillet 2016, en raison du vent qui souffle au sommet du Ventoux, l'arrivée a dû être déplacée six kilomètres plus bas, à peu près à hauteur du Chalet Reynard. Du coup, la foule s'est massée là, provoquant un goulot d'étranglement en vue de la flamme rouge. Une moto est bloquée, Richie Porte, qui emmène le groupe de tête, la heurte de plein fouet. Bauke Mollema et Christopher Froome, porteur du Maillot Jaune, ne peuvent éviter la chute, au milieu d'un chaos général. Mollema repart assez vite. Froome jette son vélo endommagé et, sous les yeux de spectateurs médusés, se met à courir sur trois ou quatre cents mètres car la voiture de son équipe est bloquée dans l'embouteillage monstre. Le Maillot Jaune est à pied. Il court, à la façon d'un marathonien, et d'ailleurs avec un certain style. Enfin, il récupère un vélo de rechange fourni par le véhicule de dépannage neutre.

Mais ses fixations ne sont pas compatibles avec les pédales, et l'on en vient à regretter les bons vieux cale-pieds ! Il pédale dans la semoule. Jusqu'à quelque quatre cents mètres de la ligne où il récupère enfin un vélo de son équipe.

À l'arrivée, franchie en vingt-cinquième position, à 1'40" de Bauke Mollema, il a théoriquement perdu le Maillot Jaune au profit de son compatriote Adam Yates, légèrement distancé au moment fatidique mais qui a pu franchir sans trop d'encombres la mêlée générale. Mais à situation exceptionnelle, décision exceptionnelle. Le jury désemparé reclasse Froome dans le même temps que Mollema. Il conserve le Maillot Jaune. C'est totalement en désaccord avec le règlement, mais c'était la moins mauvaise manière de rendre la justice, sur le fond. Adam Yates accepte le verdict de plus ou moins bonne grâce. On en vient à oublier une victime collatérale : le Belge Thomas De Gendt, rescapé d'une longue échappée, et bel et bien vainqueur de l'étape... Le Mont Ventoux, en tout cas, vient d'ajouter l'épisode le plus surréaliste à sa légende personnelle. ∎

Un motard a croisé sa route, dans cette 15e étape du Tour 1968, Font-Romeu - Albi. Une fois encore, le tour va échapper à Poulidor.

16

LA GLOIRE SANS MAILLOT JAUNE

Raymond Poulidor a couru quatorze fois le Tour. Il n'en a jamais été leader. Il était décidément à sa façon un champion... d'exception.

C'est presque inimaginable. Une sorte d'incongruité. Qu'il n'ait jamais gagné le Tour, passe encore... Mais en quatorze participations et malgré sa constance – huit podiums, trois fois deuxième, cinq fois troisième entre 1962 et 1976 –, Raymond Poulidor n'aura même jamais porté le Maillot Jaune. Pas un seul jour. Une anomalie de l'histoire que Jacques Goddet, le directeur du Tour de France, soulignera dans un de ses articles consacré à l'emblème du Tour, en s'adressant ainsi personnellement au Maillot Jaune : « Un reproche tout de même, un seul, mon vieux et cher maillot : pourquoi t'être si cruellement refusé à "Poupou" ? » Le 25 octobre 2018, lorsque le Tour 2019, tour qui célèbrera le centenaire du Maillot jaune, fut présenté, on le fit néanmoins monter sur la scène, aux côtés des trois quintuples vainqueurs encore de ce monde (Eddy Merckx, Bernard Hinault et Miguel Indurain). Il s'exclama, facétieux : « À nous quatre, on compte quinze victoires. » Et l'assistance lui fit un triomphe...

Car « Poupou » est passé près, parfois. Mais la malchance qui semblait lui coller à la peau a souvent fait le reste. Fallait-il y lire un mauvais présage ? Toujours est-il que c'est avec une main dans le plâtre qu'il découvrit le Tour de France, en 1962. Il s'était fracturé un doigt lors d'une chute à l'entraînement quelques jours avant le départ de l'épreuve. Il se révélera néanmoins dans la montagne en remportant l'étape de la Chartreuse (19e étape, Briançon – Aix-les-Bains). Et il est intéressant de comparer son retard (9'24") sur Jacques Anquetil vainqueur à Paris (lui est troisième du général) avec le temps concédé dès la première étape (8'11") sous le poids de son handicap initial.

Son directeur sportif Antonin Magne, qui n'engageait jamais un coureur sans l'ausculter à l'aide de son célèbre pendule, avait de toute façon eu un mauvais pressentiment à l'égard du Limousin. ■■■

Poupou crève au plus mauvais moment (ici en 1964) et le Tour s'envole !

■■■

« Le verdict du pendule m'a tout de suite inquiété. Il m'a révélé que Raymond traversait une période néfaste en juin-juillet… », confessa « Tonin » au soir de sa vie.

Le Tour des occasions perdues, c'est bien sûr, et par-dessus tout, celui de 1964. Poulidor rate le Maillot Jaune pour quatorze secondes qui lui manqueront éternellement, au sommet du puy de Dôme (20ᵉ étape) où Anquetil l'a bluffé. Mais plus encore que dans ce coude à coude mémorable, c'est dans l'étape contre-la-montre Peyrehorade-Bayonne, trois jours plus tôt, que la malchance s'en sera réellement mêlée. Poulidor est en tête aux pointages quand survient la crevaison. Le dépannage est catastrophique. Dans la précipitation, le mécanicien Louis Billard, surpris par l'arrêt trop brutal de la voiture d'Antonin Magne, tombe avec le vélo de rechange sur l'épaule. Le vélo est au fossé. « Je vais le chercher moi-même, raconte Poulidor. Mais mes cales sous les chaussures me gênent. Quand je reviens sur la route, je m'aperçois que le guidon est tordu, je le redresse, mais la chaîne a sauté. Je repars. Je veux attraper le cale-pied. Raté. La deuxième tentative aussi. Que de temps perdu ! »

DAUPHIN D'ANQUETIL ET… DE MERCKX

Dans son exceptionnelle longévité, Poulidor aura connu le privilège d'être le dauphin d'Anquetil (1964) et celui de Merckx (1974) ! Mais sa vraie malchance fut peut-être de connaître ses moins bonnes années dans la courte période où le pouvoir resta vacant, entre le crépuscule de l'un et l'avènement de l'autre. Surpris par Felice Gimondi en 1965, abusé par Anquetil au profit de Lucien Aimar en 1966, spontanément passé au service de Roger Pingeon en 1967 après sa trop longue attente d'un vélo de rechange au ballon d'Alsace (la voiture de l'équipe de France est tombée en panne) ! Le Tour 1968 lui semble aussi promis. Hélas, rattrapé par sa légende, Poupou est renversé par un motard sur la route d'Albi, le 14 juillet (15ᵉ étape), et devra abandonner. L'occasion est passée. Eddy Merckx va arriver. Et quand le Cannibale fait l'impasse en 1973, c'est Joop Zoetemelk, l'autre « éternel deuxième », qui le prive du Maillot Jaune pour moins d'une seconde dans le prologue de Scheveningen (Hollande) ! C'est le comble.

La gloire sans Maillot Jaune (1), Raymond Poulidor va finalement s'en accommoder assez facilement. Il n'était certes pas dévoré par l'ambition. « La popularité m'a rendu un mauvais service, admit-il. Je n'aurais pas gagné plus d'argent si j'avais gagné le Tour, alors… » Il fut d'ailleurs parfois sa propre caricature. À telle enseigne que, dans les années soixante-dix, un grand magasin parisien lança une campagne publicitaire absolument géniale : « On trouve tout à la Samaritaine », affirmait le slogan. Sur l'affiche, Poulidor souriait avec ce Maillot Jaune qu'il n'avait jamais porté de sa vie sur la route… ■

(1) Titre d'un ouvrage autobiographique, paru chez Calmann-Lévy.

À UN FIL…

À plusieurs reprises, Raymond Poulidor a raté le Maillot Jaune de très peu. Voici le palmarès de ces occasions manquées, indépendamment des épisodes dus à la malchance.

80 CENTIÈMES
C'est la marge ténue avec laquelle il s'incline face à Joop Zoetemelk dans le prologue du Tour 1973 à Scheveningen (HOL).

6 SECONDES
Il détient le meilleur temps du prologue d'Angers (5,8 km) en 1967 quand l'Espagnol José Maria Errandonea crée la surprise et le bat de six secondes.

14 SECONDES
L'écart qui le sépare encore de Jacques Anquetil en 1964 après l'étape du puy de Dôme où il a pourtant repris 42 secondes au Normand !

34 SECONDES
La différence la plus faible entre Felice Gimondi et lui dans le Tour 1965 après sa victoire au Ventoux (14ᵉ étape).

17

LES ÉQUIPIERS DEVENUS MAILLOT JAUNE

Un Maillot Jaune n'existe pas sans ses équipiers. Mais il arrive parfois que ceux-ci dépassent leur fonction, et goûtent aux ors du Tour de manière éphémère.

Sur les pentes du mont Ventoux, en 1955, Antonin Rolland
(ici au côté de Ferdi Kübler) n'a pas ménagé sa peine.
Comme depuis plusieurs jours déjà... Mais il savait bien
qu'à terme le Maillot redeviendrait la propriété de Bobet.

Joseph Bruyère (ici devant Gerben Karstens, dans la 3e étape du Tour 1974, Morlaix - Saint-Malo) n'a pas apprécié pleinement le port du Maillot Jaune. C'était la propriété de son leader Eddy Merckx.

LÈSE-MAJESTÉ

Ils ont souvent le rôle ingrat. Et n'ont pas vocation à capter la lumière. Ils sont au four et au moulin. Ils roulent, ils passent leur roue, ils portent les bidons. Ils prennent la plupart du temps une part active dans la victoire. Plus encore, ils sont toujours prépondérants dans la défense d'un Maillot Jaune. Généralement, ils sont satisfaits de leur sort mais il arrive parfois que leur fonction soit récompensée au-delà de toute espérance. Les équipiers font partie intégrante de l'histoire du Tour. Le destin les a propulsés, parfois, là où ils ne s'y attendaient pas.

À travers les âges, on pourrait remonter jusqu'à Maurice Archambaud, l'un des piliers de l'équipe de France des années trente. Il avait le talent, porta le Maillot Jaune souvent (1933, 1936), on le crut même peut-être capable de le rapporter à Paris. Mais la montagne le ramena régulièrement à la raison, il coinçait toujours dans la grande étape des Alpes. Alors, spontanément il se glissait dans la peau de l'équipier, un jour en faveur de Georges Speicher, un autre d'Antonin Magne, sans plus faire d'histoire.

Est-ce juste l'ambition qui manqua plus tard à Antonin Rolland, lui qui accomplit la moitié du Tour 1955 (12 jours) dans la peau du leader ? Il ne faisait que respecter la consigne : « Contrôlez toutes les échappées et ne relayez jamais qui que ce soit », avait recommandé Marcel Bidot, directeur technique de l'équipe de France. C'est ainsi que le coureur de Villefranche-sur-Saône prit le Maillot à Metz (4e étape, Namur-Metz) et la montagne ne l'arrêta pas. La preuve, il possédait encore onze minutes d'avance sur son patron, Louison Bobet, à la sortie des Alpes (8e étape, Thonon-les-Bains - Briançon). Mais il savait, au fond de lui, qu'il était juste là pour préparer le terrain au futur triple vainqueur du Tour…

Le Maillot Jaune orne ainsi le palmarès d'équipiers aussi modestes que valeureux, les Raymond Riotte (équipier de Pingeon, Poulidor et

Aimar, leader du Tour le 5 juillet 1967, à Strasbourg), Jean-Pierre Genêt (équipier de Pingeon et Poulidor, leader à Rouen, le 1er juillet 1968)… Et José Catieau eut aussi son jour de gloire, le 3 juillet 1973, pour sa participation à la grande offensive de l'équipe Bic dans la troisième étape Roubaix-Reims, au profit de Luis Ocaña. Il garderait le maillot quatre jours…

« LE MAILLOT JAUNE
NE QUITTERA PAS LA CHAMBRE D'EDDY »

C'est en revanche dans un fauteuil que Pascal Lino était allé chercher le Maillot, bien au chaud dans l'échappée qui s'était développée sur les routes des Landes, entre Pau et Bordeaux, le mardi 7 juillet 1992. Sans le vouloir vraiment, il allait déshabiller son jeune et impétueux partenaire de RMO, Richard Virenque. « C'est simple, nous devions nous glisser dans tous les coups, commentera Lino. Après quoi, on ne roulait plus, ni devant, ni derrière, puisqu'on avait le Maillot. La situation idéale… »

La course d'équipe a parfois ses avantages. Y compris pour les équipiers d'Eddy Merckx qui n'était pourtant pas tellement partageur. Julien Stevens (1969), Italo Zilioli (1970), Marinus Wagtmans (1971) ou Joseph Bruyère trouveront ainsi tour à tour l'ouverture. « Bravo, Joseph, je suis content pour toi », soufflera Eddy Merckx à son lieutenant devant la gêne que celui-ci éprouve en dépossédant son leader à Saint-Pol-de-Léon, le 28 juin, au soir de la première étape du Tour 1974. « Je n'ai fait que suivre Van Springel et Gualazzini sans relayer en espérant le retour du peloton, expliquera le Liégeois, compagnon de chambre du Cannibale. Mais rien n'a changé. Le Maillot Jaune ne quitte pas la chambre et Eddy le retrouvera dès qu'il le voudra…» Il le fit trois soirs plus tard… ■

– 1952 –

CARREA SI MODESTE

L'Italien était tout entier dévoué à Fausto Coppi.
D'où sa gêne quand il endossa le Maillot...

L'histoire est parfois trop belle, mais celle-ci est pourtant vraie. Andrea Carrea incarnait complètement le gregario entièrement dévoué à son leader. Il vivait comme un honneur sa fonction : il servait le campionissimo, Fausto Coppi en personne. Mais le destin s'est amusé, sinon à inverser les rôles, du moins à faire enfiler au serviteur l'habit du maître. Sa modestie dût-elle en souffrir, c'est en accomplissant sa tâche quotidienne, qui consistait ce jour-là à contrôler les échappées, que le brave Andrea Carrea allait connaître une gloire à laquelle il n'était surtout pas prédestiné.

Le jeudi 3 juillet 1952, dans la neuvième étape Mulhouse-Lausanne, Carrea assure la permanence de l'équipe d'Italie au sein d'un groupe d'une dizaine de coureurs qui compte plus de sept minutes d'avance à l'arrivée. Si le Suisse Walter Diggelmann l'emporte au pays, c'est bien l'Italien, seulement septième de l'étape, qui va pourtant sortir de l'anonymat. « Je suis allé tout de suite à l'hôtel, racontera le vieil homme

à propos de ce souvenir ému. Des policiers sont venus me chercher. Je leur ai demandé : "Qu'ai-je fait ?" » Un fonctionnaire lui répond : « On a l'ordre de vous ramener sur la ligne d'arrivée, vous prenez le Maillot Jaune. » Andrea Carrea n'en est jamais revenu. « J'ai eu peur, vraiment peur. Je me disais : "Comment Fausto va t-il prendre cela ?" J'ai endossé le Maillot, je pleurais. Je cherchais Fausto, je suis allé vers lui… Il m'a demandé : "Pourquoi pleures-tu ?" Et je lui ai dit : "Fausto, ce Maillot, je sais que je n'y ai pas droit. Un pauvre garçon comme moi Maillot Jaune du Tour !" »

Coppi félicita pourtant son fidèle équipier avec sa bienveillance coutumière. Le lendemain, le Tour arrivait pour la première fois de son histoire à l'Alpe-d'Huez. Fausto Coppi livra son récital. Andrea Carrea parvint au sommet en sixième position, ce qui prouve qu'il ne manquait pas de qualité (il terminera neuvième de ce Tour). Et pour cinq secondes, il rendait le Maillot à son leader. Soulagé. Chacun avait repris son rôle… ∎

Entre Bagnères-de-Bigorre et Pau, Andrea Carrea, (ici devant Stan Ockers et Fausto Coppi) fait ce qu'il sait faire de mieux : protéger et emmener son leader. Un vrai gregario...

18

LES PASSATIONS DE POUVOIR

**Ils dominent le Tour depuis plusieurs années. Et soudain...
Leur heure est passée, le Maillot Jaune ne sera plus qu'un souvenir.
Histoires de passage de témoin.**

Ça y est, c'est fait. Bernard Thévenet dépasse Eddy Merckx dans la montée vers Pra-Loup. Un règne s'achève.

– 1975 –

THÉVENET, LE TOMBEUR

Plus encore que d'être un des doubles vainqueurs du Tour (1975, 1977), le Bourguignon reste dans la légende comme celui qui a battu Eddy Merckx.

Au départ du Tour 1975 à Charleroi, le pronostic de Joop Zoetemelk est éclairé : « Merckx parce que c'est Merckx », répond-il quand on lui demande son favori. Le Belge est encore champion du monde, et sa campagne des classiques de printemps aura encore été l'une de ses meilleures : Milan-San Remo pour la sixième fois, le Tour des Flandres dans un raid magistral, l'Amstel Gold Race et un cinquième Liège-Bastogne-Liège. Seul Roger De Vlaeminck l'a précédé sur la piste de Roubaix !

À vrai dire, quelques signes précurseurs du déclin sont apparus, mais après tant d'années de domination et si peu de partage, qui peut croire vraiment qu'Eddy Merckx va fléchir ? Dans le Dauphiné, déjà, il s'est laissé largement dominer par Bernard Thévenet dans la Chartreuse. Dans le Tour, l'arrivée pyrénéenne du Pla-d'Adet a esquissé ses limites en

montagne et confirmé qu'il devrait se battre désormais sur d'autres terrains. Ce qu'il fait, bien sûr.

Comme d'habitude, il a donc le Maillot Jaune, repris à Francesco Moser au bout d'une semaine, à la faveur des contre-la-montre (6ᵉ étape, Merlin-Plage en Vendée et 9ᵉ étape, Fleurance-Auch). Mais le puy de Dôme (14ᵉ étape) accentue la tendance dessinée dans les Pyrénées. Joop Zoetemelk, Lucien Van Impe, mais aussi et surtout Bernard Thévenet montent mieux que lui désormais. Sur les flancs du Géant d'Auvergne, un fait divers frappe Eddy Merckx. Il reçoit un coup au foie. Un simple accident, peut-être. C'est en tout cas la thèse défendue par l'agresseur qui soutient avoir été bousculé dans l'agitation générale du public et dont l'avocat commis d'office pour le défendre se nomme d'ailleurs Daniel... Thévenet, sans aucun lien de parenté avec le coureur français. ∎∎∎

■■■

Au sommet du puy de Dôme, le 11 juillet, Eddy Merckx reste en jaune, mais il est vulnérable. Le coup de poing, volontaire ou pas, en est presque le symbole.

LE 13 JUILLET 1975, TOUT BASCULE

Son règne touche à sa fin. Son attaque portée au sommet du col d'Allos, dans cette fameuse quinzième étape Nice - Pra-Loup, donne pourtant l'illusion que le Cannibale va remporter sa sixième Grande Boucle. Mais l'ascension finale vers Pra-Loup, une station des Alpes de Haute-Provence, inédite sur la route du Tour, est le théâtre d'un événement considérable et d'un retournement parmi les plus mémorables. À sa grande surprise, Bernard Thévenet rejoint Eddy Merckx, le dépasse et le lâche. Le Belge, invaincu dans le Tour (il avait fait l'impasse lors du succès de Luis Ocaña en 1973) s'incline. « J'ai tout tenté, j'ai perdu. Je crois que je ne gagnerai pas ce Tour, c'est fini », déclare-t-il à l'arrivée. Pour toujours, Thévenet sera le « tombeur » de Merckx.

À 27 ans, le Bourguignon incarne la force paisible. Au matin de ce 13 juillet 1975, il accusait 58 secondes de retard sur le Belge. Ironie du sort, en fin d'après-midi, il en compte 58 d'avance ! Le soir même, il reçoit la visite de Louison Bobet, qui lui suggère de franchir l'Izoard en tête, le lendemain dans la seizième étape, Barcelonnette - Serre-Chevalier, comme il sied aux grands vainqueurs du Tour. On est encore dans une époque où le présent s'écrit à la lueur du passé. Thévenet s'exécute. Il est seul au passage à la Casse déserte. Il songe à Bobet qui suit en voiture. À Bartali, à Coppi, à Merckx… Sa deuxième victoire de suite, à Serre Chevalier – où Merckx est rejeté cette fois à deux minutes et demie – donne un éclat supplémentaire à son triomphe alors que le Tour arrive pour la première fois sur les Champs-Élysées.

Bernard Thévenet, diminué en 1976, trouve le temps de gagner un second Tour, en 1977, à la régularité. Il a eu l'immense mérite de s'immiscer entre deux monstres sacrés. Il s'est offert le privilège de battre Eddy Merckx. Mais sent

déjà une nouvelle menace même si, en dépit de la pression ambiante, Cyrille Guimard a réussi à convaincre le jeune Bernard Hinault de disputer le Tour seulement l'année d'après, lorsqu'il serait prêt à le gagner. En 1977, le Breton découvre donc le Tour en marge de l'épreuve, en livrant simplement ses impressions au reporter Daniel Pautrat. À ce titre, il effectue en éclaireur le parcours du dernier contre-la-montre, à Dijon. « J'avais calculé à peu près combien de temps il nous fallait pour couvrir ce chrono, racontera Thévenet ensuite. Quand on m'a dit le temps que Hinault avait réussi, ça ne m'a pas épaté. Sur le coup, j'ai pensé qu'ils avaient bluffé. » L'après-midi, il gagne bien le chrono, et le Tour est dans la poche, mais son temps est approximativement celui réalisé par Hinault le matin, hors compétition ! « Alors, je me suis dit, merde, j'ai mis un moment pour mettre Merckx à la raison, et voilà que l'autre arrive ! » ■

Bernard Thévenet semble avoir du mal à réaliser sur le podium de la 15e étape Nice - Pra-Loup qu'il a pris le Maillot Jaune. Faut dire que le « piquer » à Merckx, ça paraissait presque impossible.

– 1966 –

ANQUETIL JOUE AIMAR

En 1965, Jacques Anquetil, quintuple vainqueur de 1957 à 1964, sent que le vent a tourné et renonce au Tour. « Mes contrats n'augmenteront pas si je gagne un sixième Tour, mais j'ai tout à perdre en cas d'échec », justifie-t-il avec pragmatisme. Il s'invente cette année-là un nouveau défi en gagnant coup sur coup le Dauphiné et Bordeaux-Paris, exploit jugé insensé qui nourrit sa légende personnelle. Dans le Tour, Felice Gimondi, jeune premier, s'engouffre dans la brèche aux dépens de Raymond Poulidor. Anquetil revient toutefois dans le Tour en 1966, mais il fait alors le jeu de son jeune partenaire de l'équipe Ford, Lucien Aimar. Anquetil s'applique à « enterrer » Poulidor dans la dixième étape, Bayonne-Pau, où l'Azuréen s'octroie sept minutes sur les favoris. Anquetil attaché à la perte du Limousin facilite la liberté de manœuvre de Lucien Aimar avant de se retirer, malade, dans la dix-neuvième étape Chamonix - Saint-Étienne et de dire adieu au Tour. Jusqu'à la venue de Merckx en 1969, s'ouvre une période de transition…

– 1956 –

CHAMP LIBRE POUR WALKOWIAK

Louison Bobet est le premier à s'être imposé trois fois consécutivement (1953, 1954, 1955) mais il se remet difficilement d'une opération. Son forfait laisse le champ libre à ses adversaires, et l'Auvergnat Roger Walkowiak saisit l'occasion dans un Tour parmi les plus ouverts. Les années Bobet sont achevées, Jacques Anquetil ne va plus tarder à émerger.

– 1983 –

HINAULT / FIGNON

FIGNON DANS L'INTERVALLE

La Vuelta 1983 a coûté cher à Bernard Hinault, déjà quatre fois vainqueur du Tour entre 1978 et 1982. Le Breton est contraint à une opération du genou et déclare forfait pour le Tour. Laurent Fignon profite de la vacance du pouvoir pour s'installer. Hinault est de retour en 1984, mais assez loin de son meilleur niveau, et Fignon au sommet de sa force réalise alors le doublé. Le dernier mot revient pourtant à Hinault en 1985, car cette année-là, par une étrange ironie du sort, c'est Laurent Fignon qui doit passer sur la table d'opération… Les deux champions français se livrent donc à un chassé-croisé.

– 1986 –

HINAULT / LEMOND

LEMOND, SUCCESSEUR DÉSIGNÉ

Déjà en 1985, il a fallu réfréner les ardeurs de Greg LeMond, partenaire de Bernard Hinault dans l'équipe La Vie Claire. Alors, pour gérer l'année suivante, le Breton quintuple vainqueur (1978, 1979, 1981, 1982, 1985) feint d'être l'instigateur de sa propre succession. Il s'encombre d'une promesse : « L'année prochaine, le Tour sera pour toi. Je serai là, mais pour t'aider. » En 1986, dans les Pyrénées il se met pourtant en position de remporter son sixième Tour, mais l'Américain finit par s'imposer. Obligé de faire contre mauvaise fortune bon cœur, le Breton prend l'Américain sous son aile à l'Alpe-d'Huez, où les deux finissent main dans la main. LeMond gagne son premier Tour, mais Hinault a réussi le plus dur. Il sort par la grande porte.

Sur la route de l'Alpe-d'Huez, devant LeMond en jaune, Bernard Hinault démontre une dernière fois tout son panache. Il sait que le Tour est fini pour lui, mais il assure avec classe…

INDURAIN / RIIS

LA FIN D'UN RÈGNE

Vainqueur sans interruption de 1991 à 1995, Miguel Indurain est en lice pour une sixième victoire dans le Tour. Mais en 1996, il a un peu délaissé sa condition physique et les conditions météorologiques fraîches et pluvieuses l'empêchent de se délester de quelques kilos superflus. Il est victime d'une défaillance aussi brutale qu'inattendue dans la montée finale de la septième étape, Chambéry - Les Arcs. Il terminera onzième à Paris, mais de toute façon Bjarne Riis apparaît vite inabordable. Une attaque lui suffit pour planter tout le monde à Sestrières, terme de la neuvième étape raccourcie par la tempête de neige. Il récidive dans la seizième étape, Agen-Hautacam. Le Danois avouera plus tard avoir eu recours au dopage sanguin. Le cyclisme entre dans ses années les plus noires.

– 1991 –

LEMOND / INDURAIN

LE TEMPS D'INDURAIN

Greg LeMond, vainqueur en 1986, puis 1989 et 1990, semble bien parti en 1991 pour remporter un quatrième Tour. Il a le Maillot Jaune à l'issue du contre-la-montre Argentan-Alençon, puis Luc Leblanc assure un bref intérim au soir de la douzième étape, Pau-Jaca, mais l'Américain reste en position éminemment favorable. Soudain, il craque dans le dernier kilomètre de l'ascension du Tourmalet. Sur l'autre versant, Claudio Chiappucci et Miguel Indurain joignent leurs efforts. L'Italien remporte cette treizième étape, Jaca - Val Louron, où l'Espagnol endosse le premier de ses soixante Maillots Jaunes. Le temps d'Indurain est venu.

– 2006 –

L'APRÈS ARMSTRONG...

LE TRIPLÉ CONTRARIÉ DE CONTADOR

L'après Armstrong, sept fois vainqueur entre 1999 et 2005 mais rayé des palmarès après avoir été reconnu coupable de dopage, débouche sur une période tourmentée où la hiérarchie reste assez floue. L'un de ses anciens équipiers, Floyd Landis, croit son tour venu mais lui-même est déclassé pour dopage et l'abracadabrant Tour 2006 revient à Oscar Pereiro sur tapis vert. Le controversé cyclisme espagnol s'impose de nouveau, avec l'obscur Carlos Sastre (2008) qui s'intercale entre deux victoires du brillant Alberto Contador (2007, 2009). Celui-ci signe même une troisième victoire, en 2010, mais subit un contrôle positif. Au terme d'une très longue procédure,

il est sanctionné le 6 février 2012, soit un an et demi plus tard. Suspendu rétroactivement pour deux ans, il perd donc le bénéfice de ses victoires durant cette période, dont le Tour de France 2010, qui revient au Luxembourgeois Andy Schleck. Alberto Contador, qui a marqué ces années, compte donc deux Tours de France à son actif.

– 2011 –

EUROPE CONTINENTALE – COMMONWEALTH

LE TOUR PARLE ANGLAIS...

Le Tour 2011 marque un vrai virage, avec un troisième continent qui s'impose. Après la vieille Europe et l'Amérique (Greg LeMond demeure à ce jour le seul Américain au palmarès), le Maillot Jaune vient de l'Océanie avec la victoire de l'Australien Cadel Evans.
Voici venu le temps du monde anglo-saxon. Dorénavant, le Tour parle anglais. Le « So British » Bradley Wiggins est le premier Anglais vainqueur du Tour en 2012. Il ouvre la voie. Un compatriote lui succède : Christopher Froome, quatre fois vainqueur entre 2013 et 2017. Et le Gallois Geraint Thomas prend le relais en 2018. Sept des huit derniers Tours de France auront été remportés par des coureurs de langue anglaise. Dont six sur sept pour l'équipe Sky.

174

19

D'AVENTURES EN AVENTURES

Le Tour s'est parfois offert des leaders plus ou moins inattendus qui ont su prolonger le plaisir. Quelques exemples parmi d'autres...

– 1964 –

GEORGES GROUSSARD

LE « PETIT GEORGES » GRIMPAIT BIEN

Georges Groussard est sans doute un moins grand coureur que son frère Joseph, Maillot Jaune éphémère en 1960 et surtout lauréat d'un Milan-San Remo en 1963. Mais avec son mètre cinquante-neuf, le « petit Georges » ne grimpe pas mal du tout. Il le prouve en endossant le maillot à Briançon où il s'est classé sixième au terme de la huitième étape du Tour 1964. Au Galibier, « je me suis dit, mon p'tit Georges, tâche de rester avec les caïds. Au sommet, j'ai su que j'allais avoir le maillot ». Et il s'y attache. En Andorre, après la première étape pyrénéenne, il résiste : « Maintenant, je crois que je peux aller plus loin », pense-t-il.

Le surlendemain, dans la fameuse étape Andorre-Toulouse qui voit Jacques Anquetil chanceler dans le Port d'Envalira, il sauve encore sa peau avec le concours du Normand, revenu sur lui, et de son équipe Pelforth dans la plaine. « Tous les jours, on me dit que je dois perdre mon maillot, mais moi j'y tiens. » Malgré tout, il ne se fait pas d'illusions au-delà de la dix-septième étape, Peyrehorade-Bayonne

contre la montre, où il rend son bien à Anquetil. « Je vous en donne ma parole, je n'ai jamais eu l'idée de porter le maillot jusqu'à Paris. » Il finit bon cinquième. Après sa carrière, il ouvre une maison de la presse à Fougères, en Ille-et-Vilaine à l'enseigne du Maillot Jaune, évidemment.

– 1980 –

RUDY PEVENAGE

LE DEMI-TOUR DE PEVENAGE

C'est ce qui s'appelle une échappée fleuve. Il pleut à verse tout au long de cette deuxième étape du Tour 1980, Francfort-Metz. Derrière Jacques Bossis, Pierre Bazzo, Yvon Bertin et le Belge Rudy Pevenage, les Ti-Raleigh vainqueurs la veille du contre-la-montre par équipes n'ont pas le cœur à l'ouvrage pour défendre le maillot de Knetemann. Ils laissent filer, et l'écart monte jusqu'à vingt-quatre minutes ! Il en reste presque dix (9'53") à l'arrivée où Pevenage surprend Bertin qui se console avec le Maillot Jaune. Pas pour longtemps. Le Belge le lui pique dès le lendemain, à Liège. Fort de son avance conséquente, Pevenage va effectuer presque un demi-Tour

de France en jaune. Le dessin lui est favorable avec une descente par l'ouest et la côte atlantique. Huit jours plus tard, le contre-la-montre Damazan-Laplume, où il se classe... soixante-quatorzième à 7'32" du vainqueur, Zoetemelk, le fait rentrer dans le rang. Il finira quarante-deuxième à Paris puis deviendra plus tard le mentor de Jan Ullrich.

Rudy Pevenage s'offre un demi-Tour en jaune en 1980.

Jacques Marinelli ne porte plus la tunique de leader lors de l'avant-dernière étape du Tour 1949, Colmar - Nancy, mais le public n'a pas oublié ses six jours en jaune en début d'épreuve.

– 1949 –

JACQUES MARINELLI

L'ODYSSÉE DE « LA PERRUCHE »

On le surnomma « La Perruche » en raison de sa petite taille, de son infatigable bavardage, et surtout de son Maillot Jaune porté six jours durant, de Rouen jusqu'à Pau, en 1949, dans un Tour qu'il terminera finalement troisième derrière les « géants » Coppi et Bartali. Mais l'aventure de Jacques Marinelli tient la France en haleine bien au-delà de ces six jours qui ont changé durablement sa vie, car le petit gabarit de l'équipe d'Ile de France s'accroche pendant l'autre moitié du Tour à sa troisième place derrière les deux monstres sacrés et la différence de statut évoque David contre Goliath.

Tout le pays voudrait pousser ce petit coureur qui mène le Tour de France avec une demi-heure d'avance sur Fausto Coppi, le campionissimo, retardé par une chute sur la route de Saint-Malo. Il possède aussi un bon quart d'heure d'avance sur les autres favoris, dont Ferdi Kübler. Il est jeune, vingt-quatre ans, ne fait que débuter chez les professionnels

et ne paie pas vraiment de mine. La presse feuilletonne. *L'Équipe* tire jusqu'à six cent mille exemplaires — un record depuis le titre de champion du monde de Marcel Cerdan l'année précédente — car une chronique quotidienne recueille les impressions de Jacques Marinelli sous la plume de Roger Bastide. Il y confie ses peurs et ses espoirs : « Il me fallait cacher les moments où je me sentais faiblir. S'ils s'en étaient aperçus, les autres m'auraient achevé. J'avais l'air tellement seul, tellement faible au milieu des autres. » confie t-il après coup.

En tout cas, Jacques Marinelli touche la corde sensible du public. Jusqu'où va-t-il tenir ? « Je sais maintenant ce que je dois faire : prendre la roue de Bartali et ne plus la quitter » dit-il alors que les Pyrénées se profilent. Et Coppi ? « Quand je ne pourrai plus avancer, quand je serai « mort », il aura gagné. Mais pas avant. Et maintenant, bonne nuit, je vais me coucher et essayer de rêver que le Tour de France est fini ».

La réalité le rattrape un peu trop vite. A Pau (10e étape, Saint-Sébastien-Pau), il cède le maillot à Fiorenzo Magni mais il a tenu promesse : il finit dans le paquet de Bartali et Coppi ! Le lendemain, à Luchon, il perd quand même un quart d'heure sur Coppi qui a refait la moitié de son retard. Le rêve est terminé, mais il ne vire pas au cauchemar. Marinelli s'accroche et termine donc troisième à Paris, ce qui met le Parc des Princes en ébullition.

L'été 49 a apporté une énorme popularité au coureur francilien qui saura la faire fructifier, en homme avisé. « Le Maillot Jaune apporte une éclosion soudaine. J'ai tout de suite été très populaire. Ce Maillot a été la base de toute ma vie car j'ai su exploiter ce qu'il m'avait donné » a-t-il remarqué sur ses vieux jours. Devenu commerçant avec pignon sur rue, avec un magasin de cycles puis d'électro-ménager à l'enseigne « Au Maillot jaune », Jacques Marinelli effectuera également plusieurs mandats de maire (de 1989 à 2002) à la tête de sa ville de Melun.

– 1984 –

VINCENT BARTEAU

JUSQU'OÙ IRA BARTEAU ?

L'avenir sourit, paraît-il, à ceux qui se lèvent tôt. Maurice Le Guilloux et Vincent Barteau qui rejoignent au bout d'une vingtaine de kilomètres le Portugais Paulo Ferreira au début de la cinquième étape du Tour 1984, Béthune - Cergy-Pontoise, ont de beaux jours devant eux. Personne ne leur court après, le vent est favorable et ils portent sans encombre leur avance à vingt-cinq minutes ! Lorsque le peloton réagit, il est trop tard. Le trio atteint Cergy-Pontoise avec plus de dix-sept minutes d'avance. Paulo Ferreira, inconnu au bataillon, gagne l'étape. Vincent Barteau est en jaune. Maurice Le Guilloux est le dindon de la farce et méditera toujours sur le pouvoir du Maillot Jaune à changer sinon une vie, du moins une carrière.

À 22 ans, Barteau, Normand sans complexe et fantaisiste, démontre un gros potentiel. Il a toujours le maillot dans les Pyrénées où son leader, Laurent Fignon, pose la question : « Imaginez qu'il gagne le Tour… » Il est vrai que Vincent Barteau compte encore plus de dix minutes d'avance au classement général sur son chef de file et il s'étonne de jour en jour. « Je ne me serais jamais cru capable de ça. » Il tient jusqu'à l'Alpe-d'Huez, où prend fin une aventure de douze jours. Le maillot est remis entre les bonnes mains de Laurent Fignon. Toujours à l'affût des bons coups, Vincent Barteau, talent exploité de façon trop épisodique, gagnera quand même l'étape de Marseille, le 14 juillet 1989, pour le bicentenaire de la Révolution.

Il a eu du mal à réaliser. Et pourtant Vincent Barteau a bel et bien conquis le Maillot Jaune. Un moment qui marque pour toujours une carrière de coureur.

– 1990 –

CLAUDIO CHIAPPUCCI

CHIAPPUCCI PRESQUE AU BOUT

Claudio Chiappucci a construit une partie de sa légende en attaquant avec le Maillot dans le Tourmalet.

Le peloton est quasiment suicidaire au départ du Tour 1990 lorsqu'il accorde 10'35" à Frans Maassen, Steve Bauer, Ronan Pensec et Claudio Chiappucci dès la première étape autour du Futuroscope. Dès lors, le favori, Greg LeMond est astreint à une course-poursuite qui s'achève… trois semaines plus tard, à la veille de l'arrivée, lors du dernier contre-la-montre au lac de Vassivière. Claudio Chiappucci, qui a succédé à Bauer et Pensec pour le Maillot Jaune depuis la douzième étape, contre la montre, Fontaine - Villard-de-Lans, défend encore… cinq secondes d'avance sur l'Américain. La cause est désespérée, mais l'Italien a épaté par son cran en attaquant avec le maillot dans le Tourmalet. Chiappucci ne doute de rien. Ce coureur flamboyant se fait appeler l'homme « bionique ». En vérité, cela n'annonce rien de bon pour le cyclisme…

– 1992 –

PASCAL LINO

LE LONG INTÉRIM DE LINO

Élégant pédaleur, Pascal Lino va chercher le Maillot dans un fauteuil. Pas un coup de pédale à donner au sein du groupe d'une dizaine de coureurs qui s'est échappé sur les routes planes des Landes, dans la troisième étape Pau-Bordeaux du Tour 1992. Son partenaire Richard Virenque, Maillot Jaune d'un jour, est pris au piège du peloton. Le maillot tombe tout seul sur les épaules de Pascal Lino qui montait la garde dans le strict respect de la consigne. « Nous devions nous glisser dans tous les coups. Après quoi, on ne roulait plus, ni devant, ni derrière, puisque dans tous les cas on avait le maillot », détaille le Breton. Leur équipe, RMO, porte le nom d'une boîte d'intérim. Celui du Morbihannais durera dix jours. Les sept minutes d'avance lui permettent de « survivre » au-delà du fameux chrono de Luxembourg où Miguel Indurain assomme la concurrence, et même un peu plus loin. Coureur de classe, Pascal Lino ne rend pas les armes avant la treizième étape, Saint-Gervais – Sestrières, où Claudio Chiappucci se déchaîne et Indurain reprend ses droits. Lino n'en termine pas moins à une remarquable cinquième place finale.

Pas d'embrouille entre Pascal Lino (en haut à droite) et Richard Virenque.
Les deux coureurs de RMO se partagent un temps les maillots distinctifs du Tour 1992. Ci-contre, Pascal Lino dans l'exercice du contre-la-montre à Luxembourg.

THOMAS VOECKLER

LE FABULEUX DESTIN DE THOMAS VOECKLER

**Le Français a lié une relation durable avec le Maillot Jaune.
Et en 2011 plus encore qu'en 2004, il a senti tout le pays derrière lui.**

« Je suis un intermittent du Maillot Jaune. » C'est vite dit. Thomas Voeckler s'est glissé dans la peau du leader du Tour pendant vingt jours. Deux fois dix. Autant que Gino Bartali. De tous ceux qui ont porté le Maillot Jaune à travers les âges, dix-sept coureurs seulement l'ont porté plus souvent que lui (*). Et parmi ceux qui n'ont pas gagné le Tour, seuls René Vietto (26 jours) et le Suisse Fabian Cancellara (29) ont fait encore mieux.

Intermittent ? Alors, c'est parce que le Français sait très bien faire durer le plaisir… À sept ans d'intervalle (2004, 2011), il a tenu le Tour en haleine. « J'ai senti la France derrière moi », avoue-t-il, tant il est vrai que son esprit de conquête, et plus encore sa défense acharnée du maillot, ont fait partager l'aventure au public. Voeckler ne se pousse pas du col. Pour autant, il n'a aucun complexe. Il sait juste ce qu'il vaut. Ni plus, ni surtout moins. En toutes circonstances, il témoigne de réalisme.

Intermittent ? C'est sans doute parce qu'il ne se voit pas comme un vainqueur du Tour. Encore que ce fut un peu moins vrai en 2011 que lors de sa première aventure en 2004 – il n'avait alors que 25 ans –, quand bien même il a rendu les deux fois le maillot au même endroit. À l'Alpe-d'Huez. « J'ai caressé le rêve de monter sur le podium. Ça restera un rêve », reconnaît-il à propos du Tour 2011 qu'il terminera quatrième. « La victoire, on m'en parlait. Moi, je n'y ai jamais pensé. » Ça ne fait rien. Thomas Voeckler sait très bien la valeur des choses. « Ce maillot, j'ai compris depuis longtemps que c'était sa rareté qui en faisait la beauté. Il faut relativiser, car le succès est éphémère. » Pas tant que ça. Deux fois dix jours ! C'est le fabuleux destin de Thomas Voeckler. L'histoire d'un gars qui va de l'avant…

LA CHANCE, IL SAIT OÙ LA TROUVER : DEVANT !

Souvent, la chance a semblé lui donner un coup de pouce. C'était peut-être vrai en 2004, lorsque derrière l'échappée à cinq (Voeckler, Casar, Backstedt, Piil et O'Grady, vainqueur de cette cinquième étape) développée entre Amiens et Chartres, Lance Armstrong ralentit le peloton où quelques-uns de ses équipiers avaient chuté. Et puis, l'Américain n'était au fond pas si mécontent de céder le Maillot Jaune à un petit Français qui allait le défendre à sa place, grâce à une équipe de jeunes – celle de Brioches La Boulangère – portée par l'allégresse.

Mais la chance, Voeckler sait aussi où la trouver. Devant ! Et elle lui sourit si souvent que cela ne peut pas être un hasard. « Quand on n'est pas le plus fort du monde, dit-il, il faut souvent attaquer. Mais ce que j'aime, c'est l'offensive pour la victoire, pas l'offensive pour l'offensive. » Avec lui, l'histoire se répète. En 2011, cette fois, c'est dans le Massif central qu'il s'en va, avec Sandy Casar encore de la partie sept ans après, et quelques autres : Luis Leon Sanchez, vainqueur de cette neuvième étape, Aigurande - Saint-Flour, alors que leurs malheureux compagnons d'échappée, Juan Antonio Flecha et Johnny Hoogerland, ont été éjectés par une voiture suiveuse. « Pourquoi eux ? Pourquoi pas moi ? », se demande Voeckler, conscient que le destin tient à un fil.

En 2004, il ne lâche pas facilement le morceau. Il serre les dents au plateau de Beille où il lui reste vingt-deux secondes d'avance sur Armstrong. Suffisant pour tenir jusqu'aux Alpes… Sept ans plus tard, au même endroit, il traite d'égal à égal avec les cadors du peloton. Là encore, il va atteindre les Alpes. Et presque les franchir. Il est encore en jaune pour l'arrivée au sommet du Galibier. « Non, il n'y a pas d'émotion. Seulement de la souffrance », assure-t-il ce jour-là. On n'est plus qu'à soixante-douze heures de Paris. Thomas Voeckler, qui a mis un terme à sa carrière sur les Champs-Elysées, à l'issue du Tour de France 2017, est allé au bout de ses aventures. Il n'a pas gagné le Tour, mais il a tout compris du pouvoir magique du maillot. « Ce n'est pas être leader du Tour qui importe, c'est d'avoir le Maillot Jaune… » ■

*Statistiques arrêtées à l'issue du Tour 2018.

Il s'est arraché au plateau de Beille, en 2004 (photo de gauche), il a tout donné en 2011 dans la montée du Galibier (ci-dessus).
Thomas Voeckler n'a pas gagné le Tour, mais il a conquis les fans du Tour. Sa volonté, son panache rallient tous les suffrages.

L'exploit de Pau. Vendredi 19 juillet 2019, habillé d'un Maillot Jaune frappé du portrait d'Eugène Christophe, Julian Alaphilippe célèbre le centenaire avec panache en remportant l'étape.

– 2019 –

JULIAN ALAPHILIPPE

ALAPHILIPPE À LA FOLIE

Ses maillots arc-en-ciel de champion du monde consacrent son palmarès mais c'est avec le Maillot jaune qu'il a noué depuis 2019 une idylle avec le public et a gagné le cœur des gens.

Julian Alaphilippe a beaucoup manqué au Tour 2022. Au public français surtout. Les conséquences déjà sévères* de sa chute effrayante sur Liège-Bastogne-Liège auraient pu être plus dramatiques, mais elles ne lui ont pas laissé le temps de construire convenablement sa préparation. Le champion du monde avait envie du Tour. Et vice-versa. Mais son équipe a été raisonnable à la place de l'opinion publique Mieux valait faire l'impasse cette année. Cela fait du bien parfois. Il reviendra.

Ses titres de champion du monde ont consacré son palmarès. Mais c'est avec le Maillot jaune qu'il avait réenchanté les foules au fil de son aventure au long cours en 2019 (leader pendant 14 jours). Depuis lors, le Maillot jaune a encore été au rendez-vous, plus ponctuellement en 2020 (3 jours) et de façon éphémère cette fois (1 jour) mais brillante en 2021 dans la bosse de Landerneau où son double démarrage fut encore irrésistible.

En 2019, il était tout à son bonheur. En 2020, à Nice, il rendait hommage à son père, disparu depuis peu. En Bretagne, le premier jour du Tour 2021, c'est un heureux événement, la naissance de son fils Nino quelques jours seulement avant le départ du Tour, qu'il célébrait cette fois. Julian Alaphilippe fait toujours passer ses émotions, et c'est ainsi qu'il a gagné le cœur des gens.

LE MAILLOT DU CENTENAIRE !

Il avait déjà sa marque de fabrique. Son punch. De réputation mondiale. Avec ça, il avait déjà gagné, beaucoup. Des classiques, Milan–San Remo, la Flèche wallonne trois fois, et surtout deux titres de champion du monde…Oui, mais qu'est-ce qui a tout changé dans le lien très fort tissé avec le public qui s'est mis à aimer Alaphilippe à la folie ? C'est le Maillot Jaune…

Dans ce Tour 2019, Julian Alaphilippe prend le Maillot Jaune, le perd, le reprend. Il est sur son dos pour le 14 juillet ! Puis il le conforte, le défend. Mais ne change pas son fusil d'épaule pour ça. « Vous ne me ferez pas dire ce que vous voulez que je dise… » Non, il ne va pas se mettre à croire qu'il peut gagner le Tour…. Sur la longueur, le Tour de France est rarement tendre avec les puncheurs de son espèce. Il le sait. Il se connaît. Sans doute a-t-il ses limites. Mais sur ce Tour 2019, il les repousse bien plus loin qu'on imaginait, épate chaque jour davantage, surtout à Pau, quand il gagne le contre la montre. Nous sommes le 19 juillet. Cent ans, jour pour jour, que le tout premier Maillot Jaune a été remis à Eugène Christophe… C'est Julian Alaphilippe qui porte le Maillot du Centenaire. Cela marque.

Julian Alaphilippe va craquer, c'est sûr. Mais quand ? Les jours passent. Quatorze. En dehors des vainqueurs du Tour, aucun Français n'a porté davantage le Maillot sur un seul Tour, à part Vietto (15 jours en 1947). Nous sommes le vendredi qui précède l'arrivée à Paris, et il n'y avait plus eu de Français en jaune si près du but depuis trente ans et Laurent Fi-

gnon (1989)** ! Mais l'Iseran était trop grand, trop haut. À plus de 2 700 mètres d'altitude, Egan Bernal, premier Colombien vainqueur du Tour, était comme chez lui… D'ailleurs, la course est arrêtée car une coulée de boue provoquée par un violent orage ne permet pas d'atteindre l'arrivée à Tignes. C'est dans ces conditions peu banales, en cours de chemin, dans la descente de l'Iseran où la course est définitivement neutralisée, que Julian Alaphilippe rend virtuellement le Maillot sans l'avoir tout à fait perdu mais sans aucune chance non plus de le garder. Il ne restait à se souvenir que du meilleur, de ce plaisir qu'il avait donné, et qu'il avait fait durer. Julian Alaphilippe (5e au classement final) avait rendu ce Tour fou par la grâce du Maillot jaune. On rêvera à sa place qu'il puisse le ramener à Paris. Un jour peut-être. Ou pas. Cela ne l'empêche pas d'être un homme du Tour, et d'y faire les quatre cent coups. ∎

* Pneumothorax, fractures des côtes, omoplate cassée.

** En 2011, Thomas Voeckler portait aussi le Maillot Jaune le vendredi précédant l'arrivée à Paris, mais sa marge de sécurité et la perspective de l'Alpe d'Huez et d'un contre-la-montre à Grenoble ne lui laissait pas d'illusion quant à la victoire finale.

Dans le col de l'Iseran, la marche est trop haute et Bernal trop fort. Poussé jusqu'au bout par le public, l'Auvergnat dit au revoir au Maillot Jaune.

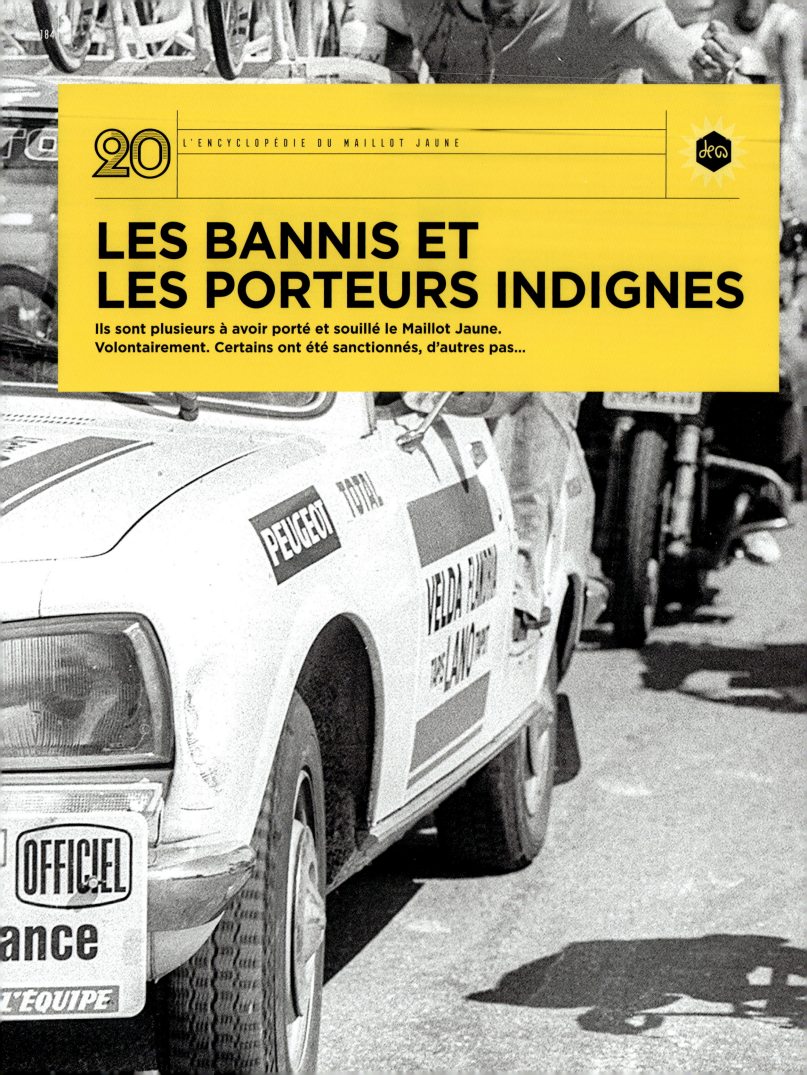

LES BANNIS ET LES PORTEURS INDIGNES

Ils sont plusieurs à avoir porté et souillé le Maillot Jaune. Volontairement. Certains ont été sanctionnés, d'autres pas…

Michel Pollentier en 1978, fonce vers le Maillot Jaune dans l'Alpe-d'Huez... Et une disqualification.

– 1978 –

MICHEL POLLENTIER

POLLENTIER, UNE POIRE DE TROP !

**Michel Pollentier reste dans l'histoire le premier
Maillot Jaune exclu de la compétition pour tricherie.
C'était le 16 juillet 1978.**

Les journalistes n'en finissent plus de raconter son exploit du jour sur les pentes de l'Alpe-d'Huez. Et lui n'en finit plus de satisfaire au contrôle antidopage… Du moins, c'est ce qu'on croit… Ce dimanche 16 juillet 1978, dans la seizième étape, Saint-Étienne - l'Alpe-d'Huez, Michel Pollentier, maillot à pois sur les épaules, s'est lancé dans la chasse aux points pour conforter sa place au classement de la montagne. Au gré des kilomètres, il a conquis également le Maillot Jaune repris à son compatriote, Joseph Bruyère, en perdition ce jour-là. Joop Zoetemelk et Bernard Hinault – qui découvre l'épreuve – complètent le podium du classement général. La course est serrée, la dernière semaine sera intense, tout le monde s'en réjouit…

Juste après l'arrivée, à 16 h 10, le Belge satisfait à la cérémonie protocolaire avant d'aller se changer à l'hôtel du Castillan qui héberge son équipe Flandria. Vers 17 heures, il entre dans la petite caravane blanche qui abrite les médecins préleveurs. Il est 19 heures quand il ressort ! Un peu long pour une pause-pipi… Mais au bar de l'hôtel, devant une coupe de champagne, il ne s'en plaint pas spécialement et narre à loisir sa course du jour. Une heure plus tard, alors qu'il dîne avec ses coéquipiers, un communiqué du jury des commissaires tombe : Michel Pollentier est mis immédiatement « hors course pour avoir été surpris en flagrant délit de fraude caractérisée ».

Une bombe vient d'éclater sur le Tour de France. Le Maillot Jaune viré pour tricherie, c'est du jamais-vu ! Le désormais ex-leader fournit des explications un peu floues, le soir même, dans sa chambre d'hôtel. « J'ai mis longtemps à uriner, mais personne ne m'a fait aucune remarque… Je ne comprends pas… » La vérité est autre. En réalité, le contrôleur a découvert sur le coureur une poire de caoutchouc glissée sous son aisselle, contenant l'urine d'une autre personne. Cette poire était prolongée d'un tuyau collé dans son dos avec du sparadrap et prolongé jusque sous

son pénis. Pollentier ayant absorbé de l'Alupen, un médicament pour traiter l'asthme mais interdit aux coureurs, espérait ainsi échapper au contrôle positif. Il aurait apparemment usé de ce stratagème plusieurs fois et, selon ses dires, il ne serait pas le seul… Sauf que ce jour-là, le règlement qui stipule qu'un coureur doit soulever son maillot jusqu'à la poitrine et avoir le cuissard tombant sur ses genoux, est appliqué à la lettre. Impossible dès lors de cacher la fameuse poire !

Le lendemain après-midi, alors que le Tour fait relâche, Michel Pollentier reconnaît son geste et adresse une lettre d'excuses aux organisateurs en implorant leur clémence. Sans effet. L'équipe Flandria qui a, un temps, envisagé de ne pas prendre le départ de la dix-septième étape, est revenue sur sa décision : elle continuera bien le Tour. Son leader, qui écope aussi de deux mois de suspension, rentrera en train en Belgique. Il ne portera jamais le Maillot Jaune. Avant de partir, il assure qu'il ne reviendra pas sur le Tour. En 1979, 1980 et 1981, il sera pourtant bien au départ de la Grande Boucle, mais il ne parviendra jamais à rallier Paris… ∎

Michel Pollentier n'aura goûté que quelques heures aux joies du Maillot Jaune. Et n'aura pas eu le plaisir de le porter sur la route du Tour 1978. Une tricherie au contrôle antidopage et son maillot finit dans une simple valise.

– 1988 –

PEDRO DELGADO

DELGADO, LE VRAI-FAUX CONTRÔLÉ

« Je veux tout oublier de cette affaire. Je suis l'unique Maillot Jaune de ce Tour. » Le 21 juillet 1988, dans son hôtel à Clermont-Ferrand, Pedro Delgado retrouve le sourire. Même si une contre-expertise vient de confirmer son contrôle positif à la probénicide (un diurétique suspecté d'avoir des effets masquants) révélé deux jours plus tôt à la télévision, l'Espagnol, leader de l'équipe Reynolds, Maillot Jaune du Tour depuis l'étape de l'Alpe-d'Huez le 14 juillet, n'est pas obligé de quitter l'épreuve. Il bénéficie en effet d'un non-lieu pour vice de forme. Si le médicament incriminé figure bien sur la liste des produits interdits par le Comité international olympique, il n'est pas encore inscrit sur la liste de l'Union cycliste internationale. Delgado peut donc continuer sa route en jaune, mais la fête est largement gâchée à son arrivée à Paris.

La controverse aura duré plusieurs jours, mais à l'issue de l'étape Limoges - Le puy de Dôme, Pedro Delgado peut être rassuré. S'il est bien positif à la probénicide, la fédération internationale n'interdit pas encore l'usage de ce médicament... Il verra Paris en jaune.

Bjarne Riis semblait voler sur les pentes d'Hautacam,
le 16 juillet 1996 devant Miguel Indurain. C'était un leurre. Il courait sous EPO...

BJARNE RIIS

RIIS, L'AVEU ONZE ANS APRÈS

Mon Maillot Jaune est dans un carton dans mon garage, et vous pouvez venir le chercher. Ce n'est qu'un maillot, il ne veut rien dire pour moi, d'ailleurs je ne rentre plus dedans...

Bjarne Riis

« Je ne mérite probablement pas ma victoire dans le Tour. Mon Maillot Jaune est dans un carton dans mon garage, et vous pouvez venir le chercher. Ce n'est qu'un maillot, il ne veut rien dire pour moi, d'ailleurs je ne rentre plus dedans... » En mai 2007, près de onze ans après sa victoire en 1996, Bjarne Riis, premier Danois vainqueur du Tour, reconnaît lors d'une conférence de presse à Copenhague qu'il s'est dopé à l'EPO dans les années 90. « À l'époque, ça faisait partie de la vie de tous les jours... » Oubliée son aisance dans la montée des Arcs, le 6 juillet 1996, où il surpasse Miguel Indurain... Gommée son attaque décisive, le surlendemain, dans la courte étape de Sestrières où il prend le Maillot Jaune... Usurpée sa victoire, dix jours plus tard, à Hautacam où Indurain avait remarqué qu'il était le seul à monter avec le grand plateau... Le nom de Riis est resté au palmarès du Tour... mais avec ses aveux pour mention.

– 2002 –

IGOR GONZALEZ DE GALDEANO

L'IMBROGLIO GONZALEZ DE GALDEANO

En 2002, Igor Gonzalez de Galdeano se retrouve au cœur d'un vaste imbroglio. Le soir de la sixième étape (Forges-les-Eaux - Alençon), il présente dans ses urines des traces de salbutamol, un antiasthmatique, dans des proportions susceptibles de lui conférer un effet anabolisant. Pour l'Agence mondiale antidopage, il s'agit d'un contrôle positif, mais l'Union cycliste internationale, elle, accepte la justification thérapeutique du coureur. Maillot Jaune depuis la quatrième étape (Épernay – Château-Thierry), il peut donc repartir le lendemain. Il conservera sa place de leader quatre jours de plus, avant de la perdre dans les Pyrénées sur la route de La Mongie et de terminer cinquième à Paris. Il sera ensuite suspendu six mois de compétition sur le territoire français par l'Agence française de lutte antidopage.

Igor Gonzalez de Galdeano a profité d'une interprétation des règlements pour conserver son Maillot Jaune.

Floyd Landis n'aura pas profité longtemps de sa victoire dans le Tour 2006. Deux jours après l'arrivée, son contrôle positif est révélé.

– 2006 –

FLOYD LANDIS

ET LANDIS A TRICHÉ...

Pour l'histoire, il restera à jamais le premier vainqueur du Tour déclassé pour dopage. Floyd Landis fête toujours son succès deux jours après l'arrivée à Paris, lorsque son contrôle positif à la testostérone, le 20 juillet à Morzine, au terme d'une échappée héroïque (sept minutes reprises à Pereiro, Maillot Jaune, en cent trente kilomètres), est annoncé. L'Américain use de tous les arguments pour se défendre : dérèglement thyroïdien, abus d'alcool – il aurait avalé deux bières et quatre whiskys pour effacer sa grosse défaillance (dix minutes perdues) dans l'étape de La Toussuire, la veille du contrôle –, taux naturellement élevé de testostérone... Puis il remet en cause la crédibilité des contrôles... Il se ruine en avocats, mais ne convainc personne. Au terme d'une longue procédure, il est finalement suspendu deux ans. Oscar Pereiro récupérera le Maillot Jaune lors d'une cérémonie à Madrid, quinze mois plus tard. En 2010, Landis reconnaîtra enfin dans une interview s'être dopé durant une grande partie de sa carrière et ses aveux conduiront à l'ouverture d'une enquête à l'origine de la chute de Lance Armstrong.

Michael Rasmussen
(ici au matin de l'étape
Montpellier-Castres du Tour 2007)
ne sait pas encore qu'il
ne ralliera pas Paris.
Ses mensonges lui coûteront cher...

– 2007 –

MICHAEL RASMUSSEN

ET RASMUSSEN S'ENFUIT DANS LA NUIT

Maillot Jaune depuis sa longue échappée le 15 juillet entre Le Grand-Bornand et Tignes (8e étape), Michael Rasmussen domine outrageusement le Tour 2007. Il réalise un chrono qui dérange pour un grimpeur, à Albi (13e étape, 11e à 2'55" d'Alexandre Vinokourov, contrôlé positif ce soir-là !). Il se balade encore sur les pentes du plateau de Beille (14e étape) et le peloton gronde. Car le Danois a été averti à plusieurs reprises (quatre fois en dix-huit mois) pour s'être soustrait à des contrôles inopinés. Il n'aurait donc pas dû, réglementairement, courir le Tour. Pire, il justifie ses manquements du mois de juin par un séjour prolongé au Mexique... Sauf qu'il s'entraînait dans les Dolomites, en Italie. Un mensonge de trop... Alors que l'ambiance sur le Tour est délétère, que le public conspue le Maillot Jaune sur la route, et même sur les pentes de l'Aubisque où il virevolte et gagne, les dirigeants de la Rabobank, sous la pression des organisateurs, actent son départ. Il est 23 h 10, ce 25 juillet, quand Rasmussen quitte le Tour en catimini, abandonnant son Maillot Jaune à Alberto Contador. Quelques semaines plus tard, des traces d'EPO recombinante seront retrouvées dans des contrôles réalisés rétrospectivement. Il sera suspendu deux ans.

– 2008 –

STEFAN SCHUMACHER

SCHUMACHER SORT DE LA ROUTE

Le 8 juillet 2008, Stefan Schumacher, vainqueur du chrono autour de Cholet (4e étape), synonyme de Maillot Jaune, est loin de faire l'unanimité. Pas trop spécialiste de l'effort en solitaire, l'Allemand a pourtant outrageusement dominé les ténors de la discipline (Millar, Cancellara...). Son passé ne plaide pas pour lui. Il a été blanchi après un premier contrôle positif en 2005 (un médicament lui aurait été prescrit par erreur). En 2007, une prise de sang, lors d'un contrôle de police, a révélé des traces d'amphétamines. Sauf qu'en dehors de la compétition ce n'est pas une pratique dopante. Un contrôle inopiné, juste avant le Mondial 2007, a enfin établi des paramètres sanguins anormaux... Beaucoup pour un seul homme... Schumacher perd son maillot, le surlendemain, dans la montée de Superbesse. À la veille de l'arrivée aux Champs Élysées, il brille encore contre le temps entre Cérilly et Saint-Amand-Montrond. Là encore avec insolence ! La sanction tombera le 6 octobre suivant. Il est convaincu de dopage à la CERA (une EPO de troisième génération), après une série de contrôles rétrospectifs engagés par l'Agence française de lutte antidopage. Il sera suspendu deux ans.

– 2010 –

ALBERTO CONTADOR

LA LONGUE ATTENTE DE CONTADOR

Le 25 juillet 2010, Alberto Contador sourit sur le podium des Champs-Élysées. Il vient de remporter son troisième Tour de France. Un mois plus tard, son contrôle positif au clenbutérol (un anabolisant interdit) lors de la deuxième journée de repos, le 21 juillet, est révélé. Les doses sont faibles, mais la contre-expertise confirme les faits. Pour sa défense, l'Espagnol invoque la consommation d'une viande contaminée la veille du contrôle. Suspendu d'abord un an par sa fédération, le coureur est finalement blanchi par elle en février 2011. Sauf que l'Agence mondiale antidopage et l'UCI font appel de cette décision devant le Tribunal arbitral du sport le mois suivant. La procédure (audition des parties, mise en délibéré de la décision) va s'éterniser et durer un peu plus de dix mois. Le 6 février 2012, Alberto Contador est officiellement suspendu deux ans (avec effet rétroactif au 25 janvier 2011) et déchu de son titre, attribué à son dauphin Andy Schleck. Dix-huit mois se sont écoulés depuis son arrivée triomphale à Paris. Entre-temps, il aura couru, gagné le Giro 2011 et terminé cinquième du Tour 2011…

Alberto Contador n'est plus depuis le début de l'année 2012 un triple vainqueur du Tour. S'il a gagné en 2007 et 2009, un contrôle positif au clenbutérol lui coûte celui de 2010.

– 1999 • 2005 –

LANCE ARMSTRONG

LE MENSONGE ARMSTRONG

En octobre 2012, son recours aux produits dopants durant sa carrière a été confirmé. Ses sept victoires dans le Tour ont été effacées. Lui a admis publiquement, trois mois plus tard, avoir triché.

« Je voudrais adresser un message aux gens qui ne croient pas au cyclisme, aux cyniques, aux sceptiques. Je suis navré qu'ils ne croient pas au miracle, au rêve. Tant pis pour eux ! » Le 24 juillet 2005, Lance Armstrong quitte une première fois le Tour de France sur ces mots, avec un dernier Maillot Jaune sur le dos. Il est le recordman absolu de victoires (sept) dans l'épreuve, mais trop de non-dits, de troubles, de soufre autour de lui altèrent l'instant…

Sept ans et demi plus tard, le 18 janvier 2013, après être revenu sur le Tour le temps de deux éditions - en 2009 (3e) et 2010 (23e) -, il se présente devant Oprah Winfrey, la célèbre présentatrice américaine de talk-shows. Elle lui demande : « Avez-vous pris des produits dopants ? » La réponse fuse : « Yes ». Lance Armstrong vient d'avouer ce que tout le monde pressentait depuis longtemps, notamment après les révélations du journal L'Équipe en août 2005 (six de ses échantillons d'urine prélevés pendant le Tour 1999 contenaient des traces d'EPO). À l'époque, l'affaire avait fait grand bruit sans le voir inquiété par les instances. Il restait un coureur jamais contrôlé positif s'en tenant à sa posture préférée – « Tout ceci n'est que mensonge… » –, sans se soucier de rien, ni de personne. Comme il l'avait fait sur le Tour pendant sept ans. « Je ne ressens rien de particulier avec le Maillot Jaune, avait-il même osé déclarer un jour. S'il était vert, bleu ou blanc, cela ne changerait rien. La satisfaction, c'est de réussir ce pour quoi on travaille d'arrache-pied toute l'année. »

Mais cette fois, il avoue, sans marquer néanmoins de remords particulier, ajoutant même : « ce n'est pas moi qui ai commencé. Bien sûr, j'ai triché, mais tout le monde triche. » Ce « Yes » n'est pas le fruit du hasard. Au fond, Armstrong n'avait plus vraiment le choix. Parce que le 23 août 2012, l'USADA (l'agence anti-dopage américaine) - qui enquêtait sur lui depuis les accusations de son ancien équipier, Floyd Landis, vainqueur déchu du Tour 2006, racontant le dopage au sein de l'équipe - a demandé sa radiation à vie et de le rayer de tous les palmarès depuis octobre 1998. Le 10 octobre 2012, elle a aussi publié un rapport riche de mille pages qui a confirmé l'usage de produits dopants par le Texan, ses appuis pour la mise en place d'un système dont il était le centre, y compris lors de son come-back en 2009. Des mails, des données scientifiques, des tests de laboratoires, des mouvements financiers ont attesté sa tricherie. L'Union Cycliste Internationale a suivi les recommandations de l'USADA et a aussi décidé de ne pas réattribuer ses succès dans le Tour (tous ses dauphins ayant également des choses à se reprocher). Le mythe de l'invincible rescapé du cancer (en octobre 1996, on lui en a trouvé un aux testicules avec métastases au cerveau et aux poumons) a donc vécu. Et ses sponsors de la première heure l'ont lâché…

La méthode Armstrong, soi-disant conçue pour gagner le Tour (peu de jours de course, une reconnaissance pointue des étapes de montagne, une banderille posée dès la première arrivée en altitude pour reléguer ses adversaires à des minutes-lumière, sa cadence de pédalage particulière) n'était qu'une vaste supercherie… Tout comme son contrôle du peloton avec l'installation de ses troupes à l'avant pour faire le tempo, semblant faire du cyclisme une science exacte…

Après ses aveux, il est passé à la caisse, condamné à payer pour ses mensonges. Le 20 avril 2018, il a notamment versé cinq millions de dollars pour échapper à un procès fédéral (le gouvernement américain lui en réclamait cent pour détournement d'argent public après le sponsoring de son équipe par l'US Postal jusqu'en 2004). Ceci a définitivement clos l'affaire. ∎

Sept fois Lance Armstrong a remonté les Champs-Élysées avec la bannière étoilée. Une longue supercherie.

III

STATISTIQUES

Tous les chiffres clés sur le Maillot Jaune
et ses 278 porteurs issus de 25 nations.
Effet de la mondialisation.

QUI L'A PORTÉ LE PLUS LONGTEMPS ?

Nombre de jours en jaune

| 97 | 96 | 95 | 94 | 93 | 92 | 91 | 90 | 89 | 87 | 86 | 85 | 84 | 83 | 82 | 81 | 80 | 79 | 78 | 77 | 76 | 75 | 74 | 7 |

97
(111 FOIS)
EDDY MERCKX
(BEL)

76
(79 FOIS)
BERNARD HINAULT
(FRA)

Eddy Merckx, de 1969 à 1975, aura passé un peu plus de trois mois en jaune. De quoi marquer à jamais sa carrière.

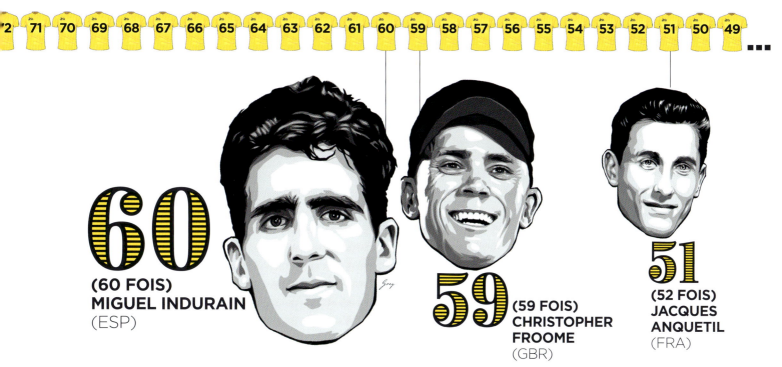

(60 FOIS)
MIGUEL INDURAIN
(ESP)

(59 FOIS)
CHRISTOPHER FROOME
(GBR)

(52 FOIS)
JACQUES ANQUETIL
(FRA)

MÉTHODOLOGIE

COMMENT AVONS-NOUS DÉTERMINÉ LES JOURS EN JAUNE...

Eddy Merckx qui précède Bernard Hinault et Miguel Indurain, lui-même talonné par Christopher Froome, toujours en lice pour améliorer son score, voilà le podium royal des « jours en jaune ».

La méthode de comptage du nombre des jours passés avec le Maillot Jaune mérite quelques précisions.

Un « jour en jaune » correspond à la remise du Maillot chaque soir d'étape, ce qui permet à son détenteur de le porter sur la route le lendemain. Dans les cas précis de Jean Robic (1947) ou Jan Janssen (1968) qui ont remporté le Tour de France le dernier jour sans avoir porté le Maillot Jaune ces années-là autrement que pour le tour d'honneur, ce « jour en jaune » est comptabilisé, au même titre d'ailleurs que pour tous les vainqueurs du Tour pour lesquels le Maillot reçu à Paris vaut naturellement un jour supplémentaire.

Dans certains cas, on peut distinguer le nombre de « jours en jaune » et le nombre de « fois » où le Maillot a été remis, en raison des demi-étapes ou même tiers d'étapes, en vogue dans les années trente puis à partir du milieu des années cinquante jusqu'au début des années quatre-vingt-dix. C'est pourquoi le « nombre de fois » peut être supérieur au « nombre de jours », notamment pour le recordman absolu, Eddy Merckx (97 jours/111 fois).

Il faut noter que lorsqu'un coureur, pour une raison ou une autre, ne porte pas le Maillot Jaune au cours d'une étape (exemple Merckx au lendemain de l'abandon d'Ocaña en 1971), ce jour en jaune lui demeure néanmoins acquis et comptabilisé. Enfin, les journées de repos ne sont jamais comptabilisées.

À PROPOS DES BANNIS...

Certains cas de dopage ou aveux tardifs ont affecté la comptabilité des « jours en jaune ». En particulier Lance Armstrong, qui avait porté le Maillot Jaune durant 83 jours de 1999 à 2005 (2e rang théorique derrière Eddy Merckx), une période assortie de sept « victoires » finales. Il a été purement et simplement rayé des palmarès. Et son bannissement n'a profité à aucun coureur dans cette période particulière puisque le palmarès du Tour de France reste alors vierge.

Les conséquences sont plus complexes pour les déclassements de Floyd Landis (USA) en 2006 et d'Alberto Contador (ESP) en 2010. La victoire finale de ces éditions est revenue respectivement à Oscar Pereiro (ESP) et Andy Schleck (LUX). Dès lors qu'ils ont reçu a posteriori le Maillot Jaune, il y a une certaine logique à les créditer de ces « jours en jaune » que Landis et Contador ont passé à leur place (Pereiro et A. Schleck occupaient alors la deuxième place du classement général). C'est la méthode que nous avons choisie, même s'ils n'ont pas porté le Maillot Jaune sur la route ces jours-là. Oscar Pereiro et Andy Schleck se trouvent ainsi crédités respectivement de deux et six jours supplémentaires, un nombre défalqué évidemment du total de Floyd Landis et Alberto Contador.

En revanche, pour les déclassements de David Zabriskie (USA) en 2005, George Hincapie (USA) en 2006, Stefan Schumacher (ALL) en 2008, nul n'est crédité en lieu et place de ces porteurs ponctuels et indignes du Maillot Jaune.

48 47 46 45 44 43 42 41 40 39 38 37 36 35 34 33 32 31 30 29 28 27 26 2

Antonin MAGNE (FRA). **38**
Nicolas FRANTZ (LUX). **37**
André LEDUCQ (FRA). **34,5**
Ottavio BOTTECCHIA (ITA) ; Louison BOBET (FRA). **34**

Fabian CANCELLARA (SUI). **29**
Sylvère MAES (BEL) ; René VIETTO (FRA). **26**
Joop ZOETEMELK (HOL) ; Laure
Romain MAES (BE

Gino BAR

38
ANTONIN MAGNE
(FRA)

2
CHARLY
GAUL
(FRA)

STEPHEN
ROCHE
(IRL)
3

6
HENRI PÉLISSIER
(FRA)

22
LAURENT FIGNON
(FRA)

EUGÈNE
CHRISTOPHE **6**
(FRA)

13
GEORGES SPEICHER
(FRA)

14
PHILIPPE THYS
(BEL)

19
FAUSTO COPPI
(ITA)

NOTES

Lance Armstrong (USA) qui avait porté 83 fois le Maillot Jaune de 1999 à 2005 a été rayé des palmarès. Les Américains **David Zabriskie** (2005), **George Hincapie** (2006), **Floyd Landis** (2006) et l'Allemand **Stefan Schumacher** (2008) qui ont porté le Maillot Jaune ont été déclassés.

Oscar Pereiro a porté effectivement le Maillot Jaune 5 jours sur le Tour 2006 qu'il remportera après déclassement de Floyd Landis. Le Maillot Jaune final lui sera remis en Octobre 2007. Il peut théoriquement être crédité de deux autres jours supplémentaires, étant donné qu'il occupait la 2e place du classement général derrière Floyd Landis à l'issue des 15e et 19e étapes, soit un total de 7 jours.

Andy Schleck est théoriquement crédité des 6 jours supplémentaires où il aurait dû porter le Maillot Jaune suite au déclassement d'**Alberto Contador** en 2010. Le total de l'Espagnol se trouve retranché du même nombre.

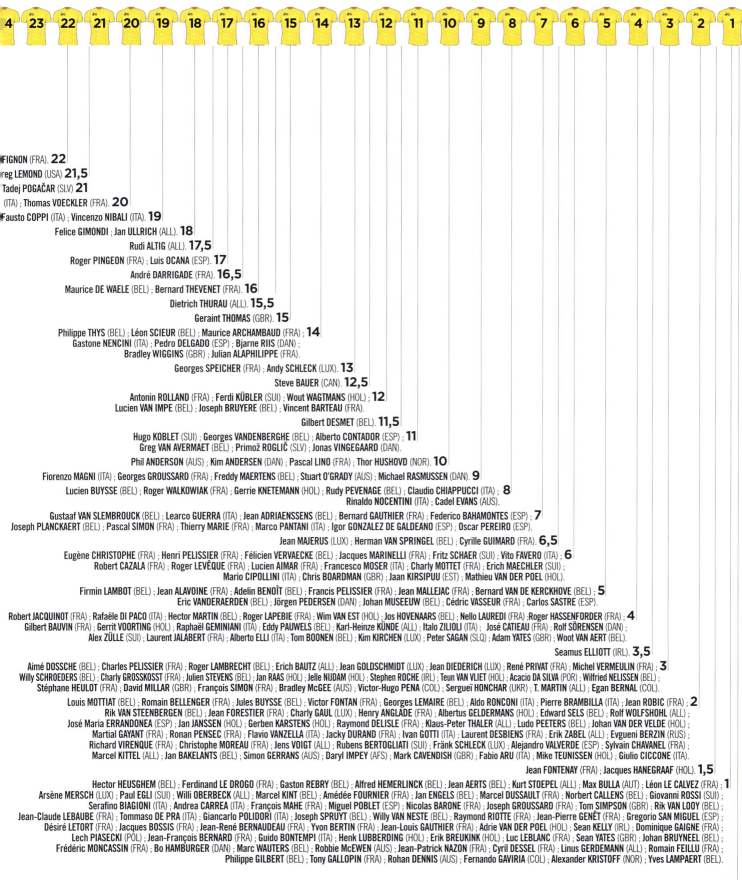

4 | **23** | **22** | **21** | **20** | **19** | **18** | **17** | **16** | **15** | **14** | **13** | **12** | **11** | **10** | **9** | **8** | **7** | **6** | **5** | **4** | **3** | **2** | **1**

FIGNON (FRA). **22**

reg LEMOND (USA) **21,5**

Tadej POGAČAR (SLV) **21**

(ITA) ; Thomas VOECKLER (FRA). **20**

Fausto COPPI (ITA) ; Vincenzo NIBALI (ITA) **19**

Felice GIMONDI ; Jan ULLRICH (ALL) **18**

Rudi ALTIG (ALL). **17,5**

Roger PINGEON (FRA) ; Luis OCANA (ESP). **17**

André DARRIGADE (FRA). **16,5**

Maurice DE WAELE (BEL) ; Bernard THEVENET (FRA). **16**

Dietrich THURAU (ALL). **15,5**

Geraint THOMAS (GBR). **15**

Philippe THYS (BEL) ; Léon SCIEUR (BEL) ; Maurice ARCHAMBAUD (FRA) **14**
Gastone NENCINI (ITA) ; Pedro DELGADO (ESP) ; Bjarne RIIS (DAN) ;
Bradley WIGGINS (GBR) ; Julian ALAPHILIPPE (FRA).

Georges SPEICHER (FRA) ; Andy SCHLECK (LUX). **13**

Steve BAUER (CAN). **12,5**

Antonin ROLLAND (FRA) ; Ferdi KÜBLER (SUI) ; Wout WAGTMANS (HOL) ; **12**
Lucien VAN IMPE (BEL) ; Joseph BRUYERE (BEL) ; Vincent BARTEAU (FRA).

Gilbert DESMET (BEL). **11,5**

Hugo KOBLET (SUI) ; Georges VANDENBERGHE (BEL) ; Alberto CONTADOR (ESP) **11**
Greg VAN AVERMAET (BEL) ; Primož ROGLIČ (SLV) ; Jonas VINGEGAARD (DAN).

Phil ANDERSON (AUS) ; Kim ANDERSEN (DAN) ; Pascal LINO (FRA) ; Thor HUSHOVD (NOR). **10**

Fiorenzo MAGNI (ITA) ; Georges GROUSSARD (FRA) ; Freddy MAERTENS (BEL) ; Stuart O'GRADY (AUS) ; Michael RASMUSSEN (DAN). **9**

Lucien BUYSSE (BEL) ; Roger WALKOWIAK (FRA) ; Gerrie KNETEMANN (HOL) ; Rudy PEVENAGE (BEL) ; Claudio CHIAPPUCCI (ITA) ; **8**
Rinaldo NOCENTINI (ITA) ; Cadel EVANS (AUS).

Gustaaf VAN SLEMBROUCK (BEL) ; Learco GUERRA (ITA) ; Jean ADRIAENSSENS (BEL) ; Bernard GAUTHIER (FRA) ; Federico BAHAMONTES (ESP) ; **7**
Joseph PLANCKAERT (BEL) ; Pascal SIMON (FRA) ; Thierry MARIE (FRA) ; Marco PANTANI (ITA) ; Igor GONZALEZ DE GALDEANO (ESP) ; Oscar PEREIRO (ESP).

Jean MAJERUS (LUX) ; Herman VAN SPRINGEL (BEL) ; Cyrille GUIMARD (FRA). **6,5**

Eugène CHRISTOPHE (FRA) ; Henri PELISSIER (FRA) ; Félicien VERVAECKE (BEL) ; Jacques MARINELLI (FRA) ; Fritz SCHAER (SUI) ; Vito FAVERO (ITA) ; **6**
Robert CAZALA (FRA) ; Roger LEVÊQUE (FRA) ; Lucien AIMAR (FRA) ; Francesco MOSER (ITA) ; Charly MOTTET (FRA) ; Erich MAECHLER (SUI) ;
Mario CIPOLLINI (ITA) ; Chris BOARDMAN (GBR) ; Jaan KIRSIPUU (EST) ; Mathieu VAN DER POEL (HOL).

Firmin LAMBOT (BEL) ; Jean ALAVOINE (FRA) ; Adelin BENOÎT (BEL) ; Francis PELISSIER (FRA) ; Jean MALLEJAC (FRA) ; Bernard VAN DE KERCKHOVE (BEL) ; **5**
Eric VANDERAERDEN (BEL) ; Jörgen PEDERSEN (DAN) ; Johan MUSEEUW (BEL) ; Cédric VASSEUR (FRA) ; Carlos SASTRE (ESP).

Robert JACQUINOT (FRA) ; Rafaële DI PACO (ITA) ; Hector MARTIN (BEL) ; Roger LAPEBIE (FRA) ; Wim VAN EST (HOL) ; Jos HOVENAARS (BEL) ; Nello LAUREDI (FRA) ; Roger HASSENFORDER (FRA) ; **4**
Gilbert BAUVIN (FRA) ; Gerrit VOORTING (HOL) ; Raphaël GEMINIANI (FRA) ; Eddy PAUWELS (BEL) ; Karl-Heinze KÜNDE (ALL) ; Italo ZILIOLI (ITA) ; José CATIEAU (FRA) ; Rolf SÖRENSEN (DAN) ;
Alex ZÜLLE (SUI) ; Laurent JALABERT (FRA) ; Alberto ELLI (ITA) ; Tom BOONEN (BEL) ; Kim KIRCHEN (LUX) ; Peter SAGAN (SLQ) ; Adam YATES (GBR) ; Woot VAN AERT (BEL).

Seamus ELLIOTT (IRL). **3,5**

Aimé DOSSCHE (BEL) ; Charles PELISSIER (FRA) ; Roger LAMBRECHT (BEL) ; Erich BAUTZ (ALL) ; Jean GOLDSCHMIDT (LUX) ; Jean DIEDERICH (LUX) ; René PRIVAT (FRA) ; Michel VERMEULIN (FRA) ; **3**
Willy SCHROEDERS (BEL) ; Charly GROSSKOSST (FRA) ; Julien STEVENS (BEL) ; Jan RAAS (HOL) ; Jelle NIJDAM (HOL) ; Stephen ROCHE (IRL) ; Teun VAN VLIET (HOL) ; Acacio DA SILVA (POR) ; Wilfried NELISSEN (BEL) ;
Stéphane HEULOT (FRA) ; David MILLAR (GBR) ; François SIMON (FRA) ; Bradley McGEE (AUS) ; Victor-Hugo PENA (COL) ; Sergueï HONCHAR (UKR) ; T. MARTIN (ALL) ; Egan BERNAL (COL).

Louis MOTTIAT (BEL) ; Romain BELLENGER (FRA) ; Jules BUYSSE (BEL) ; Victor FONTAN (FRA) ; Georges LEMAIRE (BEL) ; Aldo RONCONI (ITA) ; Pierre BRAMBILLA (ITA) ; Jean ROBIC (FRA) ; **2**
Rik VAN STEENBERGEN (BEL) ; Jean FORESTIER (FRA) ; Charly GAUL (LUX) ; Henry ANGLADE (FRA) ; Albertus GELDERMANS (HOL) ; Edward SELS (BEL) ; Rolf WOLFSHOHL (ALL) ;
José Maria ERRANDONEA (ESP) ; Jan JANSSEN (HOL) ; Gerben KARSTENS (HOL) ; Raymond DELISLE (FRA) ; Klaus-Peter THALER (ALL) ; Ludo PEETERS (BEL) ; Johan VAN DER VELDE (HOL) ;
Martial GAYANT (FRA) ; Ronan PENSEC (FRA) ; Flavio VANZELLA (ITA) ; Jacky DURAND (FRA) ; Ivan GOTTI (ITA) ; Laurent DESBIENS (FRA) ; Erik ZABEL (ALL) ; Evgueni BERZIN (RUS) ;
Richard VIRENQUE (FRA) ; Christophe MOREAU (FRA) ; Jens VOIGT (ALL) ; Rubens BERTOGLIATI (SUI) ; Fränk SCHLECK (LUX) ; Alejandro VALVERDE (ESP) ; Sylvain CHAVANEL (FRA) ;
Marcel KITTEL (ALL) ; Jan BAKELANTS (BEL) ; Simon GERRANS (AUS) ; Daryl IMPEY (AFS) ; Mark CAVENDISH (GBR) ; Fabio ARU (ITA) ; Mike TEUNISSEN (HOL) ; Giulio CICCONE (ITA).

Jean FONTENAY (FRA) ; Jacques HANEGRAAF (HOL). **1,5**

Hector HEUSGHEM (BEL) ; Ferdinand LE DROGO (FRA) ; Gaston REBRY (BEL) ; Alfred HEMERLINCK (BEL) ; Jean AERTS (BEL) ; Kurt STOEPEL (ALL) ; Max BULLA (AUT) ; Léon LE CALVEZ (FRA) ; **1**
Arsène MERSCH (LUX) ; Paul EGLI (SUI) ; Willi OBERBECK (ALL) ; Amédée FOURNIER (FRA) ; Jan ENGELS (BEL) ; Marcel DUSSAULT (FRA) ; Norbert CALLENS (SUI) ;
Serafino BIAGIONI (ITA) ; Andrea CARREA (ITA) ; François MAHE (FRA) ; Miguel POBLET (ESP) ; Nicolas BARONE (FRA) ; Joseph GROUSSARD (FRA) ; Tom SIMPSON (GBR) ; Rik VAN LOOY (BEL) ;
Jean-Claude LEBAUBE (FRA) ; Tommaso DE PRA (ITA) ; Giancarlo POLIDORI (ITA) ; Joseph SPRUYT (BEL) ; Willy VAN NESTE (BEL) ; Raymond RIOTTE (FRA) ; Jean-Pierre GENÊT (FRA) ; Gregorio SAN MIGUEL (ESP) ;
Désiré LETORT (FRA) ; Jacques BOSSIS (FRA) ; Jean-René BERNAUDEAU (FRA) ; Yvon BERTIN (FRA) ; Jean-Louis GAUTHIER (FRA) ; Adrie VAN DER POEL (HOL) ; Sean KELLY (IRL) ; Dominique GAIGNE (FRA) ;
Lech PIASECKI (POL) ; Jean-François BERNARD (FRA) ; Guido BONTEMPI (ITA) ; Henk LUBBERDING (HOL) ; Erik BREUKINK (HOL) ; Luc LEBLANC (FRA) ; Sean YATES (GBR) ; Johan BRUYNEEL (BEL) ;
Frédéric MONCASSIN (FRA) ; Bo HAMBURGER (DAN) ; Marc WAUTERS (BEL) ; Robbie McEWEN (AUS) ; Jean-Patrick NAZON (FRA) ; Cyril DESSEL (FRA) ; Linus GERDEMANN (ALL) ; Romain FEILLU (FRA) ;
Philippe GILBERT (BEL) ; Tony GALLOPIN (FRA) ; Rohan DENNIS (AUS) ; Fernando GAVIRIA (COL) ; Alexander KRISTOFF (NOR) ; Yves LAMPAERT (BEL).

Julien SCHEPENS (BEL) ; Willy TEIRLINCK (BEL) ; Patrick SERCU (BEL) ; Alex STIEDA (CAN). **1/2**

Marinus WAGTMANS (HOL). **1/3**

LES

CANADA

ÉTATS-UNIS
D'AMÉRIQUE

COLOMBIE

NORVÈGE

FÉFÉRATION DE RUSSIE

ESTONIE

GRANDE-
BRETAGNE

DANEMARK

IRLANDE

PAYS-BAS

POLOGNE

ALLEMAGNE

BELGIQUE

LUXEMBOURG

SLOVAQUIE

UKRAINE

FRANCE

SUISSE

AUTRICHE
SLOVÉNIE

PORTUGAL

ESPAGNE

ITALIE

AFRIQUE
DU SUD

MAILLOTS JAUNES PAR PAYS

Les 278 porteurs sont issus de 25 nations.

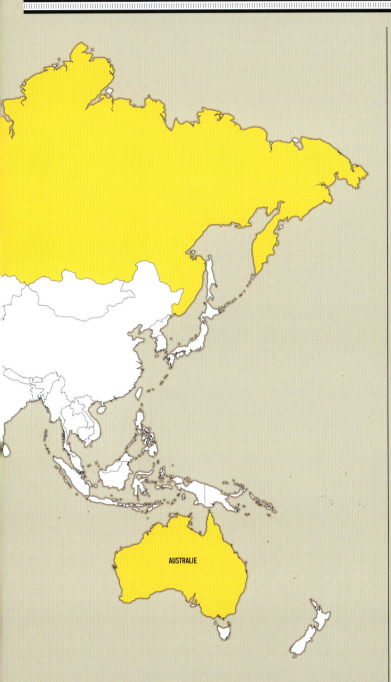

AUSTRALIE

85 🔆

FRANCE

1. **Eugène Christophe**, 1919, 3 jours
2. **Robert Jacquinot**, 1922, 3 jours
   Eugène Christophe, 1922, 3 jours
3. **Jean Alavoine**, 1922, 5 jours
   Robert Jacquinot, 1923, 1 jour
4. **Romain Bellenger**, 1923, 2 jours
5. **Henri Pélissier**, 1923, 6 jours
6. **Francis Pélissier**, 1927, 5 jours
7. **Ferdinand Le Drogo**, 1927, 1 jour
8. **Victor Fontan**, 1929, 2 jours
9. **André Leducq**, 1929, 1 jour
10. **Charles Pélissier**, 1930, 1 jour
    André Leducq, 1930, 13 jours
11. **Léon Le Calvez**, 1931, 1 jour
    Charles Pélissier 1931, 2 jours
12. **Antonin Magne**, 1931, 16 jours
    André Leducq, 1932, 19 jours
13. **Maurice Archambaud**, 1933, 9 jours
14. **Georges Speicher**, 1933, 12 jours
    Georges Speicher, 1934, 1 jour
    Antonin Magne, 1934, 22 jours
    Maurice Archambaud, 1936, 5 jours
15. **Roger Lapébie**, 1937, 4 jours
    André Leducq, 1938, 1 jour et demi
16. **Amédée Fournier**, 1939, 1 jour
17. **Jean Fontenay**, 1939, 1 jour et demi
18. **René Vietto**, 1939, 11 jours
    René Vietto, 1947, 15 jours
19. **Jean Robic**, 1947, 1 jour
20. **Louison Bobet**, 1948, 9 jours
21. **Marcel Dussault**, 1949, 1 jour
22. **Jacques Marinelli**, 1949, 6 jours
23. **Bernard Gauthier**, 1950, 7 jours
24. **Roger Levêque**, 1951, 6 jours
25. **Gilbert Bauvin**, 1951, 1 jour
26. **Nello Lauredi**, 1952, 4 jours
27. **Roger Hassenforder**, 1953, 4 jours
    Jean Robic, 1953, 1 jour
28. **François Mahé**, 1953, 1 jour
29. **Jean Malléjac**, 1953, 5 jours
    Louison Bobet, 1953, 5 jours
    Gilbert Bauvin, 1954, 2 jours
    Louison Bobet, 1954, 14 jours
30. **Antonin Rolland**, 1955, 12 jours
    Louison Bobet, 1955, 6 jours

31. **André Darrigade**, 1956, 6 jours
32. **Roger Walkowiak**, 1956, 8 jours
    André Darrigade, 1957, 1 jour
33. **René Privat**, 1957, 3 jours
34. **Jacques Anquetil**, 1957, 16 jours
35. **Nicolas Barone**, 1957, 1 jour
36. **Jean Forestier**, 1957, 2 jours
    André Darrigade, 1958, 5 jours
    Gilbert Bauvin, 1958, 1 jour
37. **Raphaël Géminiani**, 1958, 4 jours
    André Darrigade, 1959, 2 jours
38. **Robert Cazala**, 1959, 6 jours
39. **Michel Vermeulin**, 1959, 3 jours
40. **Joseph Groussard**, 1960, 1 jour
41. **Henry Anglade**, 1960, 2 jours
    André Darrigade, 1961,
    une demi-journée
    Jacques Anquetil, 1961, 21 jours
    André Darrigade, 1962, 2 jours
    Jacques Anquetil, 1962, 3 jours
    Jacques Anquetil, 1963, 5 jours
42. **Georges Groussard**, 1964, 9 jours
    Jacques Anquetil, 6 jours
43. **Jean-Claude Lebaube**, 1966, 1 jour
44. **Lucien Aimar**, 1966, 6 jours
45. **Roger Pingeon**, 1967, 17 jours
46. **Raymond Riotte**, 1967, 1 jour
47. **Charly Grosskost**, 1968, 3 jours
48. **Jean-Pierre Genêt**, 1968, 1 jour
49. **Désiré Letort**, 1969, 1 jour
50. **Cyrille Guimard**, 1972, 6 jours et demi
51. **José Catieau**, 1973, 4 jours
52. **Bernard Thévenet**, 1975, 8 jours
53. **Raymond Delisle**, 1976, 2 jours
    Bernard Thévenet, 1977, 8 jours
54. **Jacques Bossis**, 1978, 1 jour
55. **Bernard Hinault**, 1978, 3 jours
56. **Jean-René Bernaudeau**, 1979, 1 jour
    Bernard Hinault, 1979, 17 jours
    Bernard Hinault, 1980, 3 jours et demi
57. **Yvon Bertin, 1980**, 1 jour
    Bernard Hinault, 1981,
    18 jours et demi
    Bernard Hinault, 1982, 12 jours
58. **Jean-Louis Gauthier**, 1983, 1 jour
59. **Pascal Simon**, 1983, 7 jours
60. **Laurent Fignon**, 1983, 6 jours
    Bernard Hinault, 1984, 1 jour

...

202

61. **Vincent Barteau**, 1984, 12 jours
Laurent Fignon, 1984, 7 jours
Bernard Hinault, 1985, 16 jours
62. **Thierry Marie**, 1986, 3 jours
63. **Dominique Gaigne**, 1986, 1 jour
Bernard Hinault, 1986, 5 jours
64. **Charly Mottet**, 1987, 6 jours
65. **Martial Gayant**, 1987, 2 jours
66. **Jean-François Bernard**, 1987, 1 jour
Laurent Fignon, 1989, 9 jours
Thierry Marie, 1990, 1 jour
67. **Ronan Pensec**, 1990, 2 jours
Thierry Marie, 1991, 3 jours
68. **Luc Leblanc**, 1991, 1 jour
69. **Richard Virenque**, 1992, 1 jour
70. **Pascal Lino**, 1992, 10 jours
71. **Jacky Durand**, 1995, 2 jours
72. **Laurent Jalabert**, 1995, 2 jours
73. **Frédéric Moncassin**, 1996, 1 jour
74. **Stéphane Heulot**, 1996, 3 jours
75. **Cédric Vasseur**, 1997, 5 jours
76. **Laurent Desbiens**, 1998, 2 jours
Laurent Jalabert, 2000, 2 jours
77. **Christophe Moreau**, 2001, 2 jours
78. **François Simon**, 2001, 3 jours
79. **Jean-Patrick Nazon**, 2003, 1 jour
Richard Virenque, 2003, 1 jour
80. **Thomas Voeckler**, 2004, 10 jours
81. **Cyril Dessel**, 2006, 1 jour
82. **Romain Feillu**, 2008, 1 jour
83. **Sylvain Chavanel**, 2010, 2 jours
Thomas Voeckler, 2011, 10 jours
84. **Tony Gallopin**, 2014, 1 jour
85. **Julian Alaphilippe**, 2019, 14 jours
Julian Alaphilippe, 2020, 3 jours
Julian Alaphilippe, 2021, 1 jour

BELGIQUE

1. **Firmin Lambot**, 1919, 2 jours
2. **Louis Mottiat**, 1920, 1 jour
3. **Philippe Thys**, 1920, 14 jours
Louis Mottiat, 1921, 1 jour
4. **Léon Scieur**, 1921, 14 jours
5. **Hector Heusghem**, 1922, 1 jour
Firmin Lambot, 1922, 3 jours
6. **Adelin Benoît**, 1925, 5 jours
7. **Jules Buysse**, 1926, 2 jours
8. **Gustaaf Van Slembrouck**, 1926, 7 jours
9. **Lucien Buysse**, 1926, 8 jours
10. **Hector Martin**, 1927, 4 jours
11. **Aimé Dossche**, 1929, 3 jours
12. **Maurice De Waele**, 1929, 16 jours
13. **Gaston Rebry**, 1929, 1 jour
14. **Alfred Hamerlinck**, 1931, 1 jour
15. **Jean Aerts**, 1932, 1 jour
16. **Georges Lemaire**, 1933, 2 jours
17. **Romain Maes**, 1935, 21 jours
18. **Sylvère Maes**, 1936, 14 jours

19. **Marcel Kint**, 1937, 1 jour
Sylvère Maes, 1937, 8 jours
20. **Félicien Vervaecke**, 1938, 6 jours
Romain Maes, 1939, une demi-journée
Sylvère Maes, 1939, 4 jours
21. **Jan Engels**, 1948, 1 jour
22. **Roger Lambrecht**, 1948, 2 jours
Roger Lambrecht, 1949, 1 jour
23. **Norbert Callens**, 1949, 1 jour
24. **Rik Van Steenbergen**, 1952, 2 jours
25. **Gilbert Desmet**, 1956, 1 jour et demi
26. **Jean Adriaenssens**, 1956, 3 jours
27. **Jos Hoevenaars**, 1958, 1 jour
28. **Eddy Pauwels**, 1959, 2 jours
Jos Hoevenaars, 1959, 3 jours
29. **Julien Schepens**, 1960, une demi-journée
Jean Adriaenssens, 1960, 4 jours
30. **Willy Schroeders**, 1962, 3 jours
31. **Josef Planckaert**, 1962, 7 jours
Eddy Pauwels, 1963, 2 jours
Gilbert Desmet, 1963, 10 jours
32. **Edward Sels**, 1964, 2 jours
33. **Bernard Van de Kerckhove**, 1964, 2 jours
34. **Rik Van Looy**, 1965, 1 jour
Bernard Van de Kerckhove, 1965, 3 jours
35. **Willy Van Neste**, 1967, 1 jour
36. **Joseph Spruyt**, 1967, 1 jour
37. **Herman Van Springel**, 1968, 4 jours et demi
38. **Georges Vandenberghe**, 1968, 11 jours
39. **Eddy Merckx**, 1969, 18 jours
40. **Julien Stevens**, 1969, 3 jours
Eddy Merckx, 1970, 20 jours
Eddy Merckx, 1971, 17 jours
Eddy Merckx, 1972, 15 jours
41. **Willy Teirlinck**, 1973, une demi-journée
Herman Van Springel, 1973, 2 jours
42. **Joseph Bruyère**, 1974, 3 jours
43. **Patrick Sercu**, 1974, une demi-journée
Eddy Merckx, 1974, 18 jours
Eddy Merckx, 1975, 9 jours
44. **Freddy Maertens**, 1976, 9 jours
45. **Lucien Van Impe**, 1976, 12 jours
Joseph Bruyère, 1978, 8 jours
46. **Rudy Pevenage**, 1980, 8 jours
47. **Ludo Peeters**, 1982, 1 jour
48. **Eric Vanderaerden**, 1983, 2 jours
Ludo Peeters, 1984, 1 jour
Eric Vanderaerden, 1985, 3 jours
49. **Wilfried Nelissen**, 1993, 3 jours
50. **Johan Museeuw**, 1993, 2 jours
Johan Museeuw, 1994, 3 jours
51. **Johan Bruyneel**, 1995, 1 jour
52. **Marc Wauters**, 2001, 1 jour
53. **Tom Boonen**, 2006, 4 jours
54. **Philippe Gilbert**, 2011, 1 jour
55. **Jan Bakelants**, 2013, 2 jours
56. **Greg Van Avermaet**, 2016, 3 jours
Greg Van Avermaet, 2018, 8 jours
57. **Yves Lampaert**, 2022, 1 jour
58. **Woot Van Aert**, 2022, 4 jours

ITALIE

1. **Ottavio Bottecchia**, 1923, 6 jours
Ottavio Bottecchia, 1924, 15 jours
Ottavio Bottecchia, 1925, 13 jours
2. **Learco Guerra**, 1930, 7 jours
3. **Rafaele Di Paco**, 1931, 4 jours
4. **Gino Bartali**, 1937, 2 jours
Gino Bartali, 1938, 8 jours
5. **Aldo Ronconi**, 1947, 2 jours
6. **Pierre Brambilla**, 1947, 2 jours
Gino Bartali, 1948, 9 jours
7. **Fiorenzo Magni**, 1949, 6 jours
Gino Bartali, 1949, 1 jour
8. **Fausto Coppi**, 1949, 5 jours
Fiorenzo Magni, 1950, 1 jour
9. **Serafino Biagioni**, 1951, 1 jour
Fiorenzo Magni, 1952, 2 jours
10. **Andrea Carrea**, 1952, 1 jour
Fausto Coppi, 1952, 14 jours
11. **Vito Favero**, 1958, 6 jours
12. **Gastone Nencini**, 1960, 14 jours
13. **Felice Gimondi**, 1965, 18 jours
14. **Tommaso De Pra**, 1966, 1 jour
15. **Giancarlo Polidori**, 1967, 1 jour
16. **Italo Zilioli**, 1970, 4 jours
17. **Francesco Moser**, 1975, 6 jours
18. **Guido Bontempi**, 1988, 1 jour
19. **Claudio Chiappucci**, 1990, 8 jours
20. **Mario Cipollini**, 1993, 2 jours
21. **Flavio Vanzella**, 1994, 2 jours
22. **Ivan Gotti**, 1995, 2 jours
Mario Cipollini, 1997, 4 jours
23. **Marco Pantani**, 1998, 7 jours
24. **Alberto Elli**, 2000, 4 jours
25. **Rinaldo Nocentini**, 2009, 8 jours
26. **Vincenzo Nibali**, 2014, 19 jours
27. **Fabio Aru**, 2017, 2 jours
28. **Giulio Ciccone**, 2019, 2 jours

LUXEMBOURG

1. **Nicolas Frantz**, 1927, 14 jours
Nicolas Frantz, 1928, 22 jours
Nicolas Frantz, 1929, 1 jour
2. **Arsène Mersch**, 1936, 1 jour
3. **Jean Majérus**, 1937, 2 jours
Jean Majérus, 1938, 4 jours et demi
4. **Jean Goldschmidt**, 1950, 3 jours
5. **Jean Diederich**, 1951, 3 jours
6. **Charly Gaul**, 1958, 2 jours
7. **Kim Kirchen**, 2008, 4 jours
8. **Fränk Schleck**, 2008, 2 jours
9. **Andy Schleck**, 2010, 12 jours
(6 jours + 6 jours suite au déclassement de Contador)
Andy Schleck, 2011, 1 jour

AUTRICHE

1. **Max Bulla**, 1931, 1 jour

ALLEMAGNE

1. **Kurt Stoepel**, 1932, 1 jour
2. **Erich Bautz**, 1937, 3 jours
3. **Willi Oberbeck**, 1938, 1 jour
4. **Rudi Altig**, 1962, 4 jours
Rudi Altig, 1964, 3 jours
Rudi Altig, 1966, 9 jours
5. **Karl-Heinze Kunde**, 1966, 4 jours
6. **Rolf Wolfshohl**, 1968, 2 jours
Rudi Altig, 1969, 1 jour et demi
7. **Dietrich Thurau**, 1977, 15 jours et demi
8. **Klaus-Peter Thaler**, 1978, 2 jours
9. **Jan Ullrich**, 1997, 12 jours
10. **Erik Zabel**, 1998, 1 jour
Jan Ullrich, 1998, 6 jours
11. **Jens Voigt**, 2001, 1 jour
Erik Zabel, 2002, 1 jour
Jens Voigt, 2005, 1 jour
12. **Linus Gerdemann**, 2007, 1 jour
13. **Marcel Kittel**, 2013, 1 jour
Marcel Kittel, 2014, 1 jour
14. **Tony Martin**, 2015, 3 jours

SUISSE

1. **Paul Egli**, 1936, 1 jour
2. **Ferdi Kubler**, 1947, 1 jour
Ferdi Kubler, 1950, 11 jours
3. **Giovanni Rossi**, 1951, 1 jour
4. **Hugo Koblet**, 1951, 11 jours
5. **Fritz Schaer**, 1953, 6 jours
6. **Erich Maechler**, 1987, 6 jours
7. **Alex Zülle**, 1992, 1 jour
Alex Zülle, 1996, 3 jours
8. **Rubens Bertogliati**, 2002, 2 jours
9. **Fabian Cancellara**, 2004, 2 jours
Fabian Cancellara, 2007, 7 jours
Fabian Cancellara, 2009, 6 jours
Fabian Cancellara, 2010, 6 jours
Fabian Cancellara, 2012, 7 jours
Fabian Cancellara, 2015, 1 jour

19
PAYS-BAS

1. **Wim Van Est,** 1951, 1 jour
2. **Wout Wagtmans,** 1954, 7 jours
   Wout Wagtmans, 1955, 2 jours
   Wim Van Est, 1955, 1 jour
3. **Gerrit Voorting,** 1956, 1 jour
   Wout Wagtmans, 1956, 3 jours
   Wim Van Est, 1958, 2 jours
   Gerrit Voorting, 1958, 3 jours
4. **Albertus Geldermans,** 1962, 2 jours
5. **Jan Janssen,** 1966, 1 jour
   Jan Janssen, 1968, 1 jour
6. **Marinus Wagtmans,** 1971, un tiers de jour
7. **Joop Zoetemelk,** 1971, 1 jour
   Joop Zoetemelk, 1973, 1 jour
8. **Gerben Karstens,** 1974, 2 jours
9. **Jan Raas,** 1978, 3 jours
10. **Gerrie Knetemann,** 1978, 2 jours
    Joop Zoetemelk, 1978, 4 jours
    Gerrie Knetemann, 1979, 1 jour
    Joop Zoetemelk, 1979, 6 jours
    Gerrie Knetemann, 1980, 1 jour
    Joop Zoetemelk, 1980, 10 jours
    Gerrie Knetemann, 1981, 4 jours
11. **Jacques Hanegraaf,** 1984, 1 jour et demi
12. **Adrie Van der Poel,** 1984, 1 jour
13. **Johan Van der Velde,** 1986, 2 jours
14. **Jelle Nijdam,** 1987, 1 jour
15. **Teun Van Vliet,** 1988, 3 jours
16. **Henk Lubberding,** 1988, 1 jour
    Jelle Nijdam, 1988, 2 jours
17. **Erik Breukink,** 1989, 1 jour
18. **Mike Teunissen,** 2019, 2 jours
19. **Mathieu Van der Poel,** 2021, 6 jours

12
ESPAGNE

1. **Miguel Poblet,** 1955, 1 jour
2. **Federico Bahamontes,** 1959, 6 jours
   Federico Bahamontes, 1963, 1 jour
3. **José Maria Errandonea,** 1967, 2 jours
4. **Gregorio San Miguel,** 1968, 1 jour
5. **Luis Ocaña,** 1971, 3 jours
   Luis Ocaña, 1973, 14 jours
6. **Pedro Delgado,** 1987, 4 jours
   Pedro Delgado, 1988, 10 jours
7. **Miguel Indurain,** 1991, 10 jours
   Miguel Indurain, 1992, 10 jours
   Miguel Indurain, 1993, 14 jours
   Miguel Indurain, 1994, 13 jours
   Miguel Indurain, 1995, 13 jours
8. **Igor Gonzalez de Galdeano,** 2002, 7 jours
9. **Oscar Pereiro,** 2006, 5 jours
   (+2 jours suite au déclassement
   de Landis)

10. **Alberto Contador,** 2007, 4 jours
11. **Alejandro Valverde,** 2008, 2 jours
12. **Carlos Sastre,** 2008, 5 jours
    Alberto Contador, 2009, 7 jours

9
GRANDE-BRETAGNE

1. **Tom Simpson,** 1962, 1 jour
2. **Chris Boardman,** 1994, 3 jours
3. **Sean Yates,** 1994, 1 jour
   Chris Boardman, 1997, 1 jour
   Chris Boardman, 1998, 2 jours
4. **David Millar,** 2000, 3 jours
5. **Bradley Wiggins,** 2012, 14 jours
6. **Christopher Froome,** 2013, 14 jours
   Christopher Froome, 2015, 16 jours
7. **Mark Cavendish,** 2016, 1 jour
   Christopher Froome, 2016, 14 jours
8. **Geraint Thomas,** 2017, 4 jours
   Christopher Froome, 2017, 15 jours
   Geraint Thomas, 2018, 11 jours
9. **Adam Yates,** 2020, 4 jours

3
IRLANDE

1. **Seamus Elliott,** 1963, 3 jours et demi
2. **Sean Kelly,** 1983, 1 jour
3. **Stephen Roche,** 1987, 3 jours

7
AUSTRALIE

1. **Phil Anderson,** 1981, 1 jour
   Phil Anderson, 1982, 9 jours
2. **Stuart O'Grady,** 1998, 3 jours
   Stuart O'Grady, 2001, 6 jours
3. **Bradley McGee,** 2003, 3 jours
4. **Robbie McEwen,** 2004, 1 jour
5. **Cadel Evans,** 2008, 5 jours
   Cadel Evans, 2010, 1 jour
   Cadel Evans, 2011, 2 jours
6. **Simon Gerrans,** 2013, 2 jours
7. **Rohan Dennis,** 2015, 1 jour

7
DANEMARK

1. **Kim Andersen,** 1983, 6 jours
   Kim Andersen, 1985, 4 jours
2. **Jörgen-Vagn Pedersen,** 1986, 5 jours
3. **Rolf Sörensen,** 1991, 4 jours
4. **Bjarne Riis,** 1995, 1 jour
   Bjarne Riis, 1996, 13 jours

5. **Bo Hamburger,** 1998, 1 jour
6. **Michael Rasmussen,** 2007, 9 jours
   (exclu pour manquement à l'éthique)
7. **Jonas Vingegaard,** 2022, 11 jours

2
CANADA

1. **Alex Stieda,** 1986, une demi-journée
2. **Steve Bauer,** 1988, 4 jours et demi
   Steve Bauer, 1990, 8 jours

1
ÉTATS-UNIS

Greg LeMond, 1986, 7 jours
Greg LeMond, 1989, 8 jours
Greg LeMond, 1990, 2 jours
Greg LeMond, 1991, 4 jours et demi

1
POLOGNE

Lech Piasecki, 1987, 1 jour

1
PORTUGAL

Acacio Da Silva, 1989, 3 jours

1
RUSSIE

Evgueni Berzin, 1996, 2 jours

1
ESTONIE

Jaan Kirsipuu, 1999, 6 jours

3
COLOMBIE

1. **Victor-Hugo Peña,** 2003, 3 jours
2. **Fernando Gaviria,** 2018, 1 jour
3. **Egan Bernal,** 2019, 3 jours

2
NORVÈGE

1. **Thor Hushovd,** 2004, 1 jour
   Thor Hushovd, 2006, 2 jours
   Thor Hushovd, 2011, 7 jours
2. **Alexander Kristoff,** 2020, 1 jour

1
UKRAINE

Sergueï Honchar, 2006, 3 jours

1
AFRIQUE DU SUD

Daryl Impey, 2013, 2 jours

1
SLOVAQUIE

Peter Sagan, 2016, 3 jours
Peter Sagan, 2018, 1 jour

2
SLOVÉNIE

1. **Primož Roglič,** 2020, 11 jours
2. **Tadej Pogačar,** 2020, 2 jours
   Tadej Pogačar, 2021, 14 jours
   Tadej Pogačar, 2022, 5 jours

LES PREMIERS PAR PAYS

Le Français Eugène Christophe a porté le premier Maillot Jaune de l'histoire. D'autres l'ont suivi, issus de 24 pays différents.

1919
FIRMIN LAMBOT
BELGIQUE

1923
OTTAVIO BOTTECCHIA
ITALIE

1927
NICOLAS FRANTZ
LUXEMBOURG

1931
MAX BULLA
AUTRICHE

Il pleut, il fait froid et le Tour traverse la France meurtrie par la Première Guerre Mondiale. Eugène Christophe est en passe de remporter ce Tour de la reprise, long de 5560 kilomètres. Il en reste un peu moins de six cents à accomplir quand sa fourche casse à Raismes (Nord), le vendredi 25 juillet, dans la quatorzième et avant-dernière étape, Metz-Dunkerque. Comme en 1913. Il lui faudra soixante-dix minutes pour réparer. Soixante-dix de trop pour sauver le maillot qui passe sur les épaules de Firmin Lambot. À 33 ans, ce dernier sera donc le premier Maillot Jaune sacré à Paris. Le premier Belge aussi à avoir cet honneur que Philippe Thys (double vainqueur en 1913 et 1914, mais le Maillot Jaune n'existait pas encore), malade dès la première étape et contraint à l'abandon, ne connaîtra qu'en 1920. Lambot récidive en 1922, restant à ce jour le vainqueur du Tour le plus âgé avec cette victoire acquise à 36 ans, 4 mois et 9 jours.

Il fait fort pour son premier Tour de France, Ottavio Bottechia, même s'il a déjà 29 ans. Le Tour 1923 n'en est qu'à sa deuxième étape, Le Havre - Cherbourg, lorsque celui qui était maçon avant la guerre, et qui a débarqué sur la Grande Boucle en qualité de simple équipier, en profite pour gagner et s'emparer du Maillot Jaune. Une première pour l'Italie ! Il le garde deux jours, le perd puis le récupère dans les Pyrénées. Mais cet excellent grimpeur se laisse à nouveau s'échapper, quatre jours plus tard, notamment à cause de son inexpérience de la course. Il ne sait s'alimenter ou s'hydrater en temps utile, ni gérer ses efforts. Il terminera néanmoins deuxième à Paris. En 1924 (Maillot Jaune de bout en bout) et en 1925, il montre qu'il connaît désormais parfaitement son métier. Avant de décéder mystérieusement, en juin 1927, lorsqu'on le retrouva gisant sur la route lors d'une sortie d'entraînement.

Bien sûr, il y eut François Faber, brillant vainqueur du Tour en 1909. Sauf qu'à l'époque il n'y avait pas de Maillot Jaune. Alors Nicolas Frantz reste bel et bien pour l'histoire le premier porteur luxembourgeois. C'était le 30 juin 1927, au soir de la onzième étape, Bayonne-Luchon, qu'il venait de survoler. Quatorze jours plus tard, il le portait toujours à Paris. L'année suivante, il l'enfile de nouveau, mais cette fois du début jusqu'à la fin. Où résidait sa force, au-delà de son aisance en montagne ? Dans sa méticulosité, dixit Henri Desgrange, le patron du Tour. « Il pousse le souci de détail jusqu'à emporter 22 culottes et 22 paires de chaussettes – une par étape – parce qu'il ne veut pas qu'un blanchissage hâtif lui égratigne la peau et provoque un furoncle. » Il avait aussi la réputation de ne jamais crever ou rarement… « Mais c'est parce qu'il a toujours le regard dirigé sur la route. Il voit venir les cailloux perforateurs et il les évite… »

Max Bulla n'est pas que le premier Autrichien Maillot Jaune du Tour. Ce 1er juillet 1931, sur la route entre Caen et Dinan (212 km), il devient aussi le premier touriste-routier (individuel sans assistance) à le porter. Parti dix minutes après les As (les coureurs engagés en équipe), le jeune Viennois (25 ans) se lance dans une grande offensive à cent kilomètres du but. Elle sera payante. Si Charles Pélissier est bien le premier d'un groupe de trente As sur la ligne d'arrivée, Bulla se présente sept minutes plus tard… Trois minutes de gagnées, trois minutes synonymes de victoire d'étape et de première place au général. Le soir, à la terrasse de son hôtel, savourant l'instant, il se déclare « ravi d'avoir [sa] photo dans le journal pour qu'enfin le cyclisme soit reconnu dans [son] pays… » Il gagnera encore deux étapes dans ce Tour, qu'il terminera à la quinzième place, la meilleure de sa carrière close en 1949.

1932
KURT STOEPEL
ALLEMAGNE

Henri Desgrange s'étrangle à la vue des résultats de cette deuxième étape du Tour 1932. Le patron du Tour a mis en place, pour la première fois, un système de bo-nifications aux arrivées (4' décomptées au premier, 2' au second et 1' au troisième). La veille, trois Belges (Aerts, Demuysère et Sieronski), arrivés avec quelques secondes d'avance à Caen, en ont bien profité et voilà qu'ils ont tout galvaudé sur les trois cents kilomètres de la route de Nantes. La course, débridée dans le final, se joue sur un sprint entre treize hommes. Kurt Stopel (24 ans), passé pro en 1930, est le plus rapide. Mais voilà le classement général complètement bouleversé et il devient du même coup le premier Allemand à endosser le Maillot Jaune. Il le perdra dès le lendemain à Bordeaux au profit d'André Leducq qui ne le lâchera plus jusqu'à l'arrivée. Stopel néanmoins s'accrochera et regagnera Paris à la deuxième place du général, avec vingt-quatre minutes de retard sur Leducq… La faute aux bonifications !

1955
MIGUEL POBLET
ESPAGNE

Le 7 juillet à Dieppe, le ciel est bleu, la mer verte, juste ridée par quelques vaguelettes. Annie Cordy s'apprête à chanter le soir dans la parade du Tour. Sur le circuit de l'esplanade de la mer, la course prend un drôle de tour… Un Espagnol s'empare du Maillot Jaune ! Miguel Poblet (27 ans), échappé avec une dizaine de coureurs dont Jean Robic et Wout Wagtmans, bat tout le monde au sprint au terme de la première étape Le Havre - Dieppe. Pas besoin de la photo finish nouvellement installée dans l'épreuve pour le déclarer vainqueur. Les compliments pleuvent sur le Catalan, par ailleurs brillant six-dayman. Pierre Chany évoquera « un exploit à la mesure de sa classe, une classe à l'état pur… ». L'après-midi, Poblet conserve son maillot à l'issue du chrono par équipes remporté par les Hollandais. Un peu plus de trois semaines plus tard, il boucle à sa fa-çon la Grande Boucle en remportant la dernière étape, Tours-Paris. Entre-temps, il s'est permis de passer en tête en haut du Tourmalet. Effective-ment, la classe !

1963
SEAMUS ELLIOTT
IRLANDE

Le Vélodrome est tout proche, il pleut, il fait froid mais Seamus Elliott n'en a cure. Dans sa tête, il se repasse sans cesse le visage de son fils Pascal, seize mois, dont le parrain n'est autre que Jean Stablinski, champion du monde l'année précédente. Celui-là même qui l'a emmené dans cette longue échappée de 150 kilomètres depuis Jambes, en Belgique, jusqu'à Roubaix, et qui lui a dit d'y aller à six bornes de l'arrivée. Alors l'Irlandais fonce sur la route glissante, tout seul face à son destin : devenir le premier Irlandais porteur du Maillot Jaune, à l'issue de cette troisième étape. « J'ai toujours rêvé de ce maillot, racontera ensuite Elliott, carrossier dans son pays, installé en France depuis 1955. Et je le dois aussi à Jacques (Anquetil, son leader dans l'équipe Saint-Raphaël-Gitanes en route pour un quatrième Tour). Il m'a choisi très tôt dans la saison comme équipier sur le Tour et hier, comme il a vu que j'étais bien, il m'a dit de me placer en tête de peloton pour prendre la bonne échappée. » Bien joué !

■■■

1936
PAUL EGLI
SUISSE

« J'ai le Maillot Jaune et je n'en reviens pas. Celui qui m'aurait dit au départ de Paris que je serais premier à Lille aurait peut-être reçu un coup de poing pour se moquer de moi de la sorte… » Paul Egli entame ainsi sa chronique à la une de *L'Auto*, le 8 juillet 1936, qui salue son succès dans la première étape du Tour. Il ne sait pas encore qu'il abandonnera lors de la dixième entre Digne et Nice, il assure ne pas « s'illusionner », mais, à 25 ans, il veut défendre son maillot de leader, le premier d'un Suisse dans le Tour, conquis sous une pluie battante, à la bagarre notamment avec Maurice Archambaud, qui lui reprendra le lendemain. « J'ai mené très peu en course, je l'avoue. Je ne savais pas où j'étais, loin ou près de l'arrivée. Alors j'ai suivi, bien que je n'aime pas me faire traîner. Et je n'ai pensé à la victoire que dans Lille. » Le soir, avant d'aller saluer la foule massée devant son hôtel, il confiera encore : « Lorsque le Seigneur a ouvert les écluses célestes, il a exaucé mes vœux les plus chers. Je suis l'homme de la pluie et de la boue… »

1951
WIM VAN EST
PAYS-BAS

Son Maillot Jaune, le premier pour un Hollandais, réjouit la caravane du Tour, le 16 juillet 1951. Wim Van Est est un solide rouleur qui a gagné Bordeaux-Paris en 1950 (2e en 1951). Il n'a pas fait semblant dans cette douzième étape, Agen-Dax, présent dans une échappée de dix coureurs parti dès le vingt-deuxième kilomètre. Mais les esprits sont déjà tournés vers les Pyrénées et l'Aubisque qui se profile le lendemain. Van Est veut honorer son maillot. Il s'accroche dans la montée et se lance dans la descente à une allure effrayante. Résultat : trois chutes dont la dernière au fond d'un ravin dont il ne sortira qu'au moyen d'une tresse de boyaux confectionnée par son directeur sportif. « Il a sauvé miraculeusement sa vie, abandonnant au rocher les lambeaux de son emblème », écrira dans son édito Jacques Goddet, le directeur de l'épreuve, avant d'ajouter : « Salut à ce trop vaillant coureur qui disparaît, enveloppé dans le drapeau du Tour. »

**1962
TOM SIMPSON
GRANDE-BRETAGNE**

**1986
GREG LEMOND
ÉTATS-UNIS**

en plein Tour de France, les images de sa silhouette zigzaguant sous le soleil, ses yeux révulsés… Pourtant, Tom Simpson avait marqué l'épreuve d'une autre manière, cinq ans plus tôt, le 5 juillet 1962 très exactement, en devenant le premier Maillot Jaune britannique, au terme de la douzième étape, Pau - Saint-Gaudens. Le soir même, il avait fêté cela devant une tasse de thé et des biscottes beurrées, tout en posant pour les photographes avec un chapeau melon et un parapluie… Très apprécié dans le peloton, Simpson n'était ce jour-là pas dupe du retentissement de son exploit dans son pays. « S'il pleut à Wimbledon, j'aurai des articles un peu plus longs dans la presse. Sinon, ça risque de passer inaperçu… » La France, où il s'était installé à la fin des années cinquante, lui accorda en revanche toujours plus d'attention.

Forcément, personne n'a oublié son décès tragique sur les pentes du mont Ventoux, le 13 juillet 1967,

a du mal à reprendre sa respiration. À la peine en début de course, il s'est accroché pour assister son leader chez Coop-Mercier, Joop Zoetemelk et son coéquipier Jean-Louis Gauthier, Maillot Jaune depuis la veille. Il a bataillé, est revenu aux avant-postes et a filé le train du Belge Rudy Matthys soudain échappé. A l'arrivée, une seconde place à l'étape et la première au général… Andersen est un peu triste pour son ami Gauthier, mais personne ne lui reproche rien. Oublié son premier Tour terminé à l'hôpital en 1981 ! Le Danois tiendra la cadence jusqu'à Pau, comme il l'avait promis. En 1985, il goûtera de nouveau aux joies du Maillot Jaune.

Le Maillot Jaune que Greg LeMond endosse le 20 juillet 1986, au sommet du Granon dans les Alpes, n'étonne personne au fond. Depuis l'année précédente, et la promesse faite par Bernard Hinault de l'aider à gagner, la caravane du Tour est prête à voir un Américain en tête du classement général pour la première fois. Pourtant, tout n'est pas simple, Bernard Hinault, qui va raccrocher en fin de saison, a des fourmis dans les jambes. Dans les Pyrénées, il l'a montré. LeMond l'a certes ramené à la raison dans la montée de Super-Bagnères, mais la tension est palpable. Alors, dans les Alpes, Greg n'a pas rigolé et rapidement déshabillé le quintuple vainqueur du Tour. « Nous nous sommes expliqués. Tout s'est apaisé. Il va travailler pour moi », assure-t-il le soir même de sa prise de pouvoir. Le lendemain, ce sera la grande démonstration d'amitié des deux hommes dans l'alpe d'Huez, l'arrivée main dans la main et le premier Tour dans la poche de LeMond, avant ceux de 1989 et 1990.

**1981
PHIL ANDERSON
AUSTRALIE**

**1986
ALEX STIEDA
CANADA**

quelques mots de français. Il n'a rien voulu lâcher sur la route, il a souffert mais il y a cru. Dès le lendemain, son rêve s'achève, Hinault reprend son bien. Anderson terminera néanmoins dixième à Paris, et il portera le maillot neuf jours supplémentaires l'année suivante.

Bernard Hinault a l'œil noir. Mais pourquoi cet Australien est-il toujours dans ses pattes dans les derniers mètres de la pente du Pla d'Adet ? La plaisanterie dure depuis quatre kilomètres. Lucien Van Impe est devant, en passe de gagner cette sixième étape du Tour, Saint Gaudens - Saint-Lary-Soulan, le 30 juin 1981. Le champion français lui prétend au Maillot Jaune, sauf que, pour dix-sept petites secondes, Phil Anderson va en hériter. Ce grand gaillard, au gabarit assez lourd, né il y a 23 ans à Melbourne, là-bas à l'autre bout de la terre, a débarqué en France deux ans plus tôt, et il découvre le Tour… Mais il ne doute de rien et surtout pas de lui. L'histoire est belle et Anderson baragouine son bonheur avec

**1983
KIM ANDERSEN
DANEMARK**

« C'est pas mal, hein ? » Kim Andersen est épuisé, son visage est noirci par la poussière des pavés qui mènent le Tour à Roubaix, ce 4 juillet 1983. Le Danois, qui vient d'enfiler le premier Maillot Jaune de l'histoire pour son pays, au terme de la troisième étape Valenciennes- Roubaix,

Il porte le numéro 210, le dernier dossard attribué sur ce Tour de France. Et pourtant c'est bien lui qui, le 5 juillet 1986, sur les coups de midi à Sceaux, vient d'endosser le Maillot Jaune. Le premier pour un Canadien. Alex Stieda n'en revient pas. « Je voulais faire le sprint à Levallois, c'est tout. Comme personne suivait, j'ai continué sans me soucier du reste. » Il accomplit cinquante-deux kilomètres en solitaire avant d'être rejoint par un petit groupe. Pol Verschuere, le Belge futur vainqueur de l'étape, lui lance au passage : « Travaille, c'est toi qui a le Maillot Jaune ! » Pas besoin de lui répéter deux fois, il peut remercier les bonifications acquises toute la matinée… L'après-midi, l'ex-étudiant en médecine à Vancouver n'est plus à la fête. Il est lâché dans le chrono par équipes, à dix bornes de la ligne d'arrivée, par ses coéquipiers de la Seven Eleven. Il frôle l'élimination, il perd forcément le Maillot Jaune, mais n'est pourtant pas prêt d'oublier cette journée.

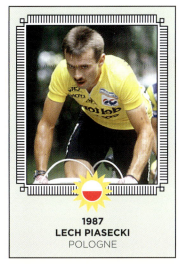

1987
LECH PIASECKI
POLOGNE

1989
ACACIO DA SILVA
PORTUGAL

Bernard Hinault vient de prendre sa retraite, et le Tour s'est étendu au-delà des frontières. Il part de Berlin, le 1er juillet. Le Mur n'est pas encore tombé… Dans le prologue, mine de rien, Lech Piasecki a pris ses marques. Deuxième derrière Jelle Nijdam. Le lendemain matin, il trouve l'ouverture dans une échappée de huit coureurs et s'empare du Maillot Jaune. Le premier pour un Polonais. Sauf que le moustachu, petit et râblé, n'a pas trop le temps de le savourer. L'après-midi même, il faut le défendre dans un contre-la-montre par équipes. Heureusement, ses coéquipiers de la Del Tongo font le boulot. Et Piasecki, gravement accidenté un an avant dans la Coors Classic, peut s'endormir avec la précieuse tunique. Très pieux – il a même été reçu par le pape Jean-Paul II au printemps précédent –, il ne dispose néanmoins d'aucune aide divine pour le garder un jour de plus. L'aventure s'arrête avant même la rentrée en France, à Stuttgart.

Acacio Da Silva a de la suite dans les idées. Il a bien noté que le Tour 1989 démarre du Luxembourg. Un pays qu'il connaît bien, même s'il vit désormais en Suisse et court pour la Carrera, une équipe italienne. Il y a débarqué avec toute sa famille à l'âge de six ans. C'est là qu'il a appris à rouler avec ses deux frères aînés. Comme un heureux hasard, la première demi-étape, le 2 juillet, fait passer le peloton à Dudelange, où toute sa famille réside encore. Une bonne occasion de briller et pourquoi pas de rafler le Maillot Jaune ? Après tout, il a bien porté le rose au Giro, un mois plus tôt… Déjà vainqueur de deux étapes dans le Tour (en 1987 et 1988), Da Silva, de fait, réussit à prendre la bonne échappée. Il s'octroie même un petit arrêt pour saluer les frangins et les frangines et fonce vers la victoire d'étape, synonyme de tunique en or. La première de l'histoire pour un coureur portugais. Il la gardera trois jours.

1996
EVGUENI BERZIN
RUSSIE

Pour nombre de suiveurs, il est l'un des plus doués de sa génération. Evgueni Berzin a remporté le Giro en 1994, et il est alors le seul coureur à avoir battu le grand Miguel Indurain dans un Grand Tour. Si, en 1995, il a abandonné pour son premier Tour de France, il promet pour 1996. Dossard 51 sur le dos, il rate pour trois secondes le Maillot Jaune, le premier pour un Russe, lors du prologue, devancé par Alex Zülle et Chris Boardman. Qu'importe ! Une semaine plus tard, dans la montée des Arcs, où Indurain s'effondre, il s'empare enfin du maillot pour seize centièmes de seconde. Et il le consolide le lendemain en remportant le chrono de Val-d'Isère devant les Riis et autre Olano… ça n'ira pas plus loin. Son équipe, la Gewiss, n'est pas assez solide pour l'aider. Le lendemain, dans l'étape raccourcie de Sestrières pour cause de neige, Bjarne Riis s'envole… Berzin terminera vingtième à Paris, et ne brillera plus jamais sur la route du Tour.

À trente ans, ce bonhomme joufflu, à la mine toujours impassible, et solidement implanté en France depuis près de dix ans, ne lâchera donc rien sur la route de Saint-Nazaire, le 5 juillet 1999. Alors qu'une grosse partie du peloton va se fracasser dans le passage du Gois, lui roule devant et remporte toutes les bonifications lors des sprints intermédiaires. Le Maillot Jaune est au bout. Ca tombe bien, son équipe a besoin d'un nouveau sponsor. Il lui offrira six jours de publicité en jaune…

2003
VICTOR-HUGO PEÑA
COLOMBIE

1999
JAAN KIRSIPUU
ESTONIE

La veille, à Challans, il a gagné sa première étape sur le Tour de France. Inédit pour un Estonien. Le Tour est à peine parti et s'apprête à vivre une première semaine dévolue aux sprinters. Lance Armstrong est déjà en jaune, mais Jaan Kirsipuu n'est qu'à seize secondes derrière. De quoi se faire alors un petit film dans la tête… Et s'il devenait le premier Estonien Maillot Jaune du Tour ?

Sur la ligne d'arrivée, Lance Armstrong et ses boys exultent. Pour la première fois, l'US Postal vient de gagner le chrono par équipes. Il a fait chaud entre Joinville et Saint-Dizier, quatrième étape du Tour du centenaire, mais les gars ont bien roulé. Surtout l'un, Victor-Hugo Peña, qui devient du même coup le premier Colombien Maillot Jaune. Ce que n'ont jamais réussi à faire les mythiques Lucho Herrera et Fabio Parra dans les années 80… Ce fils de séminariste, plutôt mordu de natation quand il était enfant, n'en suivait pas moins leurs aventures à la télévision, avant de se lancer sur le vélodrome voisin de la piscine municipale de Santander. Et, ce 9 juillet 2003, il les surpasse. Il gardera le maillot, dédié à Herrera, pendant trois jours. Sans se sentir vraiment à l'aise… Au soir de la première étape alpestre, à Morzine, Virenque lui subtilise son bien. Il retrouve alors son rôle préféré, celui d'équipier d'Armstrong…

■■■

···

2004
THOR HUSHOVD
NORVÈGE

2006
SERGUEÏ HONCHAR
UKRAINE

Il restera comme le premier Ukrainien à porter le Maillot Jaune. Mais peut-il s'en glorifier ? Quand le 8 juillet 2006, à l'issue du contre-la-montre Saint-Grégoire - Rennes, Sergueï Honchar, spécialiste de la discipline et vainqueur de l'étape, s'empare de la première place, son équipe, la T-Mobile, soupire d'aise. Cette victoire efface un peu les tourments causés par l'exclusion de leur leader, Jan Ullrich, à la veille du départ, impliqué dans une affaire de dopage sanguin. « J'attendais ce moment depuis longtemps, raconte alors Honchar. Malgré mes trente-six ans, je me sens encore jeune. » Il est encore en tête lors du dernier chrono, Le Creusot - Montceau-les-Mines, à la veille de l'arrivée à Paris et du succès de Landis, finalement rattrapé par le scandale quelques jours plus tard. Pour l'Ukrainien, il faudra attendre quelques mois de plus. Le

Thor Hushovd a tout prévu. Quand il a découvert le parcours du Tour de France pendant l'hiver, il s'est dit qu'il y avait un truc à faire. Un bon prologue, des bonifications récupérées dans les sprints intermédiaires et le Maillot Jaune peut s'accrocher pour la première fois sur les épaules d'un Norvégien… Chose faite le 5 juillet 2004, à l'arrivée de la deuxième étape Charleroi-Namur remportée par Robbie McEwen. La deuxième place est suffisante. Toute la famille est là pour saluer l'événement. « Aujourd'hui, je suis devenu un grand coureur, raconte Hushovd, qui, peu de temps auparavant, n'avait aucune connaissance en matière de cyclisme. Ce maillot va changer ma vie… » Il ne se trompe pas vraiment. Il le portera encore en 2006 et en 2011.

11 mai 2007, la T-Mobile le suspend pour paramètres anormaux lors d'un contrôle sanguin, avant de l'exclure un mois plus tard. Fin de l'histoire.

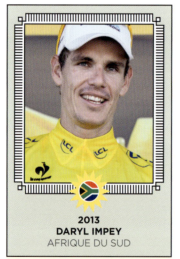

2013
DARYL IMPEY
AFRIQUE DU SUD

Un miracle, ou plutôt le cadeau d'un véritable ami. Le 2 juillet 2013, l'équipe Orica-Green Edge remporte le chrono par équipes autour de Nice et Simon Gerrans, l'Australien, prend le Maillot Jaune devant son coéquipier sud-africain, Daryl Impey. Le lendemain, sur la route de Marseille, il décide qu'il lui cédera sa précieuse tunique. « J'ai tellement aimé être en jaune et Daryl avait tellement travaillé dur pour moi dans ce Tour que je voulais qu'il vive ça, racontera Gerrans. C'est un juste retour des choses. J'ai eu ma victoire d'étape, mon maillot jaune, mon moment de gloire. À son tour. Un ou deux jours de plus en

jaune n'aurait rien changé pour moi. Et ça changera sa vie. » Le 4 juillet, à l'arrivée à Montpellier, il a donc lancé Matthew Goss dans son sprint comme prévu au briefing matinal, s'est assuré qu'Impey était quelques places devant lui. Et ce dernier, qui avait préféré le vélo au foot à l'issue d'une sortie VTT en famille, est donc devenu le premier Africain porteur du maillot jaune du Tour. Il aura fallu attendre la centième édition. Il le gardera deux jours et ralliera Paris à la 74e place.

2016
PETER SAGAN
SLOVAQUIE

Il était déjà une star dans le milieu, il avait déjà connu le goût des victoires d'étape sur le Tour. Du coup, une cinquième, à Cherbourg, à l'issue de la deuxième étape, aurait dû avoir moins de piment. Sauf qu'elle s'accompagnait du Maillot Jaune. Une première pour un Slovaque, donc forcément… Il assurera pourtant, à l'arrivée, s'être « ennuyé en cours de route. Pour les gens qui regardent, seuls les vingt ou trente derniers kilomètres deviennent intéressants. Avant, c'est une sorte de transfert… » Cette dernière partie lui aura en tout cas permis d'ajuster au mieux son sprint. « Mais je croyais qu'il y avait encore des gars de l'échappée devant, je ne pensais pas qu'on arrivait pour la victoire. » Encore moins pour le Maillot Jaune. Mais le champion du monde en titre l'a apprécié évidemment, sans en faire une fixation. « Si je perds demain ou après-demain, j'aurais le vert, celui que je vise à Paris. Et puis, sinon, je retrouverai l'arc-en-ciel. J'ai donc le choix, c'est pas mal non ? » Cette année-là, il le portera trois jours, sera bien en vert à Paris et conservera même son titre mondial. Depuis, son palmarès ne cesse de s'étoffer.

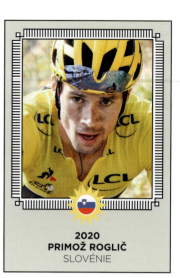

2020
PRIMOŽ ROGLIČ
SLOVÉNIE

Jamais encore un Slovène n'avait gagné le Tour, et tout portait à croire que Primoz Roglic serait celui-là… Numéro un mondial à l'issue des saisons 2019 et 2020, déjà vainqueur de la Vuelta et de nombreuses courses à étapes, ce rouleur-grimpeur est un favori logique du Tour 2020 disputé en septembre en raison de la pandémie du coronavirus. De fait, il est le premier de son pays à s'emparer du Maillot Jaune, à Laruns, dans les Pyrénées où cependant son … compatriote Tadej Pogaçar souffle la victoire d'étape. Comment imaginer encore à ce stade que deux Slovènes occuperaient les deux premières places à Paris ?

Primoz Roglic porte le Maillot Jaune onze jours, et son équipe Jumbo semble cadenasser la course. En vérité, quelques occasions ont été manquées de distancer le jeune Pogaçar qui fait sensation dans le contre la montre de la Planche des Belles filles, à la veille de l'arrivée sur les Champs-Elysées. Enorme désillusion pour Roglic, paralysé par l'enjeu, méconnaissable, qui passe à côté du sujet. Depuis lors, l'ancien sauteur à skis, venu tardivement au cyclisme, a multiplié les succès un peu partout mais aussi les infortunes sur le Tour où des chutes l'ont mené à l'abandon en 2021 comme en 2022.

À JAMAIS LE PREMIER !

Eugène Christophe, (ici en 1925 sur la piste
du Parc des Princes), restera à jamais,
le premier à avoir conquis le Maillot Jaune.

LES 278 PORTEURS

PAR ORDRE ALPHABÉTIQUE

ADRIAENSSENS JAN
(BEL, 1956-1960)

AERTS JEAN
(BEL, 1932)

AIMAR LUCIEN
(FRA, 1966)

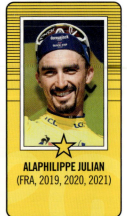
ALAPHILIPPE JULIAN
(FRA, 2019, 2020, 2021)

ALAVOINE JEAN
(FRA, 1922)

ALTIG RUDI
(ALL, 1962, 1964, 1966, 1969)

ANDERSEN KIM
(DAN, 1983, 1985)

ANDERSON PHIL
(AUS, 1981, 1982)

ANGLADE HENRY
(FRA, 1960)

ANQUETIL JACQUES
(FRA, 1957, 1961, 1962, 1963, 1964)

ARCHAMBAUD MAURICE
(FRA, 1933, 1936)

ARU FABIO
(ITA, 2017)

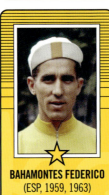
BAHAMONTES FEDERICO
(ESP, 1959, 1963)

BAKELANTS JAN
(BEL, 2013)

BARONE NICOLAS
(FRA, 1957)

BARTALI GINO
(ITA, 1937, 1938, 1948, 1949)

BARTEAU VINCENT
(FRA, 1984)

BAUER STEVE
(CAN, 1988, 1990)

BAUTZ ERICH
(ALL, 1937)

BAUVIN GILBERT
(FRA, 1951, 1954, 1958)

BELLENGER ROMAIN
(FRA, 1923)

BENOÎT ADELIN
(BEL, 1925)

BERNAL EGAN
(COL, 2019)

BERNARD JEAN-FRANÇOIS
(FRA, 1987)

BERNAUDEAU JEAN-RENÉ
(FRA, 1979)

BERTIN YVON
(FRA, 1980)

BERTOGLIATI RUBENS
(SUI, 2002)

BERZIN EVGUENI
(RUS, 1996)

BIAGIONI SERAFINO
(ITA, 1951)

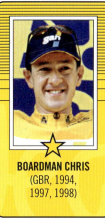

BOARDMAN CHRIS
(GBR, 1994,
1997, 1998)

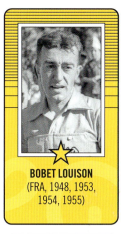

BOBET LOUISON
(FRA, 1948, 1953,
1954, 1955)

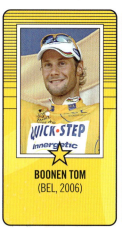

BOONEN TOM
(BEL, 2006)

BONTEMPI GUIDO
(ITA, 1988)

BOSSIS JACQUES
(FRA, 1978)

BOTTECCHIA OTTAVIO
(ITA, 1923,
1924, 1925)

BRAMBILLA PIERRE
(ITA, 1947)

BREUKINK ERIK
(HOL, 1989)

BRUYÈRE JOSEPH
(BEL, 1974, 1978)

BRUYNEEL JOHAN
(BEL, 1995)

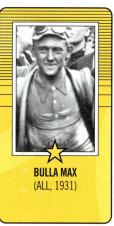

BULLA MAX
(ALL, 1931)

BUYSSE JULES
(BEL, 1926)

BUYSSE LUCIEN
(BEL, 1926)

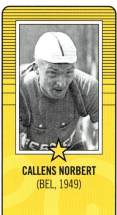

CALLENS NORBERT
(BEL, 1949)

CANCELLARA FABIAN
(SUI, 2004, 2007,
2009, 2010, 2012, 2015)

CARREA ANDREA
(ITA, 1952)

CATIEAU JOSÉ
(FRA, 1973)

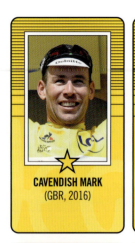
CAVENDISH MARK
(GBR, 2016)

CAZALA ROBERT
(FRA, 1959)

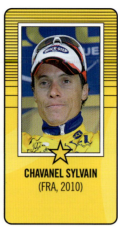
CHAVANEL SYLVAIN
(FRA, 2010)

CHIAPPUCCI CLAUDIO
(ITA, 1990)

CHRISTOPHE EUGÈNE
(FRA, 1919, 1922)

CIPOLLINI MARIO
(ITA, 1993, 1997)

CICCONE GIULIO
(ITA, 2019)

CONTADOR ALBERTO
(ESP, 2007, 2009)

COPPI FAUSTO
(ITA, 1949, 1952)

DARRIGADE ANDRÉ
(FRA, 1956, 1957, 1958, 1959, 1961, 1962)

DA SILVA ACACIO
(POR, 1989)

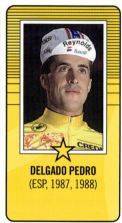
DELGADO PEDRO
(ESP, 1987, 1988)

DELISLE RAYMOND
(FRA, 1976)

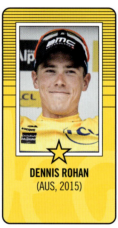
DENNIS ROHAN
(AUS, 2015)

DE PRA TOMMASO
(ITA, 1966)

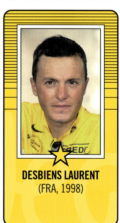
DESBIENS LAURENT
(FRA, 1998)

DESMET GILBERT
(BEL, 1956, 1963)

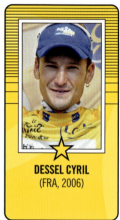
DESSEL CYRIL
(FRA, 2006)

DE WAELE MAURICE
(BEL, 1929)

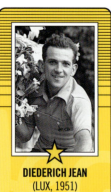
DIEDERICH JEAN
(LUX, 1951)

DI PACO RAFAELE
(ITA, 1931)

DOSSCHE AIMÉ
(BEL, 1929)

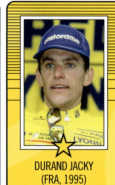
DURAND JACKY
(FRA, 1995)

DUSSAULT MARCEL
(FRA, 1949)

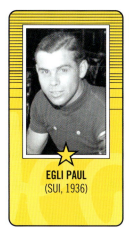

EGLI PAUL
(SUI, 1936)

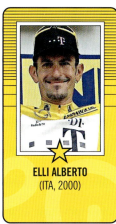

ELLI ALBERTO
(ITA, 2000)

ELLIOTT SEAMUS
(IRL, 1963)

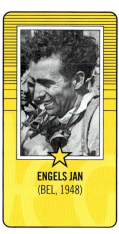

ENGELS JAN
(BEL, 1948)

ERRANDONEA JOSÉ-MARIA
(ESP, 1967)

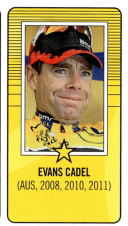

EVANS CADEL
(AUS, 2008, 2010, 2011)

FAVERO VITO
(ITA, 1958)

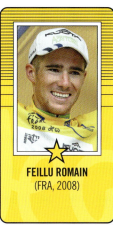

FEILLU ROMAIN
(FRA, 2008)

FIGNON LAURENT
(FRA, 1983, 1984, 1989)

FONTAN VICTOR
(FRA, 1929)

FONTENAY JEAN
(FRA, 1939)

FORESTIER JEAN
(FRA, 1957)

FOURNIER AMÉDÉE
(FRA, 1939)

FRANTZ NICOLAS
(LUX, 1927, 1928, 1929)

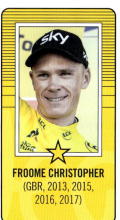

FROOME CHRISTOPHER
(GBR, 2013, 2015, 2016, 2017)

GAIGNE DOMINIQUE
(FRA, 1986)

GALLOPIN TONY
(FRA, 2014)

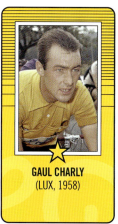

GAUL CHARLY
(LUX, 1958)

GAUTHIER BERNARD
(FRA, 1950)

GAUTHIER JEAN-LOUIS
(FRA, 1983)

GAVIRIA FERNANDO
(COL, 2018)

GAYANT MARTIAL
(FRA, 1987)

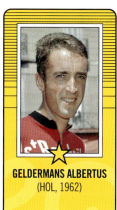

GELDERMANS ALBERTUS
(HOL, 1962)

GÉMINIANI RAPHAËL
(FRA, 1958)

214

GENÊT JEAN-PIERRE
(FRA, 1968)

GERDEMANN LINUS
(ALL, 2007)

GERRANS SIMON
(AUS, 2013)

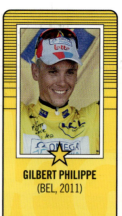

GILBERT PHILIPPE
(BEL, 2011)

GIMONDI FELICE
(ITA, 1965)

GOLDSCHMIT JEAN
(LUX, 1950)

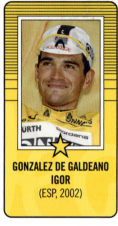

GONZALEZ DE GALDEANO IGOR
(ESP, 2002)

GOTTI IVAN
(ITA, 1995)

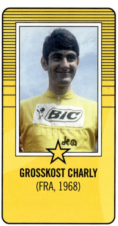

GROSSKOST CHARLY
(FRA, 1968)

GROUSSARD GEORGES
(FRA, 1964)

GROUSSARD JOSEPH
(FRA, 1960)

GUERRA LEARCO
(ITA, 1930)

GUIMARD CYRILLE
(FRA, 1972)

HAMBURGER BO
(DAN, 1998)

HAMERLINCK ALFRED
(BEL, 1931)

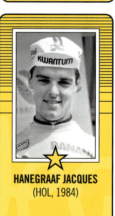

HANEGRAAF JACQUES
(HOL, 1984)

HASSENFORDER ROGER
(FRA, 1953)

HEULOT STÉPHANE
(FRA, 1996)

HEUSGHEM HECTOR
(BEL, 1922)

HINAULT BERNARD
(FRA, 1978, 1979,
1980, 1981, 1982, 1984,
1985, 1986)

HOEVENAARS JOS
(BEL, 1958, 1959)

HONCHAR SERGUEÏ
(UKR, 2006)

HUSHOVD THOR
(NOR, 2004, 2006, 2011)

IMPEY DARYL
(AFS, 2013)

INDURAIN MIGUEL
(ESP, 1991, 1992, 1993, 1994, 1995)

JACQUINOT ROBERT
(FRA, 1922, 1923)

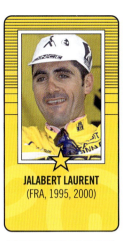
JALABERT LAURENT
(FRA, 1995, 2000)

JANSSEN JAN
(HOL, 1966, 1968)

KARSTENS GERBEN
(HOL, 1974)

KELLY SEAN
(IRL, 1983)

KINT MARCEL
(BEL, 1937)

KIRCHEN KIM
(LUX, 2008)

KIRSIPUU JAAN
(EST, 1999)

KITTEL MARCEL
(ALL, 2013, 2014)

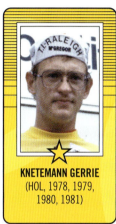
KNETEMANN GERRIE
(HOL, 1978, 1979, 1980, 1981)

KOBLET HUGO
(SUI, 1951)

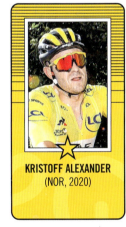
KRISTOFF ALEXANDER
(NOR, 2020)

KÜBLER FERDI
(SUI, 1947, 1950)

KUNDE KARL-HEINZ
(ALL, 1966)

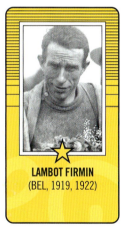
LAMBOT FIRMIN
(BEL, 1919, 1922)

LAMBRECHT ROGER
(BEL, 1948, 1949)

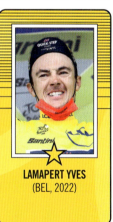
LAMAPERT YVES
(BEL, 2022)

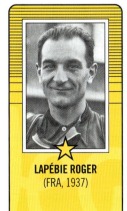
LAPÉBIE ROGER
(FRA, 1937)

LAUREDI NELLO
(FRA, 1952)

LEBAUBE JEAN-CLAUDE
(FRA, 1966)

LEBLANC LUC
(FRA, 1991)

LE CALVEZ LÉON
(FRA, 1931)

LE DROGO FERDINAND
(FRA, 1927)

216

LEDUCQ ANDRÉ
(1929, 1930, 1932, 1938)

LEMAIRE GEORGES
(BEL, 1933)

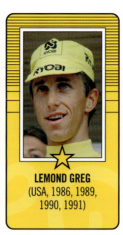
LEMOND GREG
(USA, 1986, 1989, 1990, 1991)

LETORT DÉSIRÉ
(FRA, 1969)

LEVÊQUE ROGER
(FRA, 1951)

LINO PASCAL
(FRA, 1992)

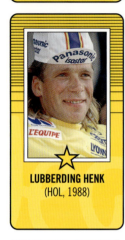
LUBBERDING HENK
(HOL, 1988)

MAES ROMAIN
(BEL, 1935, 1939)

MAES SYLVÈRE
(BEL, 1936, 1937, 1939)

MAECHLER ERICH
(SUI, 1987)

MAERTENS FREDDY
(BEL, 1976)

MAGNE ANTONIN
(FRA, 1931, 1934)

MAGNI FIORENZO
(ITA, 1949, 1950, 1952)

MAHÉ FRANÇOIS
(FRA, 1953)

MAJÉRUS JEAN
(LUX, 1937, 1938)

MALLÉJAC JEAN
(FRA, 1953)

MARIE THIERRY
(FRA, 1986, 1990, 1991)

MARINELLI JACQUES
(FRA, 1949)

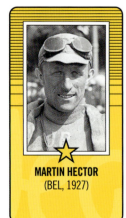
MARTIN HECTOR
(BEL, 1927)

MARTIN TONY
(ALL, 2015)

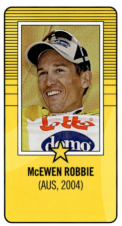
McEWEN ROBBIE
(AUS, 2004)

MCGEE BRADLEY
(AUS, 2003)

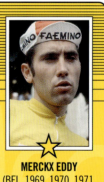
MERCKX EDDY
(BEL, 1969, 1970, 1971, 1972, 1974, 1975)

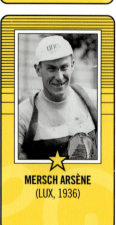
MERSCH ARSÈNE
(LUX, 1936)

MILLAR DAVID
(GBR, 2000)

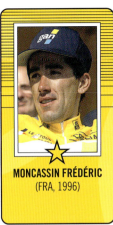

MONCASSIN FRÉDÉRIC
(FRA, 1996)

MOREAU CHRISTOPHE
(FRA, 2001)

MOSER FRANCESCO
(ITA, 1975)

MOTTIAT LOUIS
(BEL, 1920, 1921)

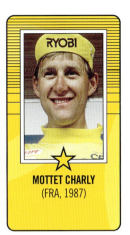

MOTTET CHARLY
(FRA, 1987)

MUSEEUW JOHAN
(BEL, 1993, 1994)

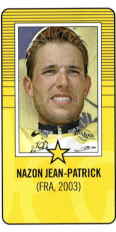

NAZON JEAN-PATRICK
(FRA, 2003)

NELISSEN WILFRIED
(BEL, 1993)

NENCINI GASTONE
(ITA, 1960)

NIBALI VINCENZO
(ITA, 2014)

NIJDAM JELLE
(HOL, 1987, 1988)

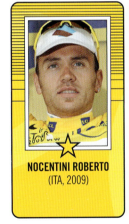

NOCENTINI ROBERTO
(ITA, 2009)

OBERBECK WILLI
(ALL, 1938)

OCAÑA LUIS
(ESP, 1971, 1973)

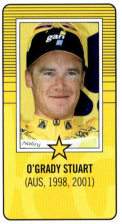

O'GRADY STUART
(AUS, 1998, 2001)

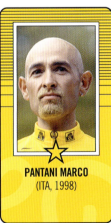

PANTANI MARCO
(ITA, 1998)

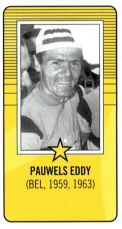

PAUWELS EDDY
(BEL, 1959, 1963)

PEDERSEN JÖRGEN-VAGN
(DAN, 1986)

PEETERS LUDO
(BEL, 1982, 1984)

PÉLISSIER CHARLES
(FRA, 1930, 1931)

PÉLISSIER FRANCIS
(FRA, 1927)

PÉLISSIER HENRI
(FRA, 1923)

PEÑA VICTOR-HUGO
(COL, 2003)

218

PENSEC RONAN
(FRA, 1990)

PEREIRO OSCAR
(ESP, 2006)

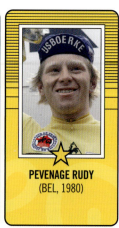
PEVENAGE RUDY
(BEL, 1980)

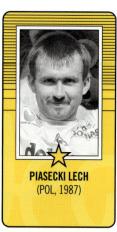
PIASECKI LECH
(POL, 1987)

PINGEON ROGER
(FRA, 1967)

PLANCKAERT JOSEF
(BEL, 1962)

POBLET MIGUEL
(ESP, 1955)

POGAČAR TADEJ
(SLO, 2020, 2021, 2022)

POLIDORI GIANCARLO
(ITA, 1967)

PRIVAT RENÉ
(FRA, 1957)

RAAS JAN
(HOL, 1978)

RASMUSSEN MICHAEL
(DAN, 2007)

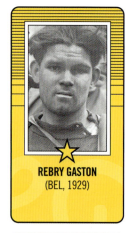
REBRY GASTON
(BEL, 1929)

RIIS BJARNE
(DAN, 1995, 1996)

RIOTTE RAYMOND
(FRA, 1967)

ROBIC JEAN
(FRA, 1947, 1953)

ROCHE STEPHEN
(IRL, 1987)

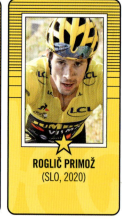
ROGLIČ PRIMOŽ
(SLO, 2020)

ROLLAND ANTONIN
(FRA, 1955)

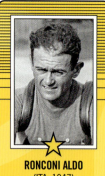
RONCONI ALDO
(ITA, 1947)

ROSSI GIOVANNI
(SUI, 1951)

SAGAN PETER
(SVQ, 2016, 2018)

SAN MIGUEL GREGORIO
(ESP, 1968)

SASTRE CARLOS
(ESP, 2008)

SCHAER FRITZ
(SUI, 1953)

SCHEPENS JULIEN
(BEL, 1960)

SCHLECK ANDY
(LUX, 2010, 2011)

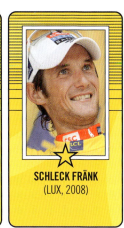
SCHLECK FRÄNK
(LUX, 2008)

SCHROEDERS WILLY
(BEL, 1962)

SCIEUR LÉON
(BEL, 1921)

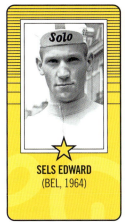
SELS EDWARD
(BEL, 1964)

SERCU PATRICK
(BEL, 1974)

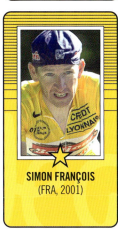
SIMON FRANÇOIS
(FRA, 2001)

SIMON PASCAL
(FRA, 1983)

SIMPSON TOM
(GBR, 1962)

SÖRENSEN ROLF
(DAN, 1991)

SPEICHER GEORGES
(FRA, 1933, 1934)

SPRUYT JOSEPH
(BEL, 1967)

STEVENS JULIEN
(BEL, 1969)

STIEDA ALEX
(CAN, 1986)

STOEPEL KURT
(ALL, 1932)

TEIRLINCK WILLY
(BEL, 1973)

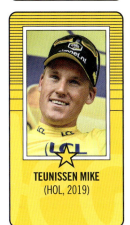
TEUNISSEN MIKE
(HOL, 2019)

THALER KLAUS-PETER
(ALL, 1978)

THÉVENET BERNARD
(FRA, 1975, 1977)

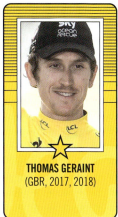
THOMAS GERAINT
(GBR, 2017, 2018)

THURAU DIETRICH
(ALL, 1977)

THYS PHILIPPE
(BEL, 1920)

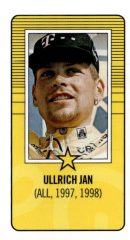

ULLRICH JAN
(ALL, 1997, 1998)

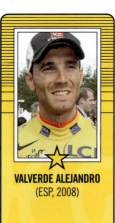

VALVERDE ALEJANDRO
(ESP, 2008)

VAN AERT WOOT
(BEL, 2022)

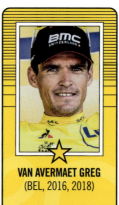

VAN AVERMAET GREG
(BEL, 2016, 2018)

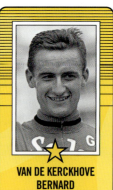

VAN DE KERCKHOVE BERNARD
(BEL, 1964, 1965)

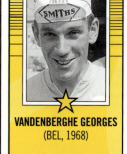

VANDENBERGHE GEORGES
(BEL, 1968)

VANDERAERDEN ERIC
(BEL, 1983, 1985)

VAN DER POEL ADRI
(HOL, 1984)

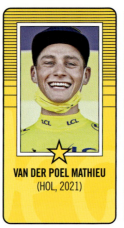

VAN DER POEL MATHIEU
(HOL, 2021)

VAN DER VELDE JOHAN
(HOL, 1986)

VAN EST WIM
(HOL, 1951, 1955, 1958)

VAN IMPE LUCIEN
(BEL, 1976)

VAN LOOY RIK
(BEL, 1965)

VAN NESTE WILLY
(BEL, 1967)

VAN SLEMBROUCK GUSTAAF
(BEL, 1926)

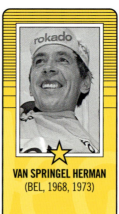

VAN SPRINGEL HERMAN
(BEL, 1968, 1973)

VAN STEENBERGEN RIK
(BEL, 1952)

VAN VLIET TEUN
(HOL, 1988)

VANZELLA FLAVIO
(ITA, 1994)

VASSEUR CÉDRIC
(FRA, 1997)

VERMEULIN MICHEL
(FRA, 1959)

VERVAECKE FÉLICIEN
(BEL, 1938)

VIETTO RENÉ
(FRA, 1939, 1947)

VINGEGAARD JONAS
(DAN, 2022)

LES VAINQUEURS DU TOUR DE FRANCE
(depuis la création du Maillot Jaune)

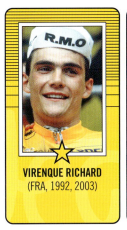

VIRENQUE RICHARD
(FRA, 1992, 2003)

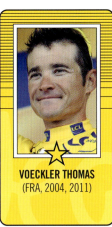

VOECKLER THOMAS
(FRA, 2004, 2011)

VOIGT JENS
(ALL, 2001, 2005)

VOORTING GERRIT
(HOL, 1956, 1958)

WAGTMANS MARINUS
(HOL, 1971)

WAGTMANS WOUT
(HOL, 1954,
1955, 1956)

WALKOWIAK ROGER
(FRA, 1956)

WAUTERS MARC
(BEL, 2001)

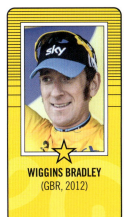

WIGGINS BRADLEY
(GBR, 2012)

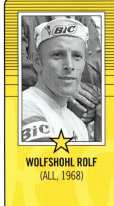

WOLFSHOHL ROLF
(ALL, 1968)

YATES ADAM
(GBR, 2020)

YATES SEAN
(GBR, 1994)

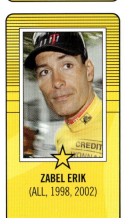

ZABEL ERIK
(ALL, 1998, 2002)

ZILIOLI ITALO
(ITA, 1970)

ZOETEMELK JOOP
(HOL, 1971, 1973,
1978, 1979, 1980)

ZÜLLE ALEX
(SUI, 1992, 1996)

1919 : Firmin Lambot (BEL)

1920 : Philippe Thys (BEL)
1921 : Léon Scieur (BEL)
1922 : Firmin Lambot (BEL)
1923 : Henri Pélissier (FRA)
1924 : Ottavio Bottechia (ITA)
1925 : Ottavio Bottechia (ITA)
1926 : Lucien Buysse (BEL)
1927 : Nicolas Frantz (LUX)
1928 : Nicolas Frantz (LUX)
1929 : Maurice De Waele (BEL)

1930 : André Leducq (FRA)
1931 : Antonin Magne (FRA)
1932 : André Leducq (FRA)
1933 : Georges Speicher (FRA)
1934 : Antonin Magne (FRA)
1935 : Romain Maes (BEL)
1936 : Sylvère Maes (BEL)
1937 : Roger Lapébie (FRA)
1938 : Gino Bartali (ITA)
1939 : Sylvère Maes (BEL)

1947 : Jean Robic (FRA)
1948 : Gino Bartali (ITA)
1949 : Fausto Coppi (ITA)

1950 : Ferdi Kübler (SUI)
1951 : Hugo Koblet (SUI)
1952 : Fausto Coppi (ITA)
1953 : Louison Bobet (FRA)
1954 : Louison Bobet (FRA)
1955 : Louison Bobet (FRA)
1956 : Roger Walkowiak (FRA)
1957 : Jacques Anquetil (FRA)
1958 : Charly Gaul (LUX)
1959 : Federico Bahamontes (ESP)

1960 : Gastone Nencini (ITA)
1961 : Jacques Anquetil (FRA)
1962 : Jacques Anquetil (FRA)
1963 : Jacques Anquetil (FRA)
1964 : Jacques Anquetil (FRA)
1965 : Felice Gimondi (ITA)
1966 : Lucien Aimar (FRA)
1967 : Roger Pingeon (FRA)
1968 : Jan Janssen (HOL)
1969 : Eddy Merckx (BEL)

1970 : Eddy Merckx (BEL)
1971 : Eddy Merckx (BEL)
1972 : Eddy Merckx (BEL)
1973 : Luis Ocaña (ESP)
1974 : Eddy Merckx (BEL)
1975 : Bernard Thévenet (FRA)
1976 : Lucien Van Impe (BEL)
1977 : Bernard Thévenet (FRA)
1978 : Bernard Hinault (FRA)
1979 : Bernard Hinault (FRA)

1980 : Joop Zoetemelk (HOL)
1981 : Bernard Hinault (FRA)
1982 : Bernard Hinault (FRA)
1983 : Laurent Fignon (FRA)
1984 : Laurent Fignon (FRA)
1985 : Bernard Hinault (FRA)
1986 : Greg LeMond (USA)
1987 : Stephen Roche (IRL)
1988 : Pedro Delgado (ESP)
1989 : Greg LeMond (USA)

1990 : Greg LeMond (USA)
1991 : Miguel Indurain (ESP)
1992 : Miguel Indurain (ESP)
1993 : Miguel Indurain (ESP)
1994 : Miguel Indurain (ESP)
1995 : Miguel Indurain (ESP)
1996 : Bjarne Riis (DAN)
1997 : Jan Ullrich (ALL)
1998 : Marco Pantani (ITA)
2006 : Oscar Pereiro (ESP)
Floyd Landis (USA) déchu
2007 : Alberto Contador (ESP)
2008 : Carlos Sastre (ESP)
2009 : Alberto Contador (ESP)

2010 : Andy Schleck (LUX)
2011 : Cadel Evans (AUS)
2012 : Bradley Wiggins (GBR)
2013 : Christopher Froome (GBR)
2014 : Vincenzo Nibali (ITA)
2015 : Christopher Froome (GBR)
2016 : Christopher Froome (GBR)
2017 : Christopher Froome (GBR)
2018 : Geraint Thomas (GBR)
2019 : Egan Bernal (COL)

2020 : Tadej Pogačar (SLV)
2021 : Tadej Pogačar (SLV)
2022 : Jonas Vingegaard (DAN)

AVANT LA CRÉATION DU MAILLOT JAUNE

1903 : Maurice Garin (FRA)
1904 : Henri Cornet (FRA)
1905 : Louis Trousselier (FRA)
1906 : René Pottier (FRA)
1907 : Lucien Petit-Breton (FRA)
1908 : Lucien Petit-Breton (FRA)
1909 : François Faber (LUX)
1910 : Octave Lapize (FRA)
1911 : Gustave Garrigou (FRA)
1912 : Odile Defraye (BEL)
1913 : Philippe Thys (BEL)
1914 : Philippe Thys (BEL)

Fausto Coppi.
Tour de France 1952.
11e étape, Bourg-d'Oisans - Sestrières.

LES MAILLOTS JAUNES AU FIL DES TOUR DE FRANCE

**D'Eugène Christophe à Jonas Vingegaard...
Ils ont tous écrit la légende de la course**

1919
Eugène Christophe (FRA), 3 jours ;
Firmin Lambot (BEL), 2 jours.
Avant l'apparition du Maillot Jaune
sur la course, Jean Rossius (BEL, 1 jour),
Henri Pélissier (FRA, 2 jours)
et Eugène Christophe (FRA, 7 jours)
ont tour à tour été leaders de l'épreuve.

1920
Louis Mottiat (BEL), 1 jour ;
Philippe Thys (BEL), 14 jours.

1921
Louis Mottiat (BEL), 1 jour ;
Léon Scieur (BEL), 14 jours.

1922
Robert Jacquinot (FRA), 3 jours ;
Eugène Christophe (FRA), 3 jours ;
Jean Alavoine (FRA), 5 jours ;
Hector Heusghem (BEL), 1 jour ;
Firmin Lambot (BEL), 3 jours.

1923
Robert Jacquinot (FRA), 1 jour ;
Ottavio Bottecchia (ITA), 2 jours ;
Romain Bellenger (FRA), 2 jours ;
Ottavio Bottecchia (ITA), 4 jours ;
Henri Pélissier (FRA), 6 jours.

1924
Ottavio Bottecchia (ITA), 15 jours.

1925
Ottavio Bottecchia (ITA), 2 jours ;
Adelin Benoît (BEL), 4 jours ;
Ottavio Bottecchia (ITA), 1 jour ;
Adelin Benoît (BEL), 1 jour ;
Ottavio Bottecchia (ITA), 10 jours.

1926
Jules Buysse (BEL), 2 jours ;
Gustaaf Van Slembrouck (BEL), 7 jours ;
Lucien Buysse (BEL), 8 jours.

1927
Francis Pélissier (FRA), 5 jours ;
Ferdinand Le Drogo (FRA), 1 jour ;
Hector Martin (BEL), 4 jours ;
Nicolas Frantz (LUX), 14 jours.

1928
Nicolas Frantz (LUX), 22 jours.

1929
Aimé Dossche (BEL), 3 jours ;
Maurice De Waele (BEL), 3 jours ;
Nicolas Frantz (LUX), 1 jour (à égalité
avec André Leducq et Victor Fontan) ;
Gaston Rebry (BEL), 1 jour ;
Victor Fontan (FRA), 1 jour ;
Maurice De Waele (BEL), 13 jours.

1930
Charles Pélissier (FRA), 1 jour ;
Learco Guerra (ITA), 7 jours ;
André Leducq (FRA), 13 jours.

1931
Alfred Hamerlinck (BEL), 1 jour ;
Max Bulla (AUT), 1 jour ;
Léon Le Calvez (FRA), 1 jour ;
Rafaele Di Paco (ITA), 4 jours
(dont 1 à égalité avec Charles Pélissier (FRA) ;
Charles Pélissier (FRA), 1 jour ;
Antonin Magne (FRA), 16 jours.

1932
Jean Aerts (BEL), 1 jour ;
Kurt Stoepel (ALL), 1 jour ;
André Leducq (FRA), 19 jours.

1933
Maurice Archambaud (FRA), 8 jours ;
Georges Lemaire (BEL), 2 jours ;
Maurice Archambaud (FRA), 1 jour ;
Georges Speicher (FRA), 12 jours.

1934
Georges Speicher (FRA), 1 jour ;
Antonin Magne (FRA), 22 jours (23 fois
compte tenu des demi-étapes du 27 juillet).

1935
1935 Romain Maes (BEL), 21 jours
(27 fois compte tenu des demi-étapes
des 8, 18, 19, 25 et 27 juillet).

1936
Paul Egli (SUI), 1 jour ;
Maurice Archambaud (FRA), 1 jour ;
Arsène Mersch (LUX), 1 jour ;
Maurice Archambaud (FRA), 4 jours ;
Sylvère Maes (BEL), 14 jours (20 fois compte
tenu des demi-étapes du 22, 23, 30 juillet,
1er août et des tiers d'étape du 31 juillet).

1937
Jean Majérus (LUX), 2 jours ;
Marcel Kint (BEL), 1 jour ;
Erich Bautz (ALL), 3 jours (5 fois compte
tenu des tiers d'étape du 4 juillet) ;
Gino Bartali (ITA), 2 jours ;
Sylvère Maes (BEL), 8 jours (13 fois compte
tenu des demi-étapes du 13, 14 et 15 juillet
et des tiers d'étape du 17 juillet) ;
Roger Lapébie (FRA), 4 jours (8 fois compte
tenu des tiers d'étape du 22 juillet et des
demi-étapes des 23 et 24 juillet).

1938
Willi Oberbeck (ALL), 1 jour ;
Jean Majérus (LUX), 4 jours et demi
(7 fois compte tenu des tiers d'étape du 8 juillet
et de la perte dans la demi-étape du 11 juillet) ;

André Leducq (FRA), 1 jour et demi (compte tenu
de la prise à la demi-étape du 11 juillet) ;
Félicien Vervaecke (BEL), 6 jours (8 fois compte
tenu des tiers d'étape du 17 juillet) ;
Gino Bartali (ITA), 8 jours (11 fois compte tenu
des demi-étapes du 26 juillet et des tiers
d'étape du 30 juillet).

1939
Amédée Fournier (FRA), 1 jour ;
Romain Maes (BEL), une demi-journée (compte
tenu de la prise et de la perte dans les
demi-étapes du 11 juillet) ;
Jean Fontenay (FRA), 1 jour et demi
(compte tenu de la prise à la demi-étape
du 11 juillet) ;
René Vietto (FRA), 11 jours (16 fois compte tenu
des demi-étapes du 15, 18, 23 juillet
et des tiers d'étape du 21 juillet) ;
Sylvère Maes (BEL), 4 jours (8 fois compte tenu
des tiers d'étape du 27 juillet
et des demi-étapes des 29 et 30 juillet).

1947
Ferdi Kübler (SUI), 1 jour ;
René Vietto (FRA), 5 jours ;
Aldo Ronconi (ITA), 2 jours ;
René Vietto (FRA), 10 jours ;
Pierre Brambilla (ITA), 2 jours ;
Jean Robic (FRA), 1 jour.

1948
Gino Bartali (ITA), 1 jour ;
Jan Engels (BEL), 1 jour ;
Louison Bobet (FRA), 1 jour ;
Roger Lambrecht (BEL), 2 jours ;
Louison Bobet (FRA), 8 jours ;
Gino Bartali (ITA), 8 jours.

1949
Marcel Dussault (FRA), 1 jour ;
Roger Lambrecht (BEL), 1 jour ;
Norbert Callens (BEL), 1 jour ;
Jacques Marinelli (FRA), 6 jours ;
Fiorenzo Magni (ITA), 6 jours ;
Gino Bartali (ITA), 1 jour ;
Fausto Coppi (ITA), 5 jours.

1950
Jean Goldschmit (LUX), 2 jours ;
Bernard Gauthier (FRA), 3 jours ;
Jean Goldschmit (LUX), 1 jour ;
Bernard Gauthier (FRA), 4 jours ;
Fiorenzo Magni (ITA), 1 jour ;
Ferdi Kübler (SUI), 11 jours.

1951
Giovanni Rossi (SUI), 1 jour ;
Jean Diederich (LUX), 3 jours ;

Serafino Biagioni (ITA), 1 jour ;
Roger Levêque (FRA), 6 jours ;
Wim Van Est (HOL), 1 jour ;
Gilbert Bauvin (FRA), 1 jour ;
Hugo Koblet (SUI), 11 jours.

1952
Rik Van Steenbergen (BEL), 2 jours ;
Nello Lauredi (FRA), 3 jours ;
Fiorenzi Magni (ITA), 1 jour ;
Nello Lauredi (FRA), 1 jour ;
Fiorenzo Magni (ITA), 1 jour ;
Andrea Carrea (ITA), 1 jour ;
Fausto Coppi (ITA), 14 jours.

1953
Fritz Schaer (SUI), 4 jours ;
Roger Hassenforder (FRA), 4 jours ;
Fritz Schaer (SUI), 2 jours ;
Jean Robic (FRA), 1 jour ;
François Mahé (FRA), 1 jour ;
Jean Malléjac (FRA), 5 jours ;
Louison Bobet (FRA), 5 jours.

1954
Wout Wagtmans (HOL), 3 jours ;
Louison Bobet (FRA), 4 jours
(5 fois compte tenu des demi-étapes
du 11 juillet) ;
Wout Wagtmans (HOL), 4 jours ;
Gilbert Bauvin (FRA), 2 jours ;
Louison Bobet (FRA), 10 jours
(11 fois compte tenu des
demi-étapes du 30 juillet).

1955
Miguel Poblet (ESP), 1 jour
(2 fois compte tenu des demi-étapes
du 7 juillet) ;
Wout Wagtmans (HOL), 2 jours ;
Antonin Rolland (FRA), 3 jours ;
Wim Van Est (HOL), 1 jour ;
Antonin Rolland (FRA), 9 jours ;
Louison Bobet (FRA), 6 jours.

1956
André Darrigade (FRA), 2 jours ;
Gilbert Desmet (BEL), 1 jour et demi
(compte tenu de la perte dans
la demi-étape du 8 juillet) ;
André Darrigade (FRA), 3 jours ;
Roger Walkowiak (FRA), 3 jours ;
Gerrit Voorting (HOL), 1 jour ;
André Darrigade (FRA), 1 jour ;
Jan Adriaenssens (BEL), 3 jours ;
Wout Wagtmans (HOL), 3 jours ;
Roger Walkowiak (FRA), 5 jours.

1957
André Darrigade (FRA), 1 jour ;
René Privat (FRA), 3 jours (4 fois compte
tenu des demi-étapes du 29 juin) ;
Jacques Anquetil (FRA), 2 jours ;
Nicolas Barone (FRA), 1 jour ;
Jean Forestier (FRA), 2 jours ;
Jacques Anquetil (FRA), 14 jours.

1958
André Darrigade (FRA), 1 jour ;
Jos Hoevenaars (BEL), 1 jour ;
Wim Van Est (HOL), 2 jours ;

Gilbert Bauvin (FRA), 1 jour ;
Gerrit Voorting (HOL), 3 jours ;
André Darrigade (FRA), 4 jours ;
Raphaël Géminiani (FRA), 1 jour ;
Vito Favero (ITA), 4 jours ;
Raphaël Géminiani (FRA), 3 jours ;
Vito Favero (ITA), 2 jours ;
Charly Gaul (LUX), 2 jours.

1959
André Darrigade (FRA), 2 jours ;
Robert Cazala (FRA), 6 jours ;
Eddy Pauwels (BEL), 1 jour ;
Michel Vermeulin (FRA), 3 jours ;
Jos Hoevenaars (BEL), 3 jours ;
Eddy Pauwels (BEL), 1 jour ;
Federico Bahamontes (ESP), 6 jours.

1960
Julien Schepens (BEL), une demi-journée
(compte tenu de la perte dans
la demi-étape du 26 juin) ;
Gastone Nencini (ITA), 2 jours ;
Joseph Groussard (FRA), 1 jour ;
Henry Anglade (FRA), 2 jours ;
Jan Adriaenssens (BEL), 4 jours ;
Gastone Nencini (ITA), 12 jours.

1961
André Darrigade (FRA), une demi-journée
(compte tenu de la perte dans la demi-étape
du 25 juin) ;
Jacques Anquetil (FRA), 21 jours.

1962
Rudi Altig (ALL), 1 jour ;
André Darrigade (FRA), 1 jour (2 fois compte
tenu des demi-étapes du 25 juin) ;
Rudi Altig (ALL), 3 jours ;
Albertus Geldermans (HOL), 2 jours ;
André Darrigade (FRA), 1 jour
(2 fois compte tenu des demi-étapes
du 1er juillet) ;
Willy Schroeders (BEL), 3 jours ;
Tom Simpson (GBR), 1 jour ;
Josef Planckaert (BEL), 7 jours ;
Jacques Anquetil (FRA), 3 jours.

1963
Eddy Pauwels (BEL), 2 jours
(3 fois compte tenu des demi-étapes
du 24 juin) ;
Seamus Elliott (IRL), 3 jours et demi
(compte tenu de la perte dans la demi-étape
du 28 juin) ;
Gilbert Desmet (BEL), 10 jours ;
Federico Bahamontes (ESP), 1 jour ;
Jacques Anquetil (FRA), 5 jours.

1964
Edward Sels (BEL), 2 jours ;
Bernard Van de Kerckhove (BEL), 2 jours
(3 fois compte tenu des demi-étapes
du 24 juin) ;
Rudi Altig (ALL), 3 jours ;
Georges Groussard (FRA), 9 jours
(10 fois compte tenu de la demi-étape
du 1er juillet) ;

Jacques Anquetil (FRA), 6 jours (7 fois compte
tenu des demi-étapes du 14 juillet).

1965
Rik Van Looy (BEL), 1 jour (2 fois compte tenu
des demi-étapes du 22 juin) ;
Bernard Van de Kerckhove (BEL), 1 jour ;
Felice Gimondi (ITA), 4 jours (5 fois compte
tenu des demi-étapes du 26 juin) ;
Bernard Van de Kerckhove (BEL), 2 jours ;
Felice Gimondi (ITA), 14 jours.

1966
Rudi Altig (ALL), 9 jours (10 fois compte tenu des
demi-étapes du 23 juin) ;
Tommaso De Pra (ITA), 1 jour ;
Jean-Claude Lebaube (FRA), 1 jour ;
Karl-Heinz Kunde (ALL), 4 jours (5 fois compte
tenu des demi-étapes du 5 juillet) ;
Jan Janssen (HOL), 1 jour ;
Lucien Aimar (FRA), 6 jours (7 fois compte
tenu des demi-étapes du 14 juillet).

1967
José Maria Errandonea (ESP), 2 jours ;
Willy Van Neste (BEL), 1 jour ;
Giancarlo Polidori (ITA), 1 jour ;
Joseph Spruyt (BEL), 1 jour ;
Roger Pingeon (FRA), 2 jours (3 fois compte tenu
des demi-étapes du 4 juillet) ;
Raymond Riotte (FRA), 1 jour ;
Roger Pingeon (FRA), 15 jours (16 fois compte
tenu des demi-étapes du 23 juillet).

1968
Charly Grosskost (FRA), 3 jours ;
Herman Van Springel (BEL), 1 jour (2 fois compte
tenu des demi-étapes du 30 juin) ;
Jean-Pierre Genêt (FRA), 1 jour ;
Georges Vandenberghe (BEL), 11 jours
(12 fois compte tenu des demi-étapes
du 2 juillet) ;
Rolf Wolfshohl (ALL), 2 jours ;
Gregorio San Miguel (ESP), 1 jour ;
Herman Van Springel (BEL), 3 jours et demi
(compte tenu de la perte à la demi-étape
du 21 juillet) ;
Jan Janssen (HOL), 1 jour.

1969
Rudi Altig (ALL), 1 jour et demi (compte tenu
de la perte à la demi-étape du 29 juin) ;
Eddy Merckx (BEL), 1 jour ;
Julien Stevens (BEL), 3 jours ;
Désiré Letort (FRA), 1 jour ;
Eddy Merckx (BEL), 17 jours (19 fois compte
tenu des demi-étapes des 6 et 20 juillet).

1970
Eddy Merckx (BEL), 2 jours ;
Italo Zilioli (ITA), 4 jours (6 fois compte tenu
des demi-étapes du 29 juin et 1er juillet) ;
Eddy Merckx (BEL), 18 jours (21 fois compte
tenu des demi-étapes des 3, 7 et 16 juillet).

■ ■ ■

•••

19 71
Eddy Merckx (BEL), 1 jour ;
Marinus Wagtmans (HOL), un tiers de jour
(compte tenu de la prise et de la perte dans
le tiers d'étape du 27 juin) ;
Eddy Merckx (BEL), 9 jours (11 fois compte
tenu des tiers d'étape du 27 juin et des
demi-étapes du 2 juillet) ;
Joop Zoetemelk (HOL) 1 jour ;
Luis Ocaña (ESP), 3 jours ;
Eddy Merckx (BEL), 7 jours (8 fois compte
tenu des demi étapes du 14 juillet ; mais il
n'a pas porté le Maillot Jaune le 13 juillet,
au lendemain de l'abandon d'Ocaña).

19 72
Eddy Merckx (BEL), 1 jour ;
Cyrille Guimard (FRA), 2 jours et demi
(3 fois compte tenu de la perte à la
demi-étape du 4 juillet) ;
Eddy Merckx (BEL), 1 jour ;
Cyrille Guimard (FRA), 4 jours (5 fois
compte tenu des demi-étapes du 6 juillet) ;
Merckx (BEL), 13 jours (15 fois compte tenu
des demi-étapes des 17 et 23 juillet).

19 73
Joop Zoetemelk (HOL), 1 jour ;
Willy Teirlinck (BEL), une demi-journée
(compte tenu de la perte dans
la demi-étape du 1er juillet) ;
Herman Van Springel (BEL), 2 jours
(3 fois compte tenu des demi-étapes
du 2 juillet) ;
José Catieau (FRA), 4 jours ;
Luis Ocaña (ESP), 14 jours (18 fois
compte tenu des demi-étapes
des 8, 13, 18 et 22 juillet).

19 74
Eddy Merckx (BEL), 1 jour ;
Joseph Bruyère (BEL), 3 jours ;
Eddy Merckx (BEL), 1 jour ;
Gerben Karstens (HOL), 2 jours ;
Patrick Sercu (BEL), une demi journée
(compte tenu de la perte dans
la demi-étape du 3 juillet) ;
Gerben Karstens (HOL), 1 jour ;
Eddy Merckx (BEL), 16 jours
(19 fois compte tenu des demi-étapes
des 5, 18 et 20 juillet).

19 75
Francesco Moser (ITA), 6 jours
(7 fois compte tenu des demi-étapes
du 27 juin) ;
Eddy Merckx (BEL), 9 jours (10 fois compte
tenu des demi-étapes du 5 juillet) ;
Bernard Thévenet (FRA), 8 jours.

19 76
Freddy Maertens (BEL), 9 jours
(10 fois compte tenu des demi-étapes
du 29 juin) ; Lucien Van Impe (BEL), 3 jours ;
Raymond Delisle (FRA), 2 jours ;
Lucien Van Impe (BEL), 9 jours (12 fois
compte tenu des tiers d'étape du 14 juillet
et des demi-étapes du 18 juillet).

19 77
Dietrich Thurau (ALL), 15 jours et demi
(compte tenu de la perte à la demi-étape
du 17 juillet ; 19 fois compte tenu des
demi-étapes des 5, 8 et 15 juillet) ;
Bernard Thévenet (FRA), 8 jours (9 fois compte
tenu des demi-étapes du 24 juil.).

19 78
Jan Raas (HOL), 3 jours (4 fois compte
tenu des demi-étapes du 30 juin) ;
Jacques Bossis, (FRA) 1 jour ;
Klaus-Peter Thaler (ALL), 2 jours ;
Gerrie Knetemann (HOL), 2 jours ;
Joseph Bruyère (BEL), 8 jours (9 fois compte
tenu des demi-étapes du 12 juillet) ;
Joop Zoetemelk (HOL), 4 jours ;
Bernard Hinault (FRA), 3 jours.

19 79
Gerrie Knetemann (HOL), 1 jour ;
Jean-René Bernaudeau (FRA), 1 jour ;
Bernard Hinault (FRA), 7 jours ;
Joop Zoetemelk (HOL), 6 jours ;
Bernard Hinault (FRA), 10 jours.

19 80
Bernard Hinault (FRA), 1 jour et demi
(compte tenu de la perte dans
la demi-étape du 27 juin) ;
Gerrie Knetemann (HOL), 1 jour ;
Yvon Bertin (FRA), 1 jour ;
Rudy Pevenage (BEL), 8 jours (9 fois compte
tenu des demi-étapes du 3 juillet) ;
Bernard Hinault (FRA), 2 jours ;
Joop Zoetemelk (HOL), 10 jours
(mais il n'a pas porté le Maillot Jaune le 10
juillet, au lendemain de l'abandon d'Hinault).

19 81
Bernard Hinault (FRA), 1 jour et demi
(compte tenu de la perte dans
la demi-étape du 26 juin) ;
Gerrie Knetemann (HOL), 4 jours ;
Phil Anderson (AUS), 1 jour ;
Bernard Hinault (FRA), 17 jours (18 fois
compte tenu des demi-étapes du 8 juillet).

19 82
Bernard Hinault (FRA), 1 jour ;
Ludo Peeters (BEL), 1 jour ;
Phil Anderson (AUS), 9 jours (10 fois compte
tenu des demi-étapes du 12 juillet et
de l'annulation de l'étape du 7 juillet) ;
Bernard Hinault (FRA), 11 jours.

19 83
Eric Vanderaerden (BEL), 2 jours ;
Jean-Louis Gauthier (FRA), 1 jour ;
Kim Andersen (DAN), 6 jours ;
Sean Kelly (IRL), 1 jour ;
Pascal Simon (FRA), 7 jours ;
Laurent Fignon (FRA), 6 jours.

19 84
Bernard Hinault (FRA), 1 jour ;
Ludo Peeters (BEL), 1 jour ;
Jacques Hanegraaf (HOL), 1 jour et demi
(compte tenu de la perte dans
la demi-étape du 2 juillet) ;
Adri Van der Poel (HOL), 1 jour ;

Vincent Barteau (FRA), 12 jours ;
Laurent Fignon (FRA), 7 jours.

19 85
Bernard Hinault (FRA), 1 jour ;
Eric Vanderaerden (BEL), 3 jours ;
Kim Andersen (DAN), 4 jours ;
Bernard Hinault (FRA), 15 jours (16 fois compte
tenu des demi-étapes du 17 juillet).

19 86
Thierry Marie (FRA), 1 jour ;
Alex Stieda (CAN), une demi-journée
(compte tenu de la prise et de la perte
à la demi-étape du 5 juillet) ;
Thierry Marie (FRA), 2 jours ;
Dominique Gaigne (FRA), 1 jour ;
Johan Van der Velde (HOL), 2 jours ;
Jörgen-Vagn Pedersen (DAN), 5 jours ;
Bernard Hinault (FRA), 5 jours ;
Greg LeMond (USA), 7 jours.

19 87
Jelle Nijdam (HOL), 1 jour ;
Lech Piasecki (POL), 1 jour (2 fois compte
tenu des demi-étapes du 2 juillet) ;
Erich Maechler (SUI), 6 jours (7 fois compte
tenu des demi-étapes du 5 juillet) ;
Charly Mottet (FRA), 1 jour ;
Martial Gayant (FRA), 2 jours ;
Charly Mottet (FRA), 5 jours ;
Jean-François Bernard (FRA), 1 jour ;
Stephen Roche (IRL), 1 jour ;
Pedro Delgado (ESP), 4 jours ;
Stephen Roche (IRL), 2 jours.

19 88
Guido Bontempi (ITA), 1 jour (vainqueur
de la préface qui ne compte pas
pour le classement général) ;
Steve Bauer (CAN), une demi-journée
(compte tenu de la prise et de la perte dans
les demi-étapes du 4 juillet) ;
Teun Van Vliet (HOL), 3 jours ;
Henk Lubberding (HOL), 1 jour ;
Jelle Nijdam (HOL), 2 jours ;
Steve Bauer (CAN), 4 jours ;
Pedro Delgado (ESP), 10 jours (11 fois
compte tenu des demi-étapes du 19 juillet).

19 89
Erik Breukink (HOL), 1 jour ;
Acacio Da Silva (POR), 3 jours (4 fois compte
tenu des demi-étapes du 2 juillet) ;
Greg LeMond (USA), 5 jours ;
Laurent Fignon (FRA), 5 jours ;
Greg LeMond (USA), 2 jours ;
Laurent Fignon (FRA), 4 jours ;
Greg LeMond (USA), 1 jour.

19 90
Thierry Marie (FRA), 1 jour ;
Steve Bauer (CAN), 8 jours
(9 fois compte tenu des demi-étapes
du 1er juillet) ;
Ronan Pensec (FRA), 2 jours ;
Claudio Chiappucci (ITA), 8 jours ;
Greg LeMond (USA), 2 jours.

19 91
Thierry Marie (FRA), 1 jour ;
Greg LeMond (USA), une demi-journée
(compte tenu de la prise et de la perte
dans les demi-étapes du 7 juillet) ;
Rolf Sörensen (DAN), 4 jours ;
Thierry Marie (FRA), 2 jours ;
Greg LeMond (USA), 4 jours ;
Luc Leblanc (FRA), 1 jour ;
Miguel Indurain (ESP), 10 jours.

19 92
Miguel Indurain (ESP), 1 jour ;
Alex Zülle (SUI), 1 jour ;
Richard Virenque (FRA), 1 jour ;
Pascal Lino (FRA), 10 jours ;
Miguel Indurain (ESP), 9 jours.

19 93
Miguel Indurain (ESP), 2 jours ;
Wilfried Nelissen (BEL), 2 jours ;
Mario Cipollini (ITA), 1 jour ;
Wilfried Nelissen (BEL), 1 jour ;
Mario Cipollini (ITA), 1 jour ;
Johan Museeuw (BEL), 2 jours ;
Miguel Indurain (ESP), 12 jours.

19 94
Chris Boardman (GBR), 3 jours ;
Johan Museeuw (BEL), 1 jour ;
Flavio Vanzella (ITA), 2 jours ;
Sean Yates (GBR), 1 jour ;
Johan Museeuw (BEL), 2 jours ;
Miguel Indurain (ESP), 13 jours.

19 95
Jacky Durand (FRA), 2 jours ;
Laurent Jalabert (FRA), 2 jours ;
Ivan Gotti (ITA), 2 jours ;
Bjarne Riis (DAN), 1 jour ;
Johann Bruyneel (BEL), 1 jour ;
Miguel Indurain (ESP), 13 jours.

19 96
Alex Zülle (SUI), 3 jours ;
Frédéric Moncassin (FRA), 1 jour ;
Stéphane Heulot (FRA), 3 jours ;
Evgueni Berzin (RUS), 2 jours ;
Bjarne Riis (DAN), 13 jours.

19 97
Chris Boardman (GBR), 1 jour ;
Mario Cipollini (ITA), 4 jours ;
Cédric Vasseur (FRA), 5 jours ;
Jan Ullrich (ALL), 12 jours.

19 98
Chris Boardman (GBR), 2 jours ;
Erik Zabel (ALL), 1 jour ;
Bo Hamburger (DAN), 1 jour ;
Stuart O'Grady (AUS), 3 jours ;
Jan Ullrich, 1 jour ;
Laurent Desbiens (FRA), 2 jours ;
Jan Ullrich (ALL), 5 jours ;
Marco Pantani (ITA), 7 jours (dont l'étape
neutralisée du 29 juillet).

19 99
1999 Jaan Kirsipuu (EST), 6 jours ;
Lance Armstrong (USA), 15 jours puis
rayé des palmarès.

20 00
David Millar (GBR), 3 jours ;
Laurent Jalabert (FRA), 2 jours ;
Alberto Elli (ITA), 4 jours ;
Lance Armstrong (USA), 12 jours
puis rayé des palmarès.

20 01
Christophe Moreau (FRA), 2 jours ;
Marc Wauters (BEL), 1 jour ;
Stuart O'Grady (AUS), 4 jours ;
Jens Voigt (ALL), 1 jour ;
Stuart O'Grady (AUS), 2 jours ;
François Simon (FRA), 3 jours ;
Lance Armstrong (USA), 8 jours
puis rayé des palmarès.

20 02
2002 Rubens Bertogliati (SUI), 2 jours ;
Erik Zabel (ALL), 1 jour ;
Igor Gonzalez de Galdeano (ESP), 7 jours ;
Lance Armstrong (USA), 11 jours
puis rayé des palmarès.

20 03
Bradley McGee (AUS), 3 jours ;
Jean-Patrick Nazon (FRA), 1 jour ;
Victor-Hugo Peña (COL), 3 jours ;
Richard Virenque (FRA), 1 jour ;
Lance Armstrong (USA), 13 jours
puis rayé des palmarès.

20 04
Fabian Cancellara (SUI), 2 jours ;
Thor Hushovd (NOR), 1 jour ;
Robbie McEwen (AUS), 1 jour ;
Thomas Voeckler (FRA), 10 jours ;
Lance Armstrong (USA), 7 jours
puis rayé des palmarès.

20 05
Jens Voigt (ALL), 1 jour ;
David Zabriskie (USA), 3 jours puis déclassé ;
Lance Armstrong (USA), 17 jours
puis rayé des palmarès.

Joop, enfin ! Tour de France 1980. 20e étape,
contre-la-montre à Saint-Étienne.

20 06 Thor Hushovd (NOR), 1 jour ;
George Hincapie (USA), 1 jour puis déclassé ;
Thor Hushovd (NOR), 1 jour ;
Tom Boonen (BEL), 4 jours ;
Sergueï Honchar (UKR), 3 jours ;
Cyril Dessel (FRA), 1 jour ;
Oscar Pereiro (ESP), 2 jours + 3 jours
+ 2 jours supplémentaires comme leader
rétroactivement (déclaré vainqueur après
le déclassement de Floyd Landis (USA) ;
Floyd Landis (USA), 5 jours puis déclassé.

20 07 Fabian Cancellara (SUI), 7 jours ;
Linus Gerdemann (ALL), 1 jour ;
Michael Rasmussen (DAN), 9 jours
(exclu au départ de la 17ᵉ étape) ;
Alberto Contador (ESP), 4 jours.

20 08 Alejandro Valverde (ESP), 2 jours ;
Romain Feillu (FRA), 1 jour ;
Stefan Schumacher (ALL), 2 jours puis
déclassé ;
Kim Kirchen (LUX), 4 jours ;
Cadel Evans (AUS), 5 jours ;
Fränk Schleck (LUX), 2 jours ;
Carlos Sastre (ESP), 5 jours.

20 09 Fabian Cancellara (SUI), 6 jours ;
Roberto Nocentini (ITA), 8 jours ;
Alberto Contador (ESP), 7 jours.

20 10 Fabian Cancellara (SUI), 2 jours ;
Sylvain Chavanel (FRA), 1 jour ;
Fabian Cancellara (SUI), 4 jours ;
Sylvain Chavanel (FRA), 1 jour ;
Cadel Evans (AUS), 1 jour ;
Andy Schleck (LUX), 6 jours + 6 jours
après le déclassement d'Alberto Contador
(ESP).

20 11 Philippe Gilbert (BEL), 1 jour ;
Thor Hushovd (NOR), 7 jours ;
Thomas Voeckler (FRA), 10 jours ;
Andy Schleck (LUX), 1 jour ;
Cadel Evans (AUS), 2 jours.

20 12 Fabian Cancellara (SUI), 7 jours ;
Bradley Wiggins (GBR), 14 jours.

20 13 Marcel Kittel (ALL), 1 jour ;
Jan Bakelants (BEL), 2 jours ;
Simon Gerrans (AUS), 2 jours ;
Daryl Impey (AFS), 2 jours ;
Christopher Froome (GBR), 14 jours.

20 14 Marcel Kittel (ALL), 1 jour ;
Vincenzo Nibali (ITA), 7 jours ;
Tony Gallopin (FRA), 1 jour ;
Vincenzo Nibali (ITA), 12 jours.

20 15 Rohan Dennis (AUS), 1 jour ;
Fabian Cancellara (SUI), 1 jour ;
Christopher Froome (GBR), 1 jour ;

Tony Martin (ALL), 3 jours ;
Christopher Froome (GBR), 15 jours.

20 16 Mark Cavendish (GBR), 1 jour ;
Peter Sagan (SLQ), 3 jours ;
Greg Van Avermaet (BEL), 3 jours ;
Christopher Froome (GBR), 14 jours.

20 17 Geraint Thomas (GBR), 4 jours ;
Christopher Froome (GBR), 7 jours ;
Fabio Aru (ITA), 2 jours ;
Christopher Froome (GBR), 8 jours.

20 18 Fernando Gaviria (COL), 1 jour ;
Peter Sagan (SLQ), 1 jour ;
Greg van Avermaet (BEL), 8 jours,
Geraint Thomas (GBR), 11 jours.

20 19 Mike Teunissen (HOL), 2 jours ;
Julian Alaphilippe (FRA), 3 jours ;
Giulio Ciccone (ITA), 2 jours ;
Julian Alphilippe (FRA), 11 jours ;
Egan Bernal (COL), 3 jours.

20 20 Alexander Kristoff (NOR), 1 jour ;
Julian Alaphilippe (FRA), 3 jours ;
Adam Yates (GBR), 4 jours ;
Primož Roglič (SLV), 11 jours;
Tadej Pogačar (SLV), 2 jours.

20 21 Julian Alaphilippe (FRA), 1 jours ;
Mathieu Van der Poel (HOL), 6 jours ;
Tadej Pogačar (SLV), 14 jours.

20 22 Yves Lampaert (BEL), 1 jours ;
Woot Van Aert (BEL), 4 jours ;
Tadej Pogačar (SLV), 5 jours ;
Jonas Vingegaard (DAN), 11 jours.

Vainqueur à Serre-Chevalier,
après avoir dominé l'ascension du col
du Granon, lors de la 11ᵉ étape en 2022,
le Danois Jonas Vingegaard va s'emparer
du Maillot Jaune pour ne plus le lâcher.

TOUS LES PORTEURS, TOUR PAR TOUR

1919

Eugène CHRISTOPHE (FRA) - 3 jours
Né le 22 janvier 1885, décédé le 1er février 1970.
Une figure légendaire. Aussi dur au mal que malchanceux, il n'a jamais pu gagner le Tour qui lui semblait promis. Et devant l'histoire, il méritait bien l'honneur d'être le tout premier porteur du Maillot Jaune.

Firmin LAMBOT (BEL) - 2 jours
Né le 14 mars 1886, décédé le 19 janvier 1964.
A 36 ans, 4 mois et 9 jours, il reste le plus âgé des vainqueurs du Tour lors de son deuxième succès, en 1922.

1920

Louis MOTTIAT (BEL) - 1 jour
Né le 6 juillet 1889, décédé le 5 juin 1972.
Le Wallon, premier Maillot Jaune deux ans de suite, remporta huit étapes du Tour malgré une carrière interrompue par la Première Guerre mondiale.

Philippe THYS (BEL) - 14 jours
Né le 8 octobre 1889, décédé le 17 janvier 1971.
 Premier triple vainqueur de l'histoire (1913, 1914, 1920). Il ne porta donc officiellement le Maillot Jaune que lors de sa dernière victoire, mais serait apparu avec un pull-over jaune reconnaissable avant-guerre.

1921

Louis MOTTIAT (BEL) - 1 jour

Léon SCIEUR (BEL) - 14 jours
Né le 19 mars 1888, décédé le 7 octobre 1969.
Surnommé « la Locomotive » pour sa régularité, le Wallon, vainqueur du Tour 1921, fut le prototype du coureur belge des années vingt, dur au mal.

1922

Robert JACQUINOT (FRA) - 3 jours
Né le 31 décembre 1893, décédé le 17 juin 1980.
Vainqueur au total de quatre étapes dans le Tour, ce banlieusard d'Aubervilliers fit la conquête du Maillot Jaune en remportant deux années de suite la première étape au Havre.

Eugène CHRISTOPHE (FRA) - 3 jours

Jean ALAVOINE (FRA) - 5 jours
Né le 1er avril 1888, décédé le 18 juillet 1943.
Treize ans après ses débuts dans le Tour, il endosse enfin le Maillot Jaune, de Perpignan à Genève.

Un habitué du podium : deux fois deuxième (1919, 1922) ; deux fois troisième (1909, 1914).

Hector HEUSGHEM (BEL) - 1 jour
Né le 15 février 1890, décédé le 29 mars 1982.
S'il n'a pas obtenu la consécration, il se classa néanmoins deux fois 2e du Tour (1920, 1921) et 4e l'année où il porta le Maillot à Strasbourg.

Firmin LAMBOT (BEL) - 3 jours

1923

Robert JACQUINOT (FRA) - 1 jour

Ottavio BOTTECCHIA (ITA) - 2 jours
Né le 1 août 1894, décédé le 15 juin 1927.
Le « maçon du Frioul » fut le premier Maillot Jaune italien. Deuxième du Tour 1923, il survola les deux éditions suivantes, leader de bout en bout en 1924.

Romain BELLENGER (FRA) - 2 jours
Né le 18 janvier 1894, décédé le 25 novembre 1981.
Ce bon coureur de classiques porte le Maillot des Sables-d'Olonne à Bayonne dans ce Tour 1923 qu'il finira 3e.

Ottavio BOTTECCHIA (ITA) - 4 jours

Henri PÉLISSIER (FRA) - 6 jours
Né le 22 janvier 1889, décédé le 1er mai 1935.
L'un des premiers grands champions français, au palmarès très complet dans les classiques, qui tord le cou à l'idée qu'il n'était pas fait pour le Tour.

1924

Ottavio BOTTECCHIA (ITA) - 15 jours

1925

Ottavio BOTTECCHIA (ITA) - 2 jours

Adelin BENOÎT (BEL) - 4 jours
Né le 12 mai 1900, décédé le 18 juin 1954.
Encore un Wallon qui brille dans les années vingt. Il est le seul, en 1925, à empêcher Bottecchia de porter le Maillot de bout en bout pour la deuxième année de suite.

Ottavio BOTTECCHIA (ITA) - 1 jour

Adelin BENOÎT (BEL) - 1 jour

Ottavio BOTTECCHIA (ITA) - 10 jours

1926

Jules BUYSSE (BEL) - 2 jours
Né le 13 août 1901, décédé le 31 décembre 1950.
Frère cadet de Lucien, qui remporta le Tour cette même année 1926.

Gustaaf VAN SLEMBROUCK (BEL) -7 jours
Né le 25 mars 1902, décédé le 7 juillet 1968.
Un Flamand bon teint, vainqueur de l'étape Metz-Dunkerque et qui gardera le Maillot une semaine.

Lucien BUYSSE (BEL) - 8 jours
Né le 11 septembre 1892, décédé le 3 janvier 1980.
Une seule victoire notable à son palmarès, mais c'est le Tour ! Le plus long de l'histoire (5 745 km) et l'un des plus durs, notamment dans la dantesque étape Bayonne – Luchon où il forge son succès.

1927

Francis PÉLISSIER (FRA) - 5 jours
Né le 13 juin 1894, décédé le 22 février 1959.
Le cadet de la tribu est plutôt un «lévrier», spécialiste des courses d'un jour. Ce qui ne l'empêche pas de marquer son passage dans le Tour grâce à son succès dans la 1re étape.

Ferdinand LE DROGO (FRA) - 1 jour
Né le 10 octobre 1903, décédé le 23 avril 1976.
Le coureur de Pontivy est entré dans l'histoire comme le premier Breton porteur du Maillot Jaune, sur ses terres. Leader à Brest, il se laisse griser devant ses supporters et perd le Maillot, le lendemain à Vannes.

Hector MARTIN (BEL) - 4 jours
Né le 26 décembre 1898, décédé le 9 août 1972.
Un coureur relativement effacé qui récupère le Maillot cédé par Ferdinand Le Drogo, sans gagner d'étape.

Nicolas FRANTZ (LUX) - 14 jours
Né le 4 novembre 1899, décédé le 8 novembre 1985.
Le successeur de François Faber (vainqueur en 1909).
Sorte de métronome, notamment en montagne.
Lors de son 2e succès, en 1928, il porte le Maillot
de bout en bout.

1928

Nicolas FRANTZ (LUX) - 22 jours

1929

Aimé DOSSCHE (BEL) - 3 jours
Né le 28 mars 1902, décédé le 30 octobre 198.
Sa victoire dans l'étape initiale permet au Gantois de
porter le Maillot Jaune dans ce Tour 1929
qu'il ne finira pas.

Maurice DE WAELE (BEL) - 3 jours
Né le 27 décembre 1896, décédé le 14 février 1952.
Deuxième du Tour 1927, troisième en 1928, ce coureur
sans grand brio est sacré vainqueur en 1929 pour
le dernier Tour de l'avant-guerre disputé par équipes
de marques et dominé par Alcyon.

Nicolas FRANTZ (LUX) - 1 jour
Lors de la 7e étape qui arrive à Bordeaux, le luxembourgeois partage le Maillot Jaune avec André Leducq
et Victor Fontan.

Gaston REBRY (BEL) - 1 jour
Né le 29 janvier 1905, décédé le 3 juillet 1953.
Triple vainqueur de Paris-Roubaix, surnommé
« le Bouledogue », il est un spécialiste des pavés.
Sur ses quatre succès d'étape dans le Tour,
il remporte d'ailleurs par deux fois l'étape du Nord,
Charleville - Malo-les-Bains.

Victor FONTAN (FRA) - 1 jour
Né le 18 juin 1892, décédé le 2 janvier 1982.
Ce Béarnais survolait ses Pyrénées. L'un des plus
grands grimpeurs de son temps, mais aussi très
malchanceux, comme en cette année 1929
où il casse son vélo et abandonne avec
le Maillot Jaune sur le dos.

Maurice DE WAELE (BEL) - 13 jours

1930

Charles PÉLISSIER (FRA) - 1 jour
Né le 20 février 1903, décédé le 28 mai 1959.
Le benjamin de la célèbre fratrie était plutôt du genre
routier-sprinteur, ce qui lui valut d'enlever seize
étapes du Tour, et d'être au passage quelques jours
en jaune en 1930 et 1931...

Learco GUERRA (ITA) - 7 jours
Né le 14 octobre 1902, décédé le 7 décembre 1963.
Surnommé la « Locomotive humaine », il était très
populaire. Il devint champion du monde en 1931,
l'année où il fut aussi le premier porteur du maillot
rose du Giro.

André LEDUCQ (FRA) - 13 jours
Né le 27 février 1904, décédé le 18 juin 1980.
Vrai « titi parisien », natif de Saint-Ouen, « Dédé
gueule d'amour » fut à la suite de Pélissier la grande
figure du cyclisme français de l'entre-deux guerres.
Avec Antonin Magne, il fit les grandes heures de
l'équipe de France.

1931

Alfred HAMERLINCK (BEL) - 1 jour
Né le 27 septembre 1905, décédé le 10 juillet 1933.
Un pur « flahute », spécialisé dans les courses
de kermesses qui fleurissaient dans son pays.
Vainqueur de la première étape à Caen et donc
premier Maillot Jaune du Tour 1931.

Max BULLA (AUT) - 1 jour
Né le 26 septembre 1905, décédé le 1er mars 1990.
Le seul Autrichien à avoir, à ce jour, porté le Maillot
Jaune. Un fait d'autant plus notable qu'il émargeait
à la catégorie des « touristes-routiers », concurrents
individuels sans assistance.

Léon LE CALVEZ (FRA) - 1 jour
Né le 14 mars 1909, décédé le 7 juillet 1995.
L'un des meilleurs Bretons de son époque, sélectionné
en équipe de France. Il fut le beau-père d'un autre
Maillot Jaune, François Mahé, et dirigea l'équipe
de l'Ouest de 1952 à 1956.

Rafaele DI PACO (ITA) - 4 jours
Né le 7 juin 1908, décédé le 21 mai 1996.
L'un des meilleurs sprinteurs de son temps. Ses duels
avec Charles Pélissier passionnèrent les foules.
Il remporta onze étapes du Tour, dont cinq en 1931.

Charles PÉLISSIER (FRA) - 1 jour

Antonin MAGNE (FRA) - 16 jours
Né le 15 février 1904, décédé le 8 septembre 1983.
L'un des grands champions français de l'histoire.
Appliqué, méthodique, il s'imposa une discipline
de fer et remporta deux Tours de France avant le titre
mondial (1936). Il devint directeur sportif de Mercier
et notamment de Bobet et Poulidor.

1932

Jean AERTS (BEL) - 1 jour
Né le 8 septembre 1907, décédé le 15 juin 1992.
Le Bruxellois remporta pas moins de douze étapes
dans le Tour, mais n'eut qu'une fois l'honneur
du Maillot Jaune, à l'issue de la 1re étape en 1932.
Champion du monde 1935.

Kurt STOEPEL (ALL) - 1 jour
Né le 12 mars 1908, décédé le 11 juin 1997.
Le Berlinois fut le premier Allemand vainqueur
d'étape dans le Tour et Maillot Jaune.

André LEDUCQ (FRA) - 19 jours

1933

Maurice ARCHAMBAUD (FRA) - 8 jours
Né le 30 août 1906, décédé le 3 décembre 1955.
Un Parisien de la bande des Leducq et Speicher.
Très populaire, il était surnommé le « Nabot »
en raison de sa petite taille, mais fut un rouleur
très efficace, recordman de l'heure en 1937
(45,840 km/h).

Georges LEMAIRE (BEL) - 2 jours
Né le 3 avril 1905, décédé le 29 septembre 1933.
Disparu prématurément, l'année même où il porta
le Maillot. Dans sa trop courte carrière, il avait eu
le temps de devenir champion de Belgique.

Maurice ARCHAMBAUD (FRA) - 1 jour

Georges SPEICHER (FRA) - 12 jours
Né le 8 juin 1907, décédé le 24 janvier 1978.
Une classe indéniable, un descendeur remarquable.
Sa carrière fut assez fulgurante et, en 1933,
sa grande année, il réalisa le premier doublé
Tour – Championnat du monde au cours
de la même saison.

1934

Georges SPEICHER (FRA) - 1 jour

Antonin MAGNE (FRA) - 22 jours

1935

Romain MAES (BEL) - 21 jours
Né le 10 août 1913, décédé le 22 février 1983.
Discret mais efficace. Son palmarès n'est pas très
épais, mais en 1935 il remporte la première étape
Paris-Lille et conserve le Maillot de bout en bout
en réussissant l'exploit de l'emporter encore dans
la dernière étape au Parc des Princes.

1936

Paul EGLI (SUI) - 1 jour
Né le 18 août 1911, décédé le 23 janvier 1997.
Vainqueur de la première étape en 1936, Paris-Lille,
il est surtout le premier Suisse porteur du Maillot
Jaune. L'un des meilleurs routiers de son pays
à l'époque, triple lauréat du difficile Championnat
de Zurich.

Maurice ARCHAMBAUD (FRA) - 1 jour

Arsène MERSCH (LUX) - 1 jour
Né le 14 décembre 1913, décédé le 12 juillet 1980.
Un magnifique Tour cette année-là : à Metz, en début
de course, il assure un intérim d'une journée
en jaune ; puis remporte la dernière étape
au Parc des Princes (5e au final).

Maurice ARCHAMBAUD (FRA) - 4 jours

Sylvère MAES (BEL) - 14 jours
Né le 22 août 1909, décédé le 5 décembre 1966.
Sans lien de parenté avec Romain, il lui succède
au palmarès et réalisera le doublé juste avant-guerre.
Dernier vainqueur belge jusqu'à l'avènement
d'Eddy Merckx, trente ans plus tard.

1937

Jean MAJERUS (LUX) - 2 jours
Né le 6 février 1914, décédé le 16 juin 1983.
Son palmarès ne déborde pas beaucoup du
Grand-Duché ou de l'Est de la France, sauf pour
le Tour où il remporta deux étapes et porta le Maillot
deux années de suite.

Marcel KINT (BEL) - 1 jour
Né le 20 septembre 1914, décédé le 23 février 2002.
Surnommé « L'Aigle noir », il fut l'un des grands
champions belges de l'époque, consacré par le titre
mondial en 1938. Spécialiste des classiques (Tour
des Flandres, Paris-Roubaix, Flèche Wallonne),
il porta néanmoins le Maillot Jaune une journée.

Erich BAUTZ (ALL) - 3 jours
Né le 26 mai 1913, décédé le 17 septembre 1986.
Vainqueur de l'étape des Vosges, il prend le Maillot
Jaune qu'il rend à Bartali dans les Alpes. Il finira 9e
de ce Tour 1937.

Gino BARTALI (ITA) - 2 jours
Né le 18 juillet 1914, décédé le 5 juillet 2000.
Une figure de légende. L'un des meilleurs grimpeurs
de l'histoire, contraint à l'abandon des suites d'une
chute en 1937 mais vainqueur en 1938. Le seul
à avoir remporté deux fois le Tour à dix ans d'intervalle, par-delà les temps de guerre qui l'ont privé
de plusieurs belles années.

Sylvère MAES (BEL) - 14 jours

Roger LAPEBIE (FRA) - 4 jours
Né le 16 janvier 1911, décédé le 12 octobre 1996.
Sa victoire lui valut une grande popularité, dans un
contexte assez chauvin qui conduisit son rival, Sylvère
Maes, et l'équipe belge à l'abandon. Le Bordelais,

assez moyen dans les cols, compensait par des dons
de descendeur hors pair.

1938

Willi OBERBECK (ALL) - 1 jour
Né le 21 février 1910, décédé le 9 juillet 1979.
Une carrière des plus modestes, deux participations
au Tour soldées par autant d'abandons. Mais une
victoire à Caen dans la première étape du Tour
1938 lui vaut un jour dans la lumière.

Jean MAJERUS (LUX) - 4 jours et demi

André LEDUCQ (FRA) - 1 jour et demi

Félicien VERVAECKE (BEL) - 6 jours
Né le 11 mars 1907, décédé le 31 octobre 1986.
Un homme du Tour. Double lauréat du prix de la
montagne (1935, 1937) ; trois fois sur le podium final
(2e en 1938 ; 3e en 1935 et 1936), il prend le Maillot
Jaune dans les Pyrénées mais Bartali est largement
supérieur dans les Alpes.

Gino BARTALI (ITA) - 8 jours

1939

Amédée FOURNIER (FRA) - 1 jour
Né le 7 février 1912, décédé le 30 mars 1992.
Le Nordiste se distinguait par ses qualités de rouleur.
Vainqueur de la première étape de son unique Tour
de France (la guerre !), il cédera son Maillot Jaune
à Romain Maes dès le lendemain matin, contre la
montre.

Romain MAES (BEL) - 1 demi-journée

Jean FONTENAY (FRA) - 1 jour et demi
Né le 23 juillet 1911, décédé le 21 mai 1975.
Le Breton, natif de la baie du Mont-Saint-Michel,
vit comme tant d'autres sa carrière écourtée par
la guerre. Il eut néanmoins le bonheur de prendre
le Maillot Jaune à Rennes et de le porter deux jours
à travers la Bretagne.

René VIETTO (FRA) - 11 jours
Né le 17 février 1914, décédé le 14 octobre 1988.
Le petit groom de Cannes devint l'un des meilleurs
grimpeurs de son temps et une figure popularisée par
son esprit de sacrifice, illustré par sa roue offerte
à Antonin Magne en 1934. Il porta durablement
le Maillot Jaune dans les deux Tours de l'avant
et l'après-guerre et obtint son meilleur classement
en 1939 (2e).

Sylvère MAES (BEL) - 4 jours

1947

Ferdi KUBLER (SUI) - 1 jour
Né le 24 juillet 1919, décédé le 29 décembre 2016.
Un grand champion, très racé, au caractère impétueux. Vainqueur de la première étape du Tour
de l'après-guerre, il remporte le Tour en 1950
et se classera encore 2e en 1954.

René VIETTO (FRA) - 5 jours

Aldo RONCONI (ITA) - 2 jours
Né le 20 septembre 1918, décédé le 12 juin 2012.
Vainqueur d'étape à Luxembourg, c'est finalement
à Grenoble qu'il endosse le Maillot Jaune dans
ce Tour 1947 dont il finit 4e.

René VIETTO (FRA) - 10 jours

Pierre BRAMBILLA (ITA) - 2 jours
Né le 12 mai 1919, décédé le 13 février 1984.
L'Italien de France portait encore le Maillot Jaune
au départ de la dernière étape Caen-Paris.
Jean Robic renversa la situation, et Brambilla
y laissa 13 minutes pour terminer finalement 3e
de ce Tour dont il fut meilleur grimpeur.

Jean ROBIC (FRA) - 1 jour
Né le 10 juin 1921, décédé le 6 octobre 1980.
Une figure de légende. Surnommé « Biquet »
ou « Tête de cuir », il devint populaire grâce à
sa victoire dans le premier Tour de l'après-guerre.
Le dernier jour, il gagne l'épreuve sans avoir porté
le Maillot Jaune, sauf pour le tour d'honneur
au Parc des Princes.

1948

Gino BARTALI (ITA) - 1 jour

Jan ENGELS (BEL) - 1 jour
Né le 11 mai 1922, décédé le 17 avril 1972.
Le Bruxellois, lauréat d'un Liège-Bastogne-Liège
(1945), s'empare brièvement du Maillot Jaune
à l'issue de la 2e étape, Trouville – Dinard.

Louison BOBET (FRA) - 1 jour
Né le 12 mars 1925, décédé le 13 mars 1983.
L'un des plus grands champions français, avec
Hinault et Anquetil, au palmarès très diversifié.
Le Breton se caractérisait par son courage
et son ambition. Révélé en 1948, il dut patienter
jusqu'au milieu des années cinquante pour régner
et susciter l'admiration.

Roger LAMBRECHT (BEL) - 2 jours
Né le 1er janvier 1916, décédé le 4 août 1979.
Un Belge installé à Guipavas qui fit l'essentiel de sa
carrière en Bretagne. Il marqua le Tour deux années
de suite en remportant chaque fois une étape assortie
du Maillot Jaune. Le second fut pris au pays natal,
dans l'étape de Bruxelles.

Louison BOBET (FRA) - 8 jours

Gino BARTALI (ITA) - 8 jours

1949

● **Marcel DUSSAULT (FRA) - 1 jour**
Né le 14 mai 1926, décédé le 19 septembre 2014.
Le Berrichon, vainqueur de la 1re étape du Tour 1949,
Paris-Reims, se distingua aussi par une apparition
comme figurant (à vélo !) dans le film « Jour de fête »
de Jacques Tati.

● **Roger LAMBRECHT (BEL) - 1 jour**

● **Norbert CALLENS (BEL) - 1 jour**
Né le 22 juin 1924, décédé le 12 mars 2005.
Une modeste carrière qui aurait dû être illuminée
par un Maillot Jaune que son soigneur oublia
de lui apporter au départ de l'étape suivante !

● **Jacques MARINELLI (FRA) - 6 jours**
Né le 15 décembre 1925.
Son aventure en jaune, de la Normandie aux Pyrénées,
tint la France en haleine. D'autant que
« la Perruche », surnom donné au petit coureur
d'Ile-de-France, s'accrocha jusqu'au bout pour
finir 3e derrière Coppi et Bartali !

● **Fiorenzo MAGNI (ITA) - 6 jours**
Né le 7 décembre 1920, décédé le 19 octobre 2012.
L'un des grands coureurs italiens qui donnait
la réplique aux campionissimi, Coppi et Bartali.
En 1950, il doit quitter le Tour avec le Maillot Jaune,
la mort dans l'âme, entraîné par le retrait
de Bartali et des Italiens.

● **Gino BARTALI (ITA) - 1 jour**

● **Fausto COPPI (ITA) - 5 jours**
Né le 15 septembre 1919, décédé le 2 janvier 1960.
Un monstre sacré. La guerre entrava son début de
carrière mais ses deux Tours se soldèrent par deux
triomphes. En 1949, il surmonta une chute qui lui
valut vingt minutes de retard et, en 1952, sa domination fut telle qu'il apparut « hors concours ».

1950

● **Jean GOLDSCHMIT (LUX) - 2 jours**
Né le 20 février 1924, décédé le 14 février 1994.
Un bon coureur par étapes, qui eut le bonheur de
prendre le Maillot dès le départ du Tour 1950 et de le
reprendre après un intermède de Bernard Gauthier.

● **Bernard GAUTHIER (FRA) - 3 jours**
Né le 22 septembre 1924, décédé le 23 novembre
2018. Le Grenoblois fut l'un des meilleurs Français de
son époque. Surnommé « Monsieur Bordeaux-Paris »
(4 victoires), il brillait aussi dans le Nord, et c'est à
Lille qu'il s'empara du Maillot qu'il porta d'abord trois
jours, puis quatre, jusqu'aux Pyrénées.

● **Jean GOLDSCHMIT (LUX) - 1 jour**

● **Bernard GAUTHIER (FRA) - 4 jours**

● **Fiorenzo MAGNI (ITA) - 1 jour**

● **Ferdi KUBLER (SUI) - 11 jours**

1951

● **Giovanni ROSSI (SUI) - 1 jour**
Né le 7 mai 1926, décédé le 17 septembre 1983.
Une seule participation au Tour, soldée par un
abandon. Mais son succès à Reims au terme
de la 1re étape lui vaut d'embellir sa carrière
d'un Maillot Jaune.

● **Jean DIEDERICH (LUX) - 3 jours**
Né le 20 février 1922, décédé le 6 décembre 2012.
Plus connu sous le prénom de « Bim », il remporta
une étape pendant trois années de suite (1950
à 1952), mais c'est son succès solitaire à Gand,
en 1951, qui lui permet d'endosser pendant
trois jours le Maillot.

● **Serafino BIAGIONI (ITA) - 1 jour**
Né le 12 mars 1920, décédé le 13 février 1983.
Au palmarès du Toscan, trois étapes du Giro et deux
du Tour de France 1951, dont celle de Caen, qui lui
valut un bref intermède en jaune, puis à Tarbes.

● **Roger LEVÊQUE (FRA) - 6 jours**
Né le 5 décembre 1920, décédé le 30 juin 2002.
Une seule victoire au palmarès du coureur de
Saint-Nazaire en huit ans de professionnalisme.
Mais c'était dans le Tour (Le Tréport-Paris)
avec un Maillot Jaune au bout !

● **Wim VAN EST (HOL) - 1 jour**
Né le 23 mars 1923, décédé le 1er mai 2003.
Premier Néerlandais porteur du Maillot Jaune.
La fête fut de courte durée puisqu'il n'avait jamais
vu la montagne et disparut dans le ravin dans la
descente de l'Aubisque. Miraculé, il retrouva
le Maillot quatre ans plus tard.

● **Gilbert BAUVIN (FRA) - 1 jour**
Né le 4 août 1927.
Le Nancéien était un coureur type du Tour, bon grimpeur et régulier. Et un abonné au Maillot Jaune qu'il
porta au cours de trois éditions entre 1951 et 1958.

Il termina aussi deuxième du Tour en 1956.

● **Hugo KOBLET (SUI) - 11 jours**
Né le 21 mars 1925, décédé le 6 novembre 1964.
Un champion éblouissant, même si son étoile pâlit
trop vite. Auteur de l'un des exploits majeurs de toute
l'histoire avec 115 km d'échappée entre Brive et Agen,
malgré les plus grands – Coppi, Bartali, Robic, Géminiani – à ses trousses. Le « Pédaleur de charme »
allait cependant devoir attendre un nouveau succès
à Luchon, trois jours plus tard, pour enfiler le Maillot.

1952

● **Rik VAN STEENBERGEN (BEL) - 2 jours**
Né le 9 septembre 1924, décédé le 15 mai 2003.
Un monstre sacré du cyclisme. Triple champion du
monde, il brillait partout, sur les classiques comme
sur la piste. Moins sur le Tour, où il portera tout
de même le Maillot deux jours après son succès
dans l'étape initiale Brest-Rennes.

● **Nello LAUREDI (FRA) - 3 jours**
Né le 5 octobre 1924, décédé le 8 avril 2001.
Naturalisé français après-guerre, cet Azuréen d'origine italienne fut assez bon grimpeur pour remporter
deux Critériums du Dauphiné. Trois fois vainqueur
d'étapes entre 1950 et 1953, son succès à Rouen
est assorti du Maillot en 1952.

● **Fiorenzo MAGNI (ITA) - 1 jour**

● **Nello LAUREDI (FRA) - 1 jour**

● **Fiorenzo MAGNI (ITA) - 1 jour**

● **Andrea CARREA (ITA) - 1 jour**
Né le 14 août 1924, décédé le 13 janvier 2013.
La caricature du gregario, dévoué corps et âme
à Fausto Coppi. Il considéra comme un crime
de lèse-majesté sa prise du Maillot à Lausanne
et le rendit illico presto au campionissimo
le lendemain à l'Alpe-d'Huez.

● **Fausto COPPI (ITA) - 14 jours**

1953

● **Fritz SCHAER (SUI) - 4 jours**
Né le 13 mars 1926, décédé le 29 septembre 1997.
Derrière Kubler et Koblet, l'un des meilleurs de son
pays à la grande époque du cyclisme suisse.
Troisième du Tour 1954, il porta le Maillot Jaune
l'année précédente (6e) où il inaugura également
le palmarès du maillot vert !

● **Roger HASSENFORDER (FRA) - 4 jours**
Né le 23 juillet 1930. Décédé le 3 janvier 2021.
Lauréat au total de huit étapes dans le Tour de
France, avait la classe sur le vélo et se distinguait
par ses facéties et son anticonformisme, à tel point
qu'il fut comparé à Fernand Raynaud.

● **Fritz SCHAER (SUI) - 2 jours**

● **Jean ROBIC (FRA) - 1 jour**

● **François MAHE (FRA) - 1 jour**
Né le 2 septembre 1930, décédé le 31 mai 2015. Abonné aux places d'honneur, son palmarès ne reflète pas complètement ses qualités. Le Breton était un homme du Tour, trois fois dans les dix premiers (5e en 1959, 10e en 1953 et 1955). Il devint le gendre d'un autre Maillot Jaune, Léon Le Calvez.

● **Jean MALLEJAC (FRA) - 5 jours**
Né le 19 juillet 1929, décédé le 24 septembre 2000. Le Tour 1953 fut celui des Bretons avec François Mahé, Louison Bobet et Jean Malléjac qui termina deuxième au classement final. Son nom reste également associé au malaise dont il fut victime, en 1955, sur les pentes du Ventoux.

● **Louison BOBET (FRA) - 5 jours**

1954

● **Wout WAGTMANS (HOL) - 3 jours**
Né le 10 novembre 1929, décédé le 15 août 1994. L'une des premières grandes figures du cyclisme néerlandais dans le Tour. Il y remporta quatre étapes entre 1953 et 1955 et porta le Maillot trois ans de suite !

● **Louison BOBET (FRA) - 4 jours**

● **Wout WAGTMANS (HOL) - 4 jours**

● **Gilbert BAUVIN (FRA) - 2 jours**

● **Louison BOBET (FRA) - 10 jours**

1955

● **Miguel POBLET (ESP) - 1 jour**
Né le 18 mars 1928, décédé le 6 avril 2013. L'un des rares grands sprinteurs espagnols. Deux fois lauréat de Milan-San Remo, le Catalan fut aussi vainqueur de vingt étapes dans le Giro ! Et grâce à son succès à Dieppe dans la 1re étape du Tour 1955, le premier Maillot Jaune espagnol.

● **Wout WAGTMANS (HOL) - 2 jours**

● **Antonin ROLLAND (FRA) - 3 jours**
Né le 3 septembre 1924. Vainqueur de la dernière étape au Parc en 1952, puis à Roubaix en 1955, il porte cette année-là le Maillot Jaune pendant douze jours avant de le restituer à Bobet et de finir 5e.

● **Wim VAN EST (HOL) - 1 jour**

● **Antonin ROLLAND (FRA) - 9 jours**

● **Louison BOBET (FRA) - 6 jours**

1956

● **André DARRIGADE (FRA) - 2 jours**
Né le 24 avril 1929 • Le champion du monde (1959) fut avant tout un grand spécialiste du Maillot Jaune qu'il porta au cours de six Tours de France et parfois à plusieurs reprises (trois fois en 1956 par exemple). A la fois routier-sprinter et capitaine de route,

il s'imposa cinq fois, dont quatre d'affilée, dans la première étape du Tour !

● **Gilbert DESMET (BEL) - 1 jour et demi**
Né le 3 février 1931. Il eut un homonyme parfait, mais lui eut deux fois le Maillot Jaune et fut l'un des coureurs les plus complets : Paris-Tours (1958), 2e de Paris-Roubaix, du G.P. des Nations.

● **André DARRIGADE (FRA) - 3 jours**

● **Roger WALKOWIAK (FRA) - 3 jours**
Né le 2 mars 1927, décédé le 6 février 2017. Un très bon coureur, capable de suivre les meilleurs en montagne. Sa présence dans les échappées lui valut une victoire dans l'un des « plus beaux Tours » selon Jacques Goddet.

● **Gerrit VOORTING (HOL) - 1 jour**
Né le 18 janvier 1923, décédé le 30 janvier 2015. L'un des Néerlandais animateurs des premières parties de Tour. Vainqueur d'étape en 1953, il participe à la valse du Maillot en 1956 à Bayonne et plus longuement en 1958.

● **André DARRIGADE (FRA) - 1 jour**

● **Jan ADRIAENSSENS (BEL) - 3 jours**
Né le 6 juin 1932. Décédé le 2 octobre 2018. Sa régularité lui permit de figurer sept ans de suite parmi les dix premiers du Tour, de 1956 à 1961. Il monta même sur le podium (3e) à deux reprises, en 1956 et 1960.

● **Wout WAGTMANS (HOL) - 3 jours**

● **Roger WALKOWIAK (FRA) - 5 jours**

1957

● **André DARRIGADE (FRA) - 1 jour**

● **René PRIVAT (FRA) - 3 jours**
Né le 4 décembre 1930, décédé le 19 juillet 1995. Un vrai puncheur, vainqueur de Milan-San Remo en 1960. Dans le Tour 1957 dominé par l'une des meilleures équipes de France, l'Ardéchois remporte trois étapes et porte le Maillot de Caen à Charleroi où il le cède à Anquetil.

● **Jacques ANQUETIL (FRA) - 2 jours**
Né le 8 janvier 1934, décédé le 18 novembre 1987. L'un des champions de référence. Peut-être le plus grand rouleur de tous les temps et premier quintuple vainqueur du Tour. Pragmatique, il calculait ses victoires au plus juste et sut toujours défendre en montagne ses acquis du chrono.

● **Nicolas BARONE (FRA) - 1 jour**
Né le 6 mars 1931, décédé le 31 mai 2003. Membre de l'équipe régionale d'Ile-de-France, sa présence dans une échappée sur la route de Colmar lui permet de vivre une journée en jaune.

● **Jean FORESTIER (FRA) - 2 jours**
Né le 7 octobre 1930 • Un très bon routier, notamment dans les classiques. Vainqueur de Paris-Roubaix (1955) puis du Tour des Flandres (1956), le Lyonnais

marqua le Tour en 1957 où il termina 4e et maillot vert.

● **Jacques ANQUETIL (FRA) - 14 jours**

1958

● **André DARRIGADE (FRA) - 1 jour**

● **Jos HOEVENAERS (BEL) - 1 jour**
Né le 30 novembre 1932, décédé le 14 juin 1995. L'Anversois, lauréat d'une Flèche Wallonne (1959), eut une carrière relativement courte mais assez complète. Deux fois parmi les dix premiers du Tour (10e en 1958, 8e en 1959).

● **Wim VAN EST (HOL) - 2 jours**

● **Gilbert BAUVIN (FRA) - 1 jour**

● **Gerrit VOORTING (HOL) - 3 jours**

● **André DARRIGADE (FRA) - 4 jours**

● **Raphaël GEMINIANI (FRA) - 1 jour**
Né le 12 juin 1925. Un personnage haut en couleur et un très bon coureur du Tour auquel il participa onze fois. 2e derrière Koblet en 1951, 3e en 1958, quand il entrevit la victoire s'envolée sur la grande offensive de Gaul dans la Chartreuse. Meilleur grimpeur en 1951.

● **Vito FAVERO (ITA) - 4 jours**
Né le 21 octobre 1932, décédé le 16 mai 2014. Dauphin de Charly Gaul dans ce Tour 1958 où il fit preuve de régularité. C'est lui qui hérita du Maillot le fameux jour où Gaul liquida Géminiani dans la Chartreuse et le rendit seulement la veille de l'arrivée dans le contre-la-montre de Dijon.

● **Raphaël GEMINIANI (FRA) - 3 jours**

● **Vito FAVERO (ITA) - 2 jours**

● **Charly GAUL (LUX) - 2 jours**
Né le 8 décembre 1932, décédé le 6 décembre 2005. L'un des plus grands grimpeurs de tous les temps, et surtout sous le... mauvais temps. Son offensive dans la Chartreuse reste un morceau d'anthologie. Double vainqueur du Giro (1956 et 1959) et du prix de la montagne dans le Tour (1955, 1956).

1959

● **André DARRIGADE (FRA) - 2 jours**

● **Robert CAZALA (FRA) - 6 jours**
Né le 7 janvier 1934. Un très bon coureur du Tour, bien qu'il fut limité en montagne. Vainqueur de quatre étapes au total, dont la dernière au Parc en 1961. Deux ans plus tôt, il porta le Maillot de Roubaix aux Pyrénées, mais le Béarnais eut la déconvenue d'être dépossédé à Bayonne, autant dire presque chez lui

● **Eddy PAUWELS (BEL) - 1 jour**
Né le 2 mai 1935, décédé le 6 mars 2017 • Quatre

étapes au total, dont deux à Pau, suscitant une certaine surprise, notamment en 1961 lorsque Jacques Goddet fustigea la passivité des «grands» dans son pamphlet « Les nains de la route ». Premier leader en 1963 grâce à son succès initial à Epernay.

● **Michel VERMEULIN (FRA) - 3 jours**
Né le 6 septembre 1934. Une prometteuse carrière amateur, ponctuée d'un titre olympique par équipes en 1956. Il ne confirma pas vraiment chez les pros, mais il porta le Maillot des Pyrénées au Massif central.

● **Jos HOEVENAERS (BEL) - 3 jours**

● **Eddy PAUWELS (BEL) - 1 jour**

● **Federico BAHAMONTES (ESP) - 6 jours**
Né le 9 juillet 1928. LE grimpeur de légende. Premier Espagnol vainqueur du Tour, 2e en 1963, 3e en 1964. Ses accélérations en montagne étaient imparables, mais il perdait beaucoup de temps contre la montre et était effrayé par les descentes. Six fois meilleur grimpeur entre 1954 et 1964.

1960

● **Julien SCHEPENS (BEL) - 1 demi-journée**
Né le 19 décembre 1935, décédé le 16 août 2006. Un pur Flamand, qui a connu quelques places d'honneur dans les classiques et le Maillot Jaune grâce à sa victoire dans la demi-étape Lille – Bruxelles au départ du Tour 1960.

● **Gastone NENCINI (ITA) - 2 jours**
Né le 1er mars 1930, décédé le 1er février 1980. Vainqueur du Giro en 1957. Bon grimpeur, il était surtout un virtuose de la descente. La chute de Roger Rivière dans le Perjuret facilitera son succès dans le Tour 1960.

● **Joseph GROUSSARD (FRA) - 1 jour**
Né le 2 mars 1934. Rapide au sprint, le Fougerais a porté le Maillot vingt-quatre heures entre Dieppe et Caen, mais son succès le plus marquant reste Milan-San Remo (1963). Frère aîné de Georges, Maillot Jaune en 1964.

● **Henry ANGLADE (FRA) - 2 jours**
Né le 6 juillet 1933. Deuxième du Tour 1959 (4e en 1964 et 1965), le Lyonnais membre de l'équipe Centre-Midi avait subi les coups fourrés de l'équipe de France. L'année suivante, chez les Tricolores, il porte le Maillot en début de Tour.

● **Jan ADRIAENSSENS (BEL) - 4 jours**

● **Gastone NENCINI (ITA) - 12 jours**

1961

● **André DARRIGADE (FRA) - 1 demi-journée**

● **Jacques ANQUETIL (FRA) - 21 jours**

1962

● **Rudi ALTIG (ALL) - 1 jour**
Né le 18 mars 1937, décédé le 11 juin 2016. Le champion allemand de référence jusqu'à l'avènement de Jan Ullrich. Champion du monde en 1966, il brillait aussi dans le Tour, notamment en 1962 (trois étapes, quatre jours en jaune et le maillot vert à Paris). A trois reprises, il fut le premier leader du Tour.

● **André DARRIGADE (FRA) - 1 jour**

● **Rudi ALTIG (ALL) - 3 jours**

● **Albertus GELDERMANS (HOL) - 2 jours**
Né le 17 mars 1935. Cet équipier d'Anquetil dans la formation Saint-Raphaël termina 5e du Tour 1962 où il passa quarante-huit heures en jaune dans l'Ouest.

● **André DARRIGADE (FRA) - 1 jour**

● **Willy SCHROEDERS (BEL) - 3 jours**
Né le 9 décembre 1932, décédé le 28 octobre 2017. Une échappée qui prend quatre minutes d'avance entre La Rochelle et Bordeaux le propulse leader pour trois jours jusqu'à Pau.

● **Tom SIMPSON (GBR) - 1 jour**
Né le 30 novembre 1937, décédé le 13 juillet 1967. Son nom est immortalisé par le drame survenu en 1967 sur les pentes du mont Ventoux. Avant cette fin tragique, il prend le Maillot à Saint-Gaudens en 1962, le perd dès le lendemain, mais reste le premier Britannique leader du Tour.

● **Josef PLANCKAERT (BEL) - 7 jours**
Né le 4 mai 1934, décédé le 22 mai 2007. Il remporte Liège-Bastogne-Liège en 1962, sa meilleure année, y compris dans le Tour qu'il termine deuxième sans vraiment inquiéter Anquetil. Il détient le Maillot toute une semaine, de Superbagnères au contre-la-montre Bourgoin – Lyon.

● **Jacques ANQUETIL (FRA) - 3 jours**

1963

● **Eddy PAUWELS (BEL) - 2 jours**

● **Seamus ELLIOTT (IRL) - 3 jours et demi**
Né le 4 juin 1934, décédé le 4 mai 1971. Premier Irlandais à faire carrière sur le continent, il est aussi le premier porteur du Maillot Jaune de son pays. Une échappée sur la route de Roubaix lui accorde une avance suffisante pour rester leader quatre jours.

● **Gilbert DESMET (BEL) - 10 jours**

● **Federico BAHAMONTES (ESP) - 1 jour**

● **Jacques ANQUETIL (FRA) - 5 jours**

1964

● **Edward SELS (BEL) - 2 jours**
Né le 27 août 1941 • Ce champion de Belgique remporta pas moins de quatre victoires d'étape en

1964 (7 au total jusqu'en 1970), dont la première à Lisieux qui lui permit de prendre les rênes durant les deux premiers jours.

● **Bernard VAN DE KERCKHOVE (BEL) - 2 jours**
Né le 8 juillet 1941, décédé le 15 septembre 2015. Un palmarès rempli de courses de « kermesses », à l'exception de deux étapes du Tour chaque fois assorties du Maillot : deux jours en 1964 ; trois en 1965.

● **Rudi ALTIG (ALL) - 3 jours**

● **Georges GROUSSARD (FRA) - 9 jours**
Né le 22 mars 1937. Seulement quelques succès secondaires à son actif, mais le Fougerais était assez bon grimpeur pour porter neuf jours le Maillot Jaune, de Briançon jusqu'au contre-la-montre Peyrehorade-Bayonne, et finir 5e à Paris. Frère de Joseph, Maillot Jaune en 1960.

● **Jacques ANQUETIL (FRA) - 6 jours**

1965

● **Rik VAN LOOY (BEL) - 1 jour**
Né le 20 décembre 1933. La seule présence de « l'empereur d'Herentals », unique coureur à avoir remporté la totalité des classiques, parvenait à inquiéter Anquetil même s'il ne grimpait pas. Son truc, c'était plutôt le maillot vert ramené en 1963, mais il endossa brièvement le jaune en fin de carrière.

● **Bernard VAN DE KERCKHOVE (BEL) - 1 jour**

● **Felice GIMONDI (ITA) - 4 jours**
Né le 29 septembre 1942, décédé le 16 août 2019. Jeune pro, il était venu sur le Tour au pied levé, sa classe fit le reste. Installé par une échappée sur la route de Rouen, il confirma aux dépens de Poulidor en montagne. Ensuite, il fut moins heureux (2e en 1972) mais il faut dire que Merckx était arrivé...

● **Bernard VAN DE KERCKHOVE (BEL) - 2 jours**

● **Felice GIMONDI (ITA) - 14 jours**

1966

● **Rudi ALTIG (ALL)   0 jours**

● **Tommaso DE PRA (ITA) - 1 jour**
Né le 16 décembre 1938. Simple équipier,
il dépossède Rudi Altig, son partenaire de la Molteni,
en gagnant à Pau au terme d'une échappée qui
permet à Lucien Aimar de prendre plus de sept
minutes à Poulidor.

● **Jean-Claude LEBAUBE (FRA) - 1 jour**
Né le 22 juillet 1937, décédé le 2 mai 1977.
Le Normand, échappé la veille entre Bayonne et Pau,
récupère le Maillot à Luchon. Un leader éphémère
mais bon coureur du Tour (4e en 1963 et 5e en 1965).

● **Karl-Heinz KUNDE (ALL) - 4 jours**
Né le 6 août 1938, décédé le 15 janvier 2018.
Son gabarit (1,59 m) lui permettait de bien grimper.
Membre de la très profitable échappée de Pau,
il hérite du Maillot à Revel et le porte quatre jours.

● **Jan JANSSEN (HOL) - 1 jour**
Né le 19 mai 1940. Catalogué comme sprinteur et
motivé par le maillot vert (1964, 1965, 1967),
il découvre ses possibilités en 1966 (2e) puis devient
le premier vainqueur néerlandais (1968).

● **Lucien AIMAR (FRA) - 6 jours**
Né le 28 avril 1941. Son opportunisme et l'ensemble
de ses qualités (sens tactique, facultés de descendeur exceptionnelles) lui offrent sa chance alors que
Poulidor s'est trop attaché à surveiller Anquetil.

1967

● **José Maria ERRANDONEA (ESP) - 2 jours**
Né le 12 décembre 1940. Le Basque, assez bon rouleur, causa la surprise en même temps qu'une énorme
déconvenue à Poulidor dans le premier prologue
du Tour à Angers. Il abandonna deux jours plus tard.

● **Willy VAN NESTE (BEL) - 1 jour**
Né le 10 mars 1944. A ne pas confondre avec Wim Van
Est, le premier Hollandais Maillot Jaune. Le Belge au
petit gabarit fut souvent placé dans les classiques,
et son succès à Caen lui valut un jour en jaune.

● **Giancarlo POLIDORI (ITA) - 1 jour**
Né le 30 octobre 1943. Raymond Poulidor n'a jamais
porté le Maillot Jaune. Son presque homonyme italien
y est parvenu, ne serait-ce que vingt-quatre heures.

● **Joseph SPRUYT (BEL) - 1 jour**
Né le 25 février 1943. Le prototype de l'équipier.
Il débuta sa carrière chez Mercier, avant de devenir
l'un des plus fidèles auxiliaires de Merckx. Son heure
de gloire sonna à Roubaix dans ce début de Tour 1967
qui consommait les leaders éphémères.

● **Roger PINGEON (FRA) - 2 jours**
Né le 28 août 1940, décédé le 19 mars 2017.
Dans ses grands jours, il pouvait être intouchable.
Dans l'étape Roubaix – Jambes, une échappée de 110
km lui rapporta six minutes sur les favoris et dessina
sa victoire finale.

● **Raymond RIOTTE (FRA) - 1 jour**
Né le 16 février 1940. L'affable coureur bourguignon
« marchait » fort en 1967 où il était au service
de l'équipe de France. Il gagna l'étape de Marseille
et, quatre jours auparavant, assura un intérim
de vingt-quatre heures en jaune avant de repasser
définitivement le Maillot à Pingeon.

● **Roger PINGEON (FRA) - 15 jours**

1968

● **Charly GROSSKOST (FRA) - 3 jours**
Né le 5 mars 1944, décédé le 19 juin 2004.
Un très bon poursuiteur de niveau mondial qui a
profité du lancement de la mode des prologues, dans
le Giro comme dans le Tour. Il gagne celui de Vittel
en 1968 et s'impose aussi en finisseur le lendemain
à Esch-sur-Alzette (Luxembourg).

● **Herman VAN SPRINGEL (BEL) - 1 jour**
Né le 14 août 1943. L'un des meilleurs coureurs
de sa génération, présent sur tous les terrains.
« Monsieur Bordeaux-Paris » (7 victoires) a remporté
Paris-Tours, la Lombardie. Il céda le Maillot à Jan
Janssen dans l'ultime demi-étape contre la montre
du Tour 68 (2e).

● **Jean-Pierre GENET (FRA) - 1 jour**
Né le 24 octobre 1940, décédé le 16 mars 2005.
Un équipier fidèle de Poulidor et de Mercier. Il a termi-
né dernier du Tour 1967 avant de porter le Maillot
Jaune l'année suivante. Trois succès d'étape à son
actif de 1968 à 1974.

● **Georges VANDENBERGHE (BEL) - 11 jours**
Né le 28 décembre 1941, décédé le 23 septembre
1983. Le Belge de l'équipe nationale « B » prend
le Maillot à Bagnoles-de-l'Orne, en Normandie,
pour le rendre à Aurillac onze étapes plus loin !

● **Rolf WOLFSHOHL (ALL) - 2 jours**
Né le 27 décembre 1938. Un champion du monde
de cyclo-cross qui grimpait assez bien pour remporter
un Tour d'Espagne (1965). Sixième du Tour 1968 dont
il fut leader deux jours.

● **Gregorio SAN MIGUEL (ESP) - 1 jour**
Né le 2 décembre 1940. Un petit grimpeur espagnol
qui hérite brièvement du Maillot dans les Alpes
et reste dans le coup jusqu'au bout de ce Tour où
les écarts sont très resserrés (4e).

● **Herman VAN SPRINGEL (BEL) - 3 jours et demi**

● **Jan JANSSEN (HOL) - 1 jour**

1969

● **Rudi ALTIG (ALL) - 1 jour et demi**

● **Eddy MERCKX (BEL) - 1 jour**
Né le 17 juin 1945. Le plus grand champion cycliste
de tous les temps. Il a quasiment tout gagné. Malgré
sa prodigalité tous azimuts et un panache démentiel,
il exerça un pouvoir absolu sur le Tour : 34 étapes et

97 jours en jaune, et a reçu le Maillot 111 fois !

● **Julien STEVENS (BEL) - 3 jours**
Né le 25 février 1943. Membre de la garde rapprochée
de Merckx. Vainqueur avec Molteni du chrono par
équipes, il endosse le Maillot à la faveur de sa victoire
d'étape à Maastricht.

● **Désiré LETORT (FRA) - 1 jour**
Né le 29 juillet 1943, décédé le 9 septembre 2012.
Un baroudeur breton, dur au mal et capable
d'étincelles. Champion de France en 1967, il perd
son titre pour dopage mais porte le Maillot Jaune
de Mulhouse à Belfort.

● **Eddy MERCKX (BEL) - 17 jours**

1970

● **Eddy MERCKX (BEL) - 2 jours**

● **Italo ZILIOLI (ITA) - 4 jours**
Né le 24 septembre 1941. Lieutenant de Merckx chez
Faemino, l'Italien fait coup double à Angers où il
gagne l'étape et Merckx lui rétrocède le Maillot pour
quatre jours. Un simple intérim évidemment...

● **Eddy MERCKX (BEL) - 18 jours**

1971

● **Eddy MERCKX (BEL) - 1 jour**

● **Marinus WAGTMANS (HOL) - 1 tiers de journée**
Né le 25 décembre 1946. La victoire des Molteni
de Merckx dans le prologue contre la montre par
équipes le propulse leader le lendemain matin.
Le temps d'un... tiers d'étape sur le tronçon
de la mi-journée entre Bâle et Fribourg. Le porteur
le plus éphémère de l'histoire.

● Eddy MERCKX (BEL) - 9 jours

● Joop ZOETEMELK (HOL) - 1 jour
Né le 3 décembre 1946. L'un des meilleurs coureurs de tous les temps. Une longévité exceptionnelle qui lui a permis de devenir champion du monde à près de 40 ans. Recordman des participations au Tour (16), challenger de Merckx puis d'Hinault, il gagne enfin lorsque celui-ci doit quitter le Tour à Pau en 1980. Six fois deuxième (!)

● Luis OCAÑA (ESP) - 3 jours
Né le 9 juin 1945, décédé le 20 mai 1994. Il incarnait le panache et poursuivait l'obsession absolue de battre Merckx. Il y serait sans doute parvenu en 1971 sans la chute dans le col de Menté. Il gagna le Tour deux ans plus tard, mais Merckx n'était pas là...

● Eddy MERCKX (BEL) - 7 jours

1972

● Eddy MERCKX (BEL) - 1 jour

● Cyrille GUIMARD (FRA) - 2 jours et demi
Né le 20 janvier 1947. Rapide au sprint, appliqué, courageux. Il prend le Maillot à Saint-Brieuc, le retrouve le long de l'Atlantique et harcèle Merckx jusqu'au sommet du Revard ! Mais son genou n'a pas tenu le choc. Il abandonne à deux jours de Paris où Merckx lui offre son maillot... vert.

● Eddy MERCKX (BEL) - 1 jour

● Cyrille GUIMARD (FRA) - 4 jours et demi

● Eddy MERCKX (BEL) - 13 jours

1973

● Joop ZOETEMELK (HOL) - 1 jour

● Willy TEIRLINCK (BEL) - 1 demi-journée
Né le 10 août 1948. Un redoutable finisseur, spécialiste des attaques sous la flamme rouge du dernier kilomètre. Cinq succès d'étape dont celui de la demi-étape de Rotterdam qui lui vaut un après-midi en jaune.

● Herman VAN SPRINGEL (BEL) - 2 jours

● José CATIEAU (FRA) - 4 jours
Né le 17 juillet 1946. Le Nordiste était un équipier modèle dans la grande formation Bic. Déjà vainqueur d'une demi-étape en Belgique, l'offensive de sa formation au bénéfice d'Ocaña entre Roubaix et Reims le porte en jaune jusqu'aux Alpes.

● Luis OCAÑA (ESP) - 14 jours

1974

● Eddy MERCKX (BEL) - 1 jour

● Joseph BRUYÈRE (BEL) - 3 jours
Né le 5 octobre 1948. Un excellent coureur, complet, double vainqueur de Liège-Bastogne-Liège (1976,

1978), qui se complut au service de Merckx dont il fut le premier lieutenant chez Molteni.

● Eddy MERCKX (BEL) - 1 jour

● Gerben KARSTENS (HOL) - 1 jour
Né le 14 janvier 1942. Un personnage fantasque, facétieux, mais un coureur de très grande classe. Six victoires d'étape entre 1965 et 1976 avec un Maillot Jaune à Dieppe, aussitôt perdu, aussitôt repris.

● Patrick SERCU (BEL) - 1 demi-journée
Né le 27 juin 1944, décédé le 19 avril 2019. Un sprinteur issu de la piste, où il régna comme le « Merckx » des Six Jours. Sa carrière de routier ne fut pas à la hauteur de son talent mais il connut le jaune en Belgique.

● Gerben KARSTENS (HOL) - 1 demi-journée

● Eddy MERCKX (BEL) - 16 jours

1975

● Francesco MOSER (ITA) - 6 jours
Né le 19 juin 1951. Des débuts tonitruants dans le Tour avec le Maillot Jaune dès son apparition, à l'occasion du prologue de Charleroi. Pourtant, ça ne sera pas sa course de prédilection et c'est ailleurs qu'il écrira son remarquable palmarès.

● Eddy MERCKX (BEL) - 9 jours

● Bernard THEVENET (FRA) - 8 jours
Né le 10 janvier 1948. Il avait déjà gagné de belles étapes de montagne, à La Mongie (1970) ou au Ventoux (1972), mais le meilleur était à venir. Le Bourguignon, qui roulait presque aussi bien qu'il grimpait, s'est offert le privilège d'être le « tombeur » de Merckx en 1975 dans la renversante étape de Pra-Loup et confirma deux ans plus tard face aux Kuiper et autres Van Impe.

1976

● Freddy MAERTENS (BEL) - 9 jours
Né le 13 février 1952. Dans ces années-là, c'était de la dynamite. Il gagna huit étapes du Tour 1976, treize dans la Vuelta l'année suivante. Grand sprinteur, il roulait aussi fort, au point de prendre le Maillot dans le prologue de Saint-Jean-de-Monts et de le garder jusqu'aux Alpes après une retentissante victoire contre la montre au Touquet.

● Lucien VAN IMPE (BEL) - 3 jours
Né le 20 octobre 1946. Le maillot à pois était sa propriété. Il remporta six fois le prix du meilleur grimpeur, égalant Bahamontès, mais Cyrille Guimard, directeur sportif débutant de Gitane-Campagnolo, lui avait fait comprendre qu'il pouvait aussi gagner le Tour.

● Raymond DELISLE (FRA) - 2 jours
Né le 11 mars 1943, décédé le 11 août 2013. Le baroudeur normand s'était donné une belle avance dans la première étape pyrénéenne. On aurait pu le croire capable de gagner le Tour mais une offensive de Van

Impe, appuyé par Ocaña, lui fait perdre le Maillot à Saint-Lary-Soulan.

● Lucien VAN IMPE (BEL) - 9 jours

1977

● Dietrich THURAU (ALL) - 15 jours et demi
Né le 9 novembre 1954. De la classe à revendre. Il l'exprimait sur la piste, mais connaissait aussi des jours lumineux sur la route. Leader dès le prologue de Fleurance, il porte beau le Maillot Jaune pendant les deux tiers d'un Tour qu'il finira 5e.

● Bernard THEVENET (FRA) - 8 jours

1978

● Jan RAAS (HOL) - 3 jours
Né le 8 novembre 1952. Grand coureur de classiques, il profite du départ de Leiden (HOL) pour endosser le Maillot Jaune… à retardement. Vainqueur d'un prologue dont le résultat ne comptait pas pour le général, il dut gagner la demi-étape du lendemain matin pour recevoir son dû.

● Jacques BOSSIS (FRA) - 1 jour
Né le 22 décembre 1952. Un puncheur efficace, parmi les meilleurs Français de la fin des années 70. Une attaque dans le final de Saint-Germain-en-Laye le porte vers l'un de ses plus beaux souvenirs.

● Klaus-Peter THALER (ALL) - 2 jours
Né le 14 mai 1949. Sa victoire à Saint-Germain-en-Laye, conjuguée au succès des Ti-Raleigh dans le chrono par équipes, fit de ce champion du monde de cyclo-cross et bon grimpeur un leader du Tour.

● Gerrie KNETEMANN (HOL) - 2 jours
Né le 6 mars 1951, décédé le 2 novembre 2004. L'un des meilleurs rouleurs de son époque, grand rival d'Hinault dans ce domaine. Dix-huit fois sur les podiums des contre-la-montre du Tour, il remporta le prologue de Fleurance en 1979. Bon finisseur, il fut quatre ans de suite en lice pour le Maillot en première partie de Tour.

● Joseph BRUYERE (BEL) - 8 jours

● Joop ZOETEMELK (HOL) - 4 jours

● Bernard HINAULT (FRA) - 3 jours
Né le 14 novembre 1954. Un monstre sacré. Le Breton fut sans doute, derrière Merckx, le plus grand champion de l'histoire. Il eut rarement une opposition à sa mesure, sauf avec Fignon et LeMond, mais personne n'a porté comme lui le Maillot dans les 8 Tours qu'il a disputés.

1979

- **Gerrie KNETEMANN (HOL) - 1 jour**

- **Jean-René BERNAUDEAU (FRA) - 1 jour**
Né le 8 juillet 1956. Rival national d'Hinault, il n'a pu tenir ce rôle de challenger. Mais le Vendéen profite de sa présence aux avant-postes dans la première étape de ce Tour 1979 qui commence par les Pyrénées pour endosser le Maillot Jaune.

- **Bernard HINAULT (FRA) - 7 jours**

- **Joop ZOETEMELK (HOL) - 6 jours**

- **Bernard HINAULT (FRA) - 10 jours**

1980

- **Bernard HINAULT (FRA) - 1 jour et demi**

- **Gerrie KNETEMANN (HOL) - 1 jour**

- **Yvon BERTIN (FRA) - 1 jour**
Né le 9 avril 1953. Un équipier de Bernard Hinault au temps de l'équipe Renault-Gitane. Rapide au sprint, c'est pourtant au moyen d'une longue échappée vers Metz menée avec près de dix minutes d'avance, sous une pluie battante, qu'il prend le Maillot.

- **Rudy PEVENAGE (BEL) - 8 jour**
Né le 15 juin 1954 • Un tiers de Tour de France en jaune, de Liège jusqu'au contre-la-montre du Sud-Ouest, pour le Belge nanti de près de dix minutes d'avance grâce à l'échappée de Metz. Plus tard, il deviendra directeur sportif de Jan Ullrich.

- **Bernard HINAULT (FRA) - 2 jours**

- **Joop ZOETEMELK (HOL) - 10 jours**

1981

- **Bernard HINAULT (FRA) - 1 jour et demi**

- **Gerrie KNETEMANN (HOL) - 4 jours**

- **Phil ANDERSON (AUS) - 1 jour**
Né le 12 mars 1958. Une sorte de pionnier. Longtemps avant lui, des Australiens étaient venus courir le Tour. Mais il est le premier à porter le Maillot Jaune, une journée dans les Pyrénées en 1981 ; neuf jours en 1982, l'année où Jacques Goddet appelait à une mondialisation de l'épreuve.

- **Bernard HINAULT (FRA) - 17 jours**

1982

- **Bernard HINAULT (FRA) - 1 jour**

- **Ludo PEETERS (BEL) - 1 jour**
Né le 9 août 1953. Un protagoniste régulier des classiques, vainqueur notamment d'un Paris-Bruxelles et d'un G.P. d'Automne. Il remporta trois étapes dans le Tour (8e en 1980), dont deux furent assorties du Maillot Jaune.

- **Phil ANDERSON (AUS) - 9 jours**

- **Bernard HINAULT (FRA) - 11 jours**

1983

- **Éric VANDERAERDEN (BEL) - 2 jours**
Né le 11 février 1962. Il ne confirma jamais tout à fait son énorme potentiel qui lui valut cependant un Tour des Flandres d'apocalypse (1985) et un Paris-Roubaix (1987). Egalement performant face au chrono et notamment dans les prologues, il fut le premier leader du Tour 1983 et s'y positionna pour un nouveau Maillot deux ans plus tard.

- **Jean-Louis GAUTHIER (FRA) - 1 jour**
Né le 22 décembre 1955, décédé le 11 juillet 2014. Le Charentais était aussi dévoué que discret. Déjà vainqueur d'une étape en 1980, il profite du succès des Coop-Mercier dans le chrono par équipes de Fontaine-au-Pire, en 1983, pour revêtir un Maillot Jaune.

- **Kim ANDERSEN (DAN) - 6 jours**
Né le 2 octobre 1958. Premier Danois leader du Tour. Un coureur régulier, qui porte le Maillot de Roubaix à Bordeaux (1983) puis de Pont-Audemer à Nancy (1985).

- **Sean KELLY (IRL) - 1 jour**
Né le 24 mai 1956. Un champion solide et dur au mal, onze classiques à son actif ! Il se positionnait aussi pour le classement général (5e en 1984, 4e en 1985) mais ne vécut qu'un seul jour en jaune, à Pau.

- **Pascal SIMON (FRA) - 7 jours**
Né le 27 septembre 1956. Le Champenois en état de grâce chuta pourtant dès son premier jour en jaune. L'épaule fracturée, il résista une semaine et abandonna en vue des Alpes. Sa chance était passée.

- **Laurent FIGNON (FRA) - 6 jours**
Né le 12 août 1960, décédé le 31 août 2010. Le Seine-et-Marnais au panache blond et aux lunettes cerclées fut une figure des années 80. L'infortune de Pascal Simon lui avait ouvert la porte en 1983. Il atteignit un sommet dans le Tour 1984 où il fut irrésistible, remportant cinq étapes et humiliant Hinault. La suite fut moins heureuse avec les huit secondes de trop à Paris en 1989.

1984

- **Bernard HINAULT (FRA) - 1 jour**

- **Ludo PEETERS (BEL) - 1 jour**

- **Jacques HANEGRAAF (HOL) - 1 jour**
Né le 14 décembre 1960. Un Néerlandais aux joues bien remplies mais pas dénué de talent comme en atteste un palmarès où figurent Paris-Bruxelles et l'Amstel Gold Race.

- **Adri VAN DER POEL (HOL) - 1 demi-journée**
Né le 17 juin 1959. Avant de devenir le gendre de Poulidor, il porta, lui, le Maillot Jaune. Un excellent coureur qui se montra surtout à son avantage dans les classiques et en cyclo-cross.

- **Vincent BARTEAU (FRA) - 12 jours**
Né le 18 mars 1962. Le Normand était aussi talentueux que dilettante. Une échappée fleuve menée en compagnie de Maurice Le Guilloux et du Portugais Ferreira lui procure dix-sept minutes d'avance à Cergy-Pontoise. Il tient le Maillot douze jours.

- **Laurent FIGNON (FRA) - 7 jours**

1985

- **Bernard HINAULT (FRA) - 1 jour**

- **Éric VANDERAERDEN (BEL) - 3 jours**

- **Kim ANDERSEN (DAN) - 4 jours**

- **Bernard HINAULT (FRA) - 15 jours**

1986

- **Thierry MARIE (FRA) - 1 jour**
Né le 25 juin 1963. Sa puissance fit du Normand l'un des meilleurs spécialistes des prologues. Premier leader du Tour à Boulogne-Billancourt (1986), au Futuroscope (1990) et à Lyon (1991), il l'est aussi à la faveur de son échappée fleuve sur la route du Havre en 1991.

- **Alex STIEDA (CAN) - 1 demi-journée**
Né le 13 avril 1961. Ce néophyte du Tour frappe un grand coup dans la première demi-étape en ligne (85 km) avec une combinaison sans poche, comme dans les critériums américains dont il était un spécialiste. Il devint ainsi le premier Nord-Américain leader du Tour.

- **Thierry MARIE (FRA) - 2 jours**

- **Dominique GAIGNE (FRA) - 1 jour**
Né le 3 juillet 1961. Le Rennais faisait partie de la bande à Cyrille Guimard dans l'équipe Système U. Il déposséda son partenaire Thierry Marie à la faveur d'un sprint-bonification intermédiaire.

- **Johan VAN DER VELDE (HOL) - 2 jours**
Né le 12 décembre 1956. Le Néerlandais promettait beaucoup (meilleur jeune en 1980, 3e du Tour 1982). Il patientera jusqu'en 1986 avant de revêtir assez ponctuellement le jaune.

- **Jörgen-Vagn PEDERSEN (DAN) - 5 jours**
Né le 8 octobre 1959. Vainqueur d'une étape en 1985, cet équipier de la Carrera allait faire mieux l'année

LES COLLECTIONNEURS EN TOUS GENRES

NOMBRE DE MAILLOTS JAUNES ONT BRILLÉ AILLEURS. LA PREUVE !

ILS ONT PORTÉ LE MAILLOT JAUNE
ET GAGNÉ LE CLASSEMENT DU MEILLEUR GRIMPEUR

Le classement du grand prix de la montagne dans le Tour de France a été créé en 1933 (le maillot à pois est apparu en 1975).

René Vietto (FRA, 1934*)
Félicien Vervaecke (BEL, 1935, 1937)
Gino Bartali (ITA, 1938, 1948)
Sylvère Maes (BEL, 1939)
Pierre Brambilla (ITA, 1947)
Fausto Coppi (ITA, 1949, 1952)
Louison Bobet (FRA, 1950)
Raphaël Géminiani (FRA, 1951)
Charly Gaul (LUX, 1955, 1956)
Gastone Nencini (ITA, 1957)
Federico Bahamontes (ESP, 1954, 1958, 1959, 1962, 1963, 1964)
Eddy Merckx (BEL, 1969, 1970)
Lucien Van Impe (BEL, 1971, 1972, 1975, 1977, 1981, 1983)
Bernard Hinault (FRA, 1986)
Richard Virenque (FRA, 1994, 1995, 1996, 1997, 1999, 2003, 2004)
Laurent Jalabert (FRA, 2001, 2002)
Michael Rasmussen (DAN, 2005, 2006)
Carlos Sastre (ESP, 2008)
Thomas Voeckler (FRA, 2012)
Christopher Froome (GBR, 2015)
Tadej Pogačar (SLV, 2020, 2021)
Jonas Vingegaard (DAN, 2022).

*L'année de leur victoire dans le GP de la montagne.

ILS ONT PORTÉ LE MAILLOT JAUNE
ET GAGNÉ LE CLASSEMENT PAR POINTS

Créé en 1953

Fritz Schaer (SUI, 1953*)
Ferdi Kübler (1954)
Jean Forestier (FRA, 1957)
André Darrigade (FRA, 1959, 1960)
Rudi Altig (ALL, 1962)
Rik Van Looy (BEL, 1963)
Jan Janssen (1964, 1965, 1967)
Eddy Merckx (1969, 1971, 1972)
Herman Van Springel (BEL, 1973)
Patrick Sercu (BEL, 1974)
Freddy Maertens (BEL, 1976, 1978, 1981)
Bernard Hinault (1979)
Rudy Pevenage (BEL, 1980)
Sean Kelly (IRL, 1982, 1983, 1985, 1989)
Eric Vanderaerden (BEL, 1986)
Laurent Jalabert (FRA, 1992, 1995)
Erik Zabel (ALL, 1996, 1997, 1998, 1999, 2000, 2001)
Robbie Mc Ewen (AUS, 2004, 2006)
Thor Hushovd (NOR, 2005, 2009)
Tom Boonen (BEL, 2007)
Mark Cavendish (GBR, 2011)
Peter Sagan (SLQ, 2012, 2013, 2014, 2015, 2016, 2018, 2019).
Wout Van Aert (BEL, 2022).

*L'année de leur victoire au classement par points.

ILS ONT PORTÉ LE MAILLOT JAUNE
ET GAGNÉ LE CLASSEMENT DU MEILLEUR JEUNE

Créé en 1975

Francesco Moser (ITA, 1975*)
Dietrich Thurau (ALL, 1977)
Henk Lubberding (ALL, 1978)
Jean-René Bernaudeau (FRA, 1979)
Johan Van der Velde (HOL, 1980)
Phil Anderson (AUS, 1982)
Laurent Fignon (FRA, 1983)
Greg LeMond (USA, 1984)
Erik Breukink (HOL, 1988)
Marco Pantani (ITA, 1994, 1995)
Jan Ullrich (ALL, 1996, 1997, 1998)
Alberto Contador (ESP, 2007)
Andy Schleck (LUX, 2008, 2009, 2010)
Egan Bernal (COL, 2019)
Tadej Pogačar (SLV, 2020, 2021, 2022)

*L'année de leur victoire au classement du meilleur jeune.

CONTRE-LA-MONTRE

Chris Boardman (GBR, 1994)
Miguel Indurain (ESP, 1995)
Alex Zülle (SUI, 1996)
Laurent Jalabert (FRA, 1997)
Jan Ullrich (ALL, 1999, 2001)
Sergueï Honchar (UKR, 2000)
Fabian Cancellara (2006, 2007, 2009, 2010)
Tony Martin (ALL, 2011, 2012, 2013, 2016)
Bradley Wiggins (GBR, 2014)
Rohan Dennis (AUS, 2018).

*L'année de leur titre mondial.

ILS ONT PORTÉ LE MAILLOT JAUNE
ET GAGNÉ
LE TOUR D'ITALIE

Learco Guerra (ITA, 1934*)
Gino Bartali (ITA, 1936, 1937, 1946)
Fausto Coppi (ITA, 1940, 1947, 1949, 1952, 1953)
Fiorenzo Magni (ITA, 1948, 1951, 1955)
Hugo Koblet (SUI, 1950)
Charly Gaul (LUX, 1956, 1959)
Gastone Nencini (ITA, 1957)
Jacques Anquetil (FRA, 1960, 1964)
Eddy Merckx (BEL, 1968, 1970, 1972, 1973, 1974)
Felice Gimondi (ITA, 1967, 1969, 1976)
Bernard Hinault (FRA, 1980, 1982, 1985)
Stephen Roche (IRL, 1987)
Laurent Fignon (FRA, 1989)
Miguel Indurain (ESP, 1992, 1993)
Evgueni Berzin (RUS, 1994)
Ivan Gotti (ITA, 1997, 1999)
Marco Pantani (ITA, 1998)
Alberto Contador (ESP, 2008, 2015)
Vincenzo Nibali (ITA, 2013, 2016)
Christopher Froome (GBR, 2018)
Egan Bernal (COL, 2021).

*L'année de leur victoire au Giro.

ILS ONT PORTÉ LE MAILLOT JAUNE
ET ONT ÉTÉ
CHAMPIONS DU MONDE

SUR ROUTE

Learco Guerra (ITA, 1931*)
Georges Speicher (FRA, 1933)
Jean Aerts (BEL, 1935)
Antonin Magne (FRA, 1936)
Marcel Kint (BEL, 1938)
Rik Van Steenbergen (BEL, 1949, 1956, 1957)
Ferdi Kübler (SUI, 1951)
Fausto Coppi (ITA, 1953)
Louison Bobet (FRA, 1954)
André Darrigade (FRA, 1959)
Rik Van Looy (BEL, 1960, 1961)
Jan Janssen (HOL, 1964)
Tom Simpson (GBR, 1965)
Rudi Altig (ALL, 1966)
Eddy Merckx (BEL, 1967, 1971, 1974)
Felice Gimondi (ITA, 1973)
Freddy Maertens (BEL, 1976, 1981)
Francesco Moser (ITA, 1977)
Gerrie Knetemann (HOL, 1978)
Jan Raas (HOL, 1979)
Bernard Hinault (FRA, 1980)
Greg LeMond (USA, 1983, 1989)
Joop Zootemelk (HOL, 1985)
Stephen Roche (IRL, 1987)
Luc Leblanc (FRA, 1994)
Johan Museeuw (BEL, 1996)
Mario Cipollini (ITA, 2002)
Tom Boonen (BEL, 2005)
Cadel Evans (AUS, 2009)
Thor Hushovd (NOR, 2010)
Mark Cavendish (GBR, 2011)
Philippe Gilbert (BEL, 2012)
Peter Sagan (SLQ, 2015, 2016, 2017)
Alejandro Valverde (ESP, 2018)
Julian Alaphilippe (FRA, 2020, 2021).

ILS ONT PORTÉ LE MAILLOT JAUNE
ET GAGNÉ
LE TOUR D'ESPAGNE

Rudi Altig (ALL, 1962*)
Jacques Anquetil (FRA, 1963)
Jan Janssen (HOL, 1967)
Felice Gimondi (ITA, 1968)
Roger Pingeon (FRA, 1969)
Luis Ocaña (ESP, 1970)
Eddy Merckx (BEL, 1973)
Freddy Maertens (BEL, 1977)
Bernard Hinault (FRA, 1978, 1983)
Joop Zoetemelk (HOL, 1979)
Pedro Delgado (ESP, 1985, 1989)
Sean Kelly (IRL, 1988)
Laurent Jalabert (FRA, 1995)
Alex Zülle (SUI, 1996, 1997)
Jan Ullrich (ALL, 1999)
Alberto Contador (ESP, 2008)
Alejandro Valverde (ESP, 2009)
Vincenzo Nibali (ITA, 2010)
Fabio Aru (ITA, 2015)
Christopher Froome (GBR, 2017)
Primož Roglič (SLV, 2019, 2020, 2021).

*L'année de leur victoire à la Vuelta.

ILS ONT PORTÉ LE MAILLOT JAUNE
ET GAGNÉ
LES JEUX OLYMPIQUES
COURSE SUR ROUTE

Jan Ullrich (ALL, 2000*)
Greg Van Avermaet (BEL, 2016)
Primož Roglič (SLV, 2021)

CONTRE-LA-MONTRE

Miguel Indurain (ESP, 1996)
Fabian Cancellara (SUI, 2008)
Bradley Wiggins (GBR, 2012).

*L'année de leur titre olympique.

LE MAILLOT JAUNE
UNE LONGUE ÉVOLUTION

Qu'il soit fabriqué en laine ou en textile synthétique, le maillot de leader a suscité au fil des ans les convoitises des équipementiers et des sponsors. Tout en changeant d'aspect.

De sa création en 1919 jusqu'à la Seconde Guerre mondiale, le Maillot Jaune est vierge de toute inscription publicitaire. Toutefois la carte de France qui est l'enseigne d'Uni-Sport, le fabricant spécialisé dans la bonneterie cycliste, apparaît épisodiquement sur la poche ventrale en 1936 jusqu'à la reprise en 1947. De même, les différents fabricants du Maillot Jaune (Le Coq Sportif, Castelli, etc.) apposeront par la suite leur logo.

À partir de 1948, le Maillot Jaune est parrainé, ce qui ne veut pas dire que la publicité s'étale forcément sur la laine précieuse. Et c'est la marque de cycles ou le groupe extra-sportif auquel appartient le coureur qui barre alors la poitrine. Cependant, une rente quotidienne est assurée au leader de l'épreuve par le partenaire commercial du maillot.

C'est avec les années Merckx, qui commencent en 1969, qu'une inscription publicitaire est réservée au « sponsor » particulier du Maillot Jaune. Elle apparaît alors sur le côté gauche, légèrement au-dessus du cœur . « Virlux » est ainsi le premier partenaire ayant une visibilité sur le Maillot Jaune. ∎

Lucien Aimar et Felice Gimondi, deux porteurs du Maillot dans les années 60.

INITIALES «HD»

Créateur du Tour de France, Henri Desgrange s'éteint, malade, en 1940. Pour honorer sa mémoire, les initiales «HD» apparaissent sur le Maillot Jaune à partir de 1949 (le Tour est remporté par Fausto Coppi, l'année où est également érigé un monument commémoratif à l'approche du sommet du Galibier. L'inscription « HD » orne dès lors la poitrine ou les épaules du leader de l'épreuve. Elles sont ensuite imprimées sur le logo du Tour de France au début des années 80, puis finissent par disparaître en 1984, remplacées par le label « Le Tour » ou diverses compositions qui évoquent la « marque Tour de France », en plein développement. Homme de tradition, Jean-Marie Leblanc, directeur du Tour depuis 1989, saisit cependant l'occasion du Tour du Centenaire, en 2003, pour réhabiliter les initiales célèbres.

1919 – 2022
LES MAILLOTS JAUNES DES 89 VAINQUEURS DU TOUR

Du maillot en laine de Firmin Lambot à celui en polyester aéré de Jonas Vingegaard, galerie de l'évolution d'un maillot de légende, devenu au fil des ans, le symbole universel de la victoire.

1919
Firmin Lambot
Belgique

1920
Philippe Thys
Belgique

1921
Léon Scieur
Belgique

1922
Firmin Lambot
Belgique

1923
Henri Pélissier
France

1924
Ottavio Bottecchia
Italie

1925
Ottavio Bottecchia
Italie

1926
Lucien Buysse
Belgique

1927
Nicolas Frantz
Luxembourg

1928
Nicolas Frantz
Luxembourg

1929
Maurice De Waele
Belgique

1930
André Leducq
France

1931
Antonin Magne
France

1932
André Leducq
France

1933
Georges Speicher
France

1934
Antonin Magne
France

1935
Romain Maes
Belgique

1936
Sylvère Maes
Belgique

1937
Roger Lapébie
France

1938
Gino Bartali
Italie

1939
Sylvère Maes
Belgique

1947
Jean Robic
France

1948
Gino Bartali
Italie

1949
Fausto Coppi
Italie

1950
Ferdi Kübler
Suisse

1951
Hugo Koblet
Suisse

1952
Fausto Coppi
Italie

1953
Louison Bobet
France

1954
Louison Bobet
France

1955
Louison Bobet
France

1956
Roger Walkowiak
France

1957
Jacques Anquetil
France

1958
Charly Gaul
Luxembourg

1959
Federico Bahamontes
Espagne

1960
Gastone Nencini
Italie

1961
Jacques Anquetil
France

1962
Jacques Anquetil
France

1963
Jacques Anquetil
France

1964
Jacques Anquetil
France

1965
Felice Gimondi
Italie

1966
Lucien Aimar
France

1967
Roger Pingeon
France

1968
Jan Jansen
Pays-Bas

1969
Eddy Merckx
Belgique

1970
Eddy Merckx
Belgique

1971
Eddy Merckx
Belgique

1972
Eddy Merckx
Belgique

1973
Luis Ocaña
Espagne

1974
Eddy Merckx
Belgique

1975
Bernard Thévenet
France

1976
Lucien Van Impe
Belgique

1977
Bernard Thévenet
France

1978
Bernard Hinault
France

1979
Bernard Hinault
France

1980
Joop Zoetemelk
Pays-Bas

1981
Bernard Hinault
France

1982
Bernard Hinault
France

1983
Laurent Fignon
France

1984
Laurent Fignon
France

1985
Bernard Hinault
France

1986
Greg LeMond
USA

1987
Stephen Roche
Irlande

1988
Pedro Delgado
Espagne

1989
Greg LeMond
USA

1990
Greg LeMond
USA

1991
Miguel Indurain
Espagne

1992
Miguel Indurain
Espagne

1993
Miguel Indurain
Espagne

1994
Miguel Indurain
Espagne

1995
Miguel Indurain
Espagne

1996
Bjarne Riis
Danemark

1997
Jan Ullrich
Allemagne

1998
Marco Pantani*
Italie

* Le maillot n'est pas attribué de 1999 à 2005.

2006
Oscar Pereiro
Espagne

2007
Alberto Contador
Espagne

2008
Carlos Sastre
Espagne

2009
Alberto Contador
Espagne

2010
Andy Schleck
Luxembourg

2011
Cadel Evans
Australie

2012
Bradley Wiggins
Angleterre

2013
Christopher Froome
Angleterre

2014
Vincenzo Nibali
Italie

2015
Christopher Froome
Angleterre

2016
Christopher Froome
Angleterre

2017
Christopher Froome
Angleterre

2018
Geraint Thomas
Angleterre

2019
Egan Bernal
Colombie

2020
Tadej Pogačar
Slovénie

2021
Tadej Pogačar
Slovénie

2022
Jonas Vingegaard
Danemark

LES PARRAINS DU MAILLOT JAUNE

Sponsorisé à partir de 1948, la tunique du leader est accompagné depuis plus de trente ans par LCL.

1948-1953
SOFIL
(laine)

Serafino Biagioni (entouré de Gino Bartali et Fausto Coppi)

1954-1955
LA SUZE
(apéritif)

Louison Bobet

1956
CALOR
(électro-ménager)

Gerrit Voorting

1958
SOLEIL - L'AIGLE
(assurances)

Vito Favero

1961-1962
SHELL-BERRE
(pétrolier)

Rudi Altig

1963-1964
LE TORO
(pantalons)

Gilbert Desmet (avec Louison Bobet et Jacques Anquetil)

1965-1968
CHAMPIGNEULLES
(bières)

Jan Janssen

1969-1970
VIRLUX
(beurre)

Désiré Lefort

1971-1983
MIKO
(crèmes glacées)

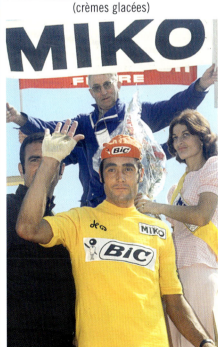

Luis Ocaña

1984-1986
BANANIA
(petit déjeuner)

Laurent Fignon

DEPUIS 1987
CRÉDIT LYONNAIS / LCL
(banque)

Egan Bernal

L'ENCYCLOPÉDIE DU
MAILLOT JAUNE

TEXTES ET STATISTIQUES
PHILIPPE BOUVET ET FRÉDÉRIQUE GALAMETZ

PHOTOGRAPHIES
L'ÉQUIPE ET PRESSE SPORTS

ILLUSTRATIONS ET DIRECTION ARTISTIQUE
GREG

MAQUETTE INTÉRIEURE ET COUVERTURE
LEGEND EDITIONS

ISBN : 978-2-263-18149-8
Code éditeur : L18149
Dépôt légal : Octobre 2022
Réimprimé par **Pollina** en France en août 2022

L'ÉQUIPE   SOLAR EDITIONS

Édition : Laurence Gauthier,
avec Jean-Christophe Bassignac.
Iconographie : Gwenaëlle Morvan.

Direction : Jean-Louis Hocq
Direction éditoriale : Jean-Philippe Bouchard
Assistant d'édition : Maxime Lafon
Fabrication : Emmanuelle Laine
Photogravure : Point 11